近代以来新乡科教文卫发展史略

苏全有 王仁磊 主编

苏全有 主编

牧野论史——河南师范大学历史文化学院史学文库

河南人民出版社
·郑州·

图书在版编目(CIP)数据

近代以来新乡科教文卫发展史略 / 苏全有,王仁磊主编. —郑州 : 河南人民出版社,2024. 4
ISBN 978-7-215-13316-7

Ⅰ. ①近… Ⅱ. ①苏… ②王… Ⅲ. ①新乡-地方史 Ⅳ. ①①K296.13

中国国家版本馆 CIP 数据核字(2023)第 253551 号

河南人民出版社 出版发行
(地址:郑州市郑东新区祥盛街 27 号 邮政编码:450016 电话:0371-65788065)
新华书店经销 河南新华印刷集团有限公司印刷
开本 710 毫米×1000 毫米 1/16 印张 16.5
字数 240 千字
2024 年 4 月第 1 版 2024 年 4 月第 1 次印刷

定价: 49.00 元

序 言

《近代以来新乡科教文卫发展史略》一书就要出版了,感慨良多!

鸦片战争以后,西方的科技、教育、文化、卫生等领域的理念和知识逐渐传入中国,在此影响下,中国的科教文卫事业逐渐步入现代化。河南省新乡市作为一个地处华北平原腹地的豫北城市,这一时期受西方影响的程度虽比不上沿海城市,但这一时期仍朝着现代化缓慢前进,科教文卫事业也取得了一定的发展。

中华人民共和国成立后,科教文卫事业在比较稳定的社会环境中取得了长足的发展,尤其是改革开放之后,科教文卫事业取得突飞猛进的发展。从20世纪80年代开始,各地掀起纂修地方志的热潮,借助这股春风,地方史研究发展起来。新乡作为豫北地区的重要城市,受到了学者的重点关注,出现了一大批以新乡为研究对象的学术成果。

首先是科技方面。在近代,新乡地区的有识之士陆续举办实业,兴建学堂,做出了相应的成绩,特别是在人才培养和科技知识的宣传普及方面,为新乡科技事业的大发展提供了必要的准备条件。但总的来说,由于社会动荡不安,近代新乡地区的科技事业发展缓慢,科技成果较少。当前学界的相关成果也寥寥无几,宋庆伟的《解放战争时期中共对"军民融合"的探索与实施——以太行区火硝生产为考察对象》(《党史研究与教学》2019年第5期)一文中对中华人民共和国成立前新乡地区根据地的军工科技有所涉及。中华人民共和国成立后,新乡地区发展成为国家重要的粮食产地,相关学术成果也多集中于农业科技方面,如孔令辰的《河南省新乡县现代农业发展对策研究》(中国农业科学院学位论文,2014年)、王鹏的《河南省新乡县农业现代化建设的对策研究》(华中师范大学学位论文,2014年)、李文君的《新乡县小麦种植户农业科技选择研究》(河南财经政法大学学位论文,2017 年)、郑锐的《河南省农业科技创新能力与效率研究》(河南农业大学学位论文,2019 年)等都聚焦于农业科技。

其次是教育方面。鸦片战争之后,西方的现代教育理念逐渐传入中国,全国各地改革教育的呼声此起彼伏。由于受西方现代教育理念的冲击较小,新乡在教育上仍沿袭旧制,直至清末新政开始后,新乡陆续出现了一批新式学堂,现代教育开始起步。高世伟的《清代至民国豫北基层社会治理研究》(河北大学学位论文,2021 年)一文对近代新乡的教育和文化事业有部分论述。《民国时期新乡地方教育档案汇编》(华文出版社,2018 年)是民国时期新乡地区教育档案资料的汇编,对教育行政、学校教育、社会教育、职业教育、教育团体等方面的史料进行了较为全面的梳理总结,为后人的研究提供了便利。现当代新乡教育事业的研究成果则多数论及基础教育和校园教育,代表性的成果有张静的《城乡基础教育均等化问题研究——以河南省新乡市为例》(广西师范大学学位论文,2014 年),蒋纪平的《新乡市高校园区教育资源共享现状与对策》(《河南科技学院学报》2016 年第 6 期),王晶、杨子瑶的《新乡市学前教育发展现状研究》(《河南科技学院学报》2019 年第 8 期),等等。

再次是文化方面。鸦片战争之后,内忧外患不断,传统的文学、艺术等发展缓慢,但与此同时,随着西方科技和思想文化的传入,新乡的近现代文化事业开始萌芽、发展。关于近代新乡地区文化的研究成果相对较多,孙建杰的《晚清民国河南演剧研究》(河南大学学位论文,2018 年)对新乡地区的戏剧文化有所涉及,李方恩的《书香圣地,化育河朔》(《历史教学》上半月刊,2016 年第 7 期)对民国时期新乡的河朔图书馆的沿革做了详细的论述,史旭霞的《民国时期豫北婚俗变迁研究(1912—1937)》(郑州大学学位论文,2016 年)对新乡地区的传统婚姻习俗变迁有透彻的分析,苏全有主编的《新乡地方文化研究探微》(中州古籍出版社,2019 年)中有专门文章论及近代新乡知名人物李时灿的学术文化思想。至于现当代新乡文化事业相关研究成果则着重关注民俗文化与文化遗产,如师婧菲的《河南新乡马皮舞的文化传播研究》(郑州大学学位论文,2019 年)、张馨元的《新乡市区文化遗产综合开发研究》(河南师范大学学位论文,2016 年)、郭小荷的《新乡市文化建设研究》[中国地质大学(北京)学位论文,2006 年]等。

最后是卫生方面。河南是中国古代医药卫生事业的主要发祥地之一。鸦片战争之后，西方现代医学进一步传入，多地建立教会医院，在汲县（今卫辉市）也出现了传教士建立的惠民医院，新乡的现代医学开始萌芽并发展。关于近代新乡卫生事业的研究成果有很多。邵金远的《近代加拿大传教使团在豫北医学传教活动研究》（山西大学学位论文，2014 年）、李娜的《基督教会医疗事业与近代河南社会》（河南大学学位论文，2009 年）、周阳的《近代河南教会医院本土化探究（1884—1954）》（郑州大学学位论文，2019 年）着眼于新乡地区教会医院的发展变迁及医学传教活动。郗万富的《民国时期河南医疗状况研究》（天津师范大学学位论文，2014 年）与谢丽珍的《近代河南护士群体研究》（郑州大学学位论文，2018 年）关注近代河南省的卫生事业，对新乡地区有所涉及。现当代新乡地区卫生事业的研究成果逐渐增多，集中于医疗卫生和公共卫生方面，如王白璐的《新乡市社区卫生服务满意度研究》（郑州大学学位论文，2017 年）、李伟的《医养结合养老模式研究——以河南新乡为例》（《中国老年学杂志》2017 年第 8 期）、付娜的《地方政府医疗卫生服务供给能力研究——以新乡市为例》（郑州大学学位论文，2017 年）、李利平的《农村合作医疗的制度安排与农民医疗意识研究——以河南新乡县农村为例》（华中科技大学学位论文，2006 年）等。

综上所述，我们可以认为，近代以来新乡科教文卫事业的研究取得了一定进展。至于其中存在的问题，除需要进一步深化具体研究之外，总体梳理发展脉络就显得十分必要。我们编著此书，主旨就是要全面而真实地呈现近代以来新乡的科教文卫事业发展历程，以推动相关研究走向深入。

衷心期待，未来的新乡科教文卫事业研究能够在本书的基础之上，铸就辉煌！

苏全有

2022 年 3 月 1 日

目　　录

第一章　近代新乡的科教文卫事业

新乡市位于河南省北部，南临黄河，与省会郑州隔河相望，辖红旗区、卫滨区、凤泉区、牧野区和长垣市、辉县市、卫辉市、新乡县、获嘉县、原阳县、延津县、封丘县等12个县市区，面积8269平方公里，是豫北的经济、教育、交通、商贸物流中心。作为中原地区的一部分，在12世纪以前这里属于全国经济发达、商业繁荣及文化教育水平较高的地区。北宋之后，随着经济重心逐渐转向江南，新乡地区失去了昔日的辉煌。19世纪末，帝国主义列强在中国划分势力范围，进行筑路开矿、投资设厂、设立医院、开办学校、传播宗教等一系列的侵略活动。在这一过程客观上也给中国带来了一些西方近代科技文化知识，刺激了中国向近代化转型。当时，地处内陆的豫北新乡的科教文卫事业也开始了近代化进程。

第一节　近代新乡的工业与农业科技

19世纪末，新乡近代工业开始起步。通过引进西方先进的工业设备和技术，手工作坊式的传统生产方式逐渐转变为机器化生产方式。到了20世纪二三十年代，出现了一些规模较大、技术设备较先进的生产企业。这一时期，铁路交通、通信、邮政等事业也得以发展。农业方面主要是引进西方作物良种与育种技术及家畜家禽，进行育种、杂交实验与良种推广活动。农具生产技术、灌溉技术也有所提高。

一、近代新乡工业的发展

(一)工业发展概况

清末民初，新乡地区多家工厂如雨后春笋般地纷纷设立，成为近代河南工业产生最早、企业最密集、工业科技水平最高的地区。尤其是纺织工业、食品工业、针织印染、造纸印刷、皮革缝纫等轻工业较为发达。20世纪20年代,华新纱厂、同和裕蛋厂、同和裕造纸厂以及同和裕创办的修文印刷所和贫民工厂等相继开业,进一步带动了新乡地区的工业发展和工业科技水平的提高,但重工业领域几乎一片空白,只有少量简易的机器、农具制造业和能源电力工业。

由于当时国内局势动荡不安和国外廉价商品的冲击,新乡工业发展并不顺利。20世纪30年代初,同和裕银号倒闭,其所属的蛋制品厂、印刷所、机器造纸厂等随之破产。抗战爆发后,1938年2月日军侵占新乡,纺纱厂、针织厂、铁工厂、火柴厂等大小工业企业均遭破坏。华新纱厂、通丰面粉厂、德庆祥榨油厂等先后被日本侵略军接管,新乡近代工业遭到严重摧残,民族工业急剧衰落。1945年抗战胜利,新乡轻工业曾一度有所恢复,但很快又因国民党政府发动内战,加之苛捐杂税沉重、物价飞涨、市场萧条、交通中断,大多数工厂停产倒闭,新乡近代工业再度遭到打击。至1949年新中国成立前夕,新乡地区仅有成兴纱厂、通丰面粉厂、德庆祥榨油厂等较大的工厂和几家蛋厂、造纸作坊及修械所勉强断续生产,其他工厂均处于瘫痪状态。[①] 从整体上看,随着西方近现代科技的传入,新乡近代工业技术水平有所提高,但是近代中国饱受帝国主义列强的侵略,加上国内政局动荡、经济萧条,这种提升极其有限,没有也不可能改变新乡科技水平总体上十分落后的局面。

1. 纺织工业

纺织工业是新乡近代工业发展最早的行业。之所以如此,主要是得益于本地丰富的棉花资源和便利的交通条件。民国时期,棉花是豫北新乡最重要的经济作物,如卫辉府"惟有棉花一种为布御寒"[②],棉花种植十分广泛。1935年新乡年产棉花达70万公斤。1931至1936年,新乡县每年收购棉花达960万公斤。[③] 周边晋、冀、鲁等省植棉业也很发达。据1934年中华棉业统计会统计,冀、鲁、晋三省的棉田面积占全国棉田总面积的33%,它们的产额占全国棉花总

① 新乡市地方史志编纂委员会:《新乡市志》(中册),生活·读书·新知三联书店1994年版,第1—2页。

② 徐有礼、程淑英:《河南植棉业发展考略》,《中州今古》2001年第3期,第47—51页。

③ 新乡地区商业志编辑室:《新乡地区商业志》,中州古籍出版社1993年版,第202页。

产额的42%。[①] 丰富的棉花资源为新乡纺织工业的发展提供了充足的原料。交通方面,卫河水运可直达天津,京汉铁路、道清铁路相继修筑并在新乡交会。便利的水陆交通既为新乡棉纺织业原料、产品运输发展提供了良好的条件,又使新乡成为豫北重要的棉花集散地。这些条件为新乡地区纺织工业的发展奠定了良好的基础。

清末新政期间,受实业救国思想的影响,卫辉府纺织工业迅速发展,德泰祥、振华等20多家棉织作坊相继建立。如光绪年间新乡城内小西街赵魁元经营的福盛裕织布作坊颇为著名。但是这些棉纺织业大多采用传统手工作坊式,规模较小,技术水平不高,经营管理不善,因而常常难以维持。光绪三十一年(1905),汲县(今卫辉市)人赵青云、张子平先后开办的振华、普兴织布厂,因资金紧张、经营不善,开业不久即告倒闭。民国建立后,随着近代西方棉纺织技术和机器生产方式的引入,新乡纺织工业技术水平和生产能力得以提高。1913年,赵春生开办厚生实业工厂,有木织机、铁织机数张,生产爱国布、条布、汴绸、绉纱等。1916年,新乡锦昶织布工厂在新乡县王门村(今属凤泉区)开业,有铁木织布机200多台,主要织白平布、提花布、条布、面袋布等,月产3000余匹。产品除在本地销售外,还销往安阳、郑州、开封、天津等地。1918年,民族资本家鲁连成投资白银80万两在武陟县创办成兴纱厂,拥有纱锭2280枚,日产棉纱1000余斤。该厂于1941年5月从武陟县迁往新乡时有纱锭6480枚,职工401人。生产16支棉纱和一些面袋布、包皮布,年产低支纱2112件,成为当时新乡最大的纺织厂。[②]

20世纪20年代,新乡食品、冶炼、机器制造业的产生和发展,给纺织业的发展提供了更为便利的条件,新乡纺织工业进入一个发展较快的时期。1922年,王锡彤等人投资创办的汲县华新纱厂建成投产。该厂技术水平较高,资本颇为雄厚,它的建成为汲县纺织工业的发展奠定了基础。1924年,游秀峰创办华兴织布厂,拥有平面铁织机45台,职工85人,月产花条布、白布700余匹,产品除在本地销售外,还销往天津、汉口。1926年,郭尧德创办德记织布工厂。1928

---

① 钱俊瑞:《谈中日棉花合作》,薛暮桥、冯和法编:《〈中国农村〉论文选》,人民出版社1983年版,第546—547页。

② 新乡市地方史志编纂委员会:《新乡市志》(中册),生活·读书·新知三联书店1994年版,第1—2页。

年是投资建设纺织厂的一个高潮年份，中益织布厂、鸿兴织布厂、新民织布厂、振丰织布厂、振安工厂、民丰工厂、大成工厂等七家纺织厂纷纷建成。其中中益织布厂发展较好。该厂最初规模较小，设备为落后的小木织机。1930 年由新乡同和裕银号接办后，先后改名为新新实业社、新华织布厂，增添设备，扩大规模，职工达到 150 人，临时工 30 人，主要生产府绸、纺绸、粗细条布、线格呢、毛巾、线毯、帆布等。是年，机制绒厂、复顺成工厂、孤儿所织布厂、慎兴、平民、海山、鸿茂、福民、裕民、建德等多家规模不等的棉纺织工厂相继开办。1931—1934 年，汲县城内鸿兴、长丰、复顺成、濂新等毛巾厂和永茂织袜厂、岐丰织袜厂、正丰洋袜厂等针织厂相继开业。

上述纺织厂中以成兴纱厂和华新纱厂规模最大、实力最强、设备最先进、技术水平最高，以机器生产为主，代表了近代新乡纺织业发展的最高水平。其余纺织厂大都设备、技术落后，资金链脆弱，以手工作坊式生产为主，歇业、倒闭情形时有发生。特别是 1938 年日本侵略军占领新乡后，当时民族工业深受其害，许多厂家被迫歇业，包括纺织厂在内的各类工厂纷纷倒闭。抗战胜利后，虽然一度有所恢复，但很快又因内战爆发而陷入困境。以汲县为例：到 1949 年，全县仅余华新纱厂、福民棉织厂两家棉纺织工厂，职工 1074 人；个体手工业 33 户，从业人员 1479 人，年工业总产值仅 644 万元（当年价）。①

除棉纺织业外，新乡丝织业发展也比较早。清光绪十六年（1890），汲县人王德元在道西街开办“德泰祥”丝坊；杨德波、王凤山在马市街开办丝坊。光绪二十六年（1900），湖北人刘昭在马市街开办刘长泰丝场。当时城关共有丝坊十余家，产品为丝线、丝绦、腿带等。② 民国初年，新乡养蚕之家尚有 571 户，年生产蚕丝 18956 斤。1913 年春，田芸生创办厚生实业社，生产雪青汴绫，曾在 1914 年于美国旧金山举行的万国商品赛会上参赛。1930 年，新乡同和裕银号投资扩建新新实业社，增添丝织机 10 部，生产仿绸、织春绸、花丝绸等产品，销售到天津、济南等地。该厂职工最多时曾达 280 人，年产值约 40 万元。1931 年，新乡专门生产丝绸的工厂复顺成建成，有职工 29 名，平均月产汴绫、汴绸达 200 匹。抗战至新乡解放前夕由于战乱和现代棉纺织业纺织品的冲击，新乡丝绸生产逐

① 卫辉地方史志编纂委员会：《卫辉市志（1989—2000）》，中州古籍出版社 2008 年版，第 353 页。

② 卫辉地方史志编纂委员会：《卫辉市志（1989—2000）》，中州古籍出版社 2008 年版，第 354 页。

渐衰败。[①] 如1949年新乡解放时，成兴纱厂仅剩纱锭5040枚。

2. 针织印染

1923年，邓顺昌在新乡中同街同庆里开设永茂昌织袜厂。该厂有手摇式织袜机12台，工人20余人，日产袜子20余打，是新乡针织业第一个厂家。1928年，民生女工厂和其他4户家庭织户也先后生产棉线袜。之后又有救济院制袜厂、岐丰织袜厂、正丰洋袜厂相继建立，但规模都不大，技术设备水平较差，生产能力都很低。至1935年，新乡共有6家织袜厂，但日产棉线袜仅500余双。1937年全面抗战爆发后，这些小厂处境艰难，生产时断时续，谈不上发展。至1949年新乡解放前夕，针织业从业者仅剩20余人，机器只有老式手摇织袜机20余台，日产单线不挂口袜30余打。[②]

针织业除织袜厂外，还有几家生产线毯和毛巾的工厂。1930年，同和裕银号接收中益织工厂并将其改名为新华织工厂，该厂有脚蹬线毯织机10部，毛巾机6部，从业人员150人，以生产线毯和毛巾为主。属于同和裕银号经营的还有一个贫民工厂专织毛巾，但仅有5名工人。1933—1941年，又有新新实业社、濂新、巩记等毛巾厂相继建立。5个厂家共有职工173人，月产毛巾1000多打。至1949年新中国成立前夕，上述厂家先后倒闭，仅剩下数部毛巾机，巾被生产陷于瘫痪。[③]

1913年前，新乡的印染业是分散的家庭手工印染。1913年，以织染为主的厚生实业工厂成立。1930年，同和裕银号开办的新新实业社增添染锅、漂缸等设备，进行印染生产。后来义大利、小如意等几家手工染坊也相继成立。但是这些染坊生产方式、工艺技术均十分落后，生产能力很低，且印染花色单调，产品销售困难。

3. 食品工业

食品工业与纺织工业一样，是新乡最早发展起来的近代工业之一，主要有蛋粉制造业、面粉加工业及榨油业等。

---

① 新乡市地方史志编纂委员会:《新乡市志》(中册)，生活·读书·新知三联书店1994年版，第178页。

② 新乡市地方史志编纂委员会:《新乡市志》(中册)，生活·读书·新知三联书店1994年版，第172页。

③ 新乡市地方史志编纂委员会:《新乡市志》(中册)，生活·读书·新知三联书店1994年版，第175页。

蛋粉制造业。长久以来，豫北农村绝大多数家庭都会喂养一定数量的鸡、鸭、鹅等家禽，但由于农民生活极度贫困，所出产的蛋类一般不舍得留做自家食用，而主要是用以出售换钱。在前近代时期，蛋类一般是直接做熟食用，并不进行深加工。近代以来，随着西方国家对蛋粉产品需求不断增加和相关技术的传入，几乎全靠出口获利的蛋粉业在新乡迅速发展起来。清朝宣统元年(1909)，上海人王林森、宁波人乐炳章携英商资本、技术在新乡城内北街创办第一家蛋粉厂——豫兴蛋厂。1910—1919年，裕丰、裕兴、祥泰卿、中本、大德昌、恒裕、三和店、隆聚、裕新、福义、慎康等10余家蛋粉厂相继开业。这些蛋粉厂生产工人多达3000人，每年销蛋清、蛋黄1000余万斤，每百斤70余元。① 产品除销往天津、汉口、上海，还远销英、美、法、俄、芬兰、印度等国，最高年出口量达127吨。此外，道口镇、汲县、获嘉也有大批蛋粉厂。② 20世纪20年代，新乡已经成为全国闻名的蛋制品重要生产基地和内地蛋粉业的滥觞之地。

面粉加工业。新乡历来是豫北小麦重要产地，面粉工业也相当兴盛，新乡等县均建有面粉加工厂。据调查，20世纪30年代，面粉公司普通工人每人每日四角，工头则每月十五六元或二十元。③

清末民初新乡城关街开设有磨坊，动力主要靠人力、畜力，日产面粉七八十斤，多为自磨自销。1919—1920年，安徽人孙多森等集资银洋50万圆，在卫河北岸东兴里购地90余亩，建成近代新乡最大的面粉厂——通丰面粉有限公司。主要设备有5层粉楼1座，美式磨18部，烟管锅炉3座，卧式双缸360匹马力引擎一部，厂房、办公室、宿舍400余间，职工300余人，日产面粉5000袋(每袋45斤)，商标为红大喜、蓝大喜、绿大喜，除供应本地外，还远销京津沪汉等地，其规模之大居全省之冠。1938年2月，新乡沦陷，面粉厂被日军侵占，12月23日遭大火，粉楼全部被烧毁，1939年8月重建后至日本投降，由日本人经营，所产面粉主要供给侵华日军。日本投降后被国民党政府接管，但至新乡解放前夕面粉厂已处于瘫痪状态。

1936年新乡电厂建成，电磨开始推广使用，保安街玉明磨坊、新民街豫新磨

---

① 《新乡农工业概况：本省物质调查之三》，《河南政治》1932年第2卷第3期，第5页。

② 政协新乡市委员会秘书处：《解放前新乡蛋厂业发展情况》，第36页；《我所知道的中国制蛋业发展情况》，《河南文史资料》(第15辑)，第136、140—141页。

③ 《新乡农工业概况：本省物质调查之三》，《河南政治》1932年第2卷第3期，第5页。

坊以及姜庄街的光明、新明、森记等磨坊开始使用电磨，加工能力得到极大提升，日产面粉达 1 万斤。抗战时期，面粉生产大受影响，抗战胜利后有所恢复，到新乡解放时，城关尚有磨坊 134 户，日加工面粉 1 万余斤。

榨油业。1929 年建成的德庆祥榨油厂，为国内较早的食用油生产厂家。该厂资本为 3 万元，规模颇大。雇佣工人每日工资一般男工约 3 角，女工 1 角 5 分，均不管饭。①

4. 造纸印刷

历史上新乡是河南手工业比较发达的地区，传统手工作坊式的造纸业历史悠久。相传明朝万历年间，曾有山东商人来新乡，雇用当地力工，在孟营一带开办手工麻纸作坊。近代以来，新乡造纸业仍然较为兴旺。1934 年，孟营一带麻纸作坊多达 43 家，产品远销山西、陕西、甘肃、四川、内蒙古等地。机器造纸则发端于 20 世纪 30 年代初。1931 年，王晏卿投资 2 万银圆，从天津购进抄纸机，派人到江苏无锡造纸厂学习，在饮马口创办了同和裕机器造纸厂，日造纸能力 1000 斤，主要生产报刊用纸。该厂还先后生产出四连纸、包装纸、广告纸，从而让新乡告别了只能生产手工麻纸的历史。

民国初年，新乡印刷业兴起。1914 年，汲县人曹星伯在城内道西街办云锦章石印局。1920 年，商人赵华亭、王晓东合股开办华兴石印局，主要为新乡蛋制品工厂印制表格（1946 年因主要合股人抽走资金而倒闭）。1925 年，汲县人张介清、张伯清开办华记石印局，后又有黄德如、郭子成开办顺兴石印局。1926 年，实业家王晏卿开办的同和裕银号为支持其所办职工学校出版《工商月刊》，投资 6 万元从上海购进锅平面对开机、大小圆盘机以及切纸、铸字、打眼、装订等设备，在城内西大街开办修文印刷所。该所在当时同行业中设备较先进，规模也较大，从业人员有 150 余人，主要业务是印刷《豫北日报》和同和裕《工商月刊》。另外也承接印刷、装订书刊、账册等业务，营业颇为活跃。② 修文印刷所的创办成为新乡由传统手工业生产转为近代机械生产之始。进入 20 世纪 30 年代，先后又有韩恒轩的宏文，王修停、原存仁的益文，温汉章的福泰恒，张谷清的金钟楼，王润亭的美新石印局在汲县开办。上述印刷所除修文印刷所外，大都

---

① 《新乡农工业概况：本省物质调查之三》，《河南政治》1932 年第 2 卷第 3 期，第 5 页。

② 新乡市地方史志编纂委员会：《新乡市志》（中册），生活 · 读书 · 新知三联书店 1994 年版，第 201 页。

规模较小，设备简陋，工艺落后，承印范围很小。抗战时期多数石印作坊歇业倒闭，仅有福泰恒、金钟楼勉强经营至新中国成立初期。

5. 机器制造

1929年，王晏卿投资15万元，在新乡保安街开办万顺机器制造厂，它是同和裕银号在新乡创办的系列工厂之一，也是新乡最早的机器制造业。该厂聘请留日学生郭文渊任厂长兼工程师。购置圆车8台、刨床2台、钻床3台、柴油发动机和立式锅炉各1台，有工人150余名。[①] 主要生产飞黄机、卷扬机、织布机、轧花车、轧面条机及榨油机、造纸机、印刷机、暖气炉、大小锅炉等机器。其中飞黄机和卷扬机在当时销路最好，也最受欢迎。特别是卷扬机不仅被焦作、观音堂等煤矿矿厂购买使用，陕北白水乃至江西等地的煤矿也订购使用。该厂的建成投产使得同和裕赚取了较高的利润，结束了新乡各厂所用机器依赖外地供应的历史。但该厂于1937年倒闭。

除万顺机器制造厂之外，还有一些铁工厂相继创办并从事机器生产。1919年，武陟县孙中和、胡世清、杜严等人在卫河北岸、京汉铁路以西创办宏豫炼铁厂，建有厂房、仓库、办公室、宿舍共90余间，占地上百亩，系新乡第一家冶铁工厂。拥有的主要设备有52立方米高炉一座，锅炉、热风炉各3部，鼓风机1部，抽水机4部，有工人近200人，每日可出产生铁25吨。1924年，该厂引进美制冶铁设备，采用新法炼铁兼从事农具生产，并在修武和沁阳县设小型采矿场2家，为新乡最早最大的冶炼工厂。1931年，私营工商业者李自增在一横街开办裕德铁工厂，专门从事农用人工轧花机生产，1938年日军侵占新乡后停产。1932年，姬保瑞开办万聚成铁工厂生产小型农用水泵，此为新乡水泵制造工业之始。1939年，新乡有合记、同昌、庆记、济农、鸿翔、维新6家铁工厂曾先后生产轧花机，其中维新铁工厂规模最大、持续时间最长。1947年，新乡福民铁工厂开办，以小型农具及棉花打包机为主要产品。1948年，国民党军队为防御人民解放军攻城，福民铁工厂车间被拆除，打包机停止生产。1948年冀鲁豫实业公司建设机器厂曾一度生产水泵和卷烟机等民用产品，1949年改为以生产水车为主。解放战争时期，豫北新乡是重要战场之一，至1948年年底，新乡私营铁工厂虽然尚有22家，但均以生产普通农具为主，工业机器制造业基本陷于停顿。

---

① 新乡县志编纂委员会：《新乡县志》，生活·读书·新知三联书店1991年版，第19页。

6. 能源电力

新乡采煤业发展较早，清光绪二十四年（1898），位于卫辉城西北的陈召村有煤窑数口，日产原煤20余吨，后因技术落后、设备简陋，采掘深度浅而于1902年倒闭。1920年，新乡通丰面粉厂安装卧式双缸360匹马力引擎电机一部，自办电力，用于本厂生产和照明。此为电力工业发展开端。1924年，道清铁路新乡车站装设10千瓦直流电机1台。20世纪30年代，新乡工商业发展较快，市场日趋活跃，但是缺乏电能动力。1931年，同和裕银号总经理看到这一商机，便集资20万银圆，筹建新乡水电股份有限公司。这是新乡商办电业之始。1932年，发电厂厂址选在卫河南岸公安街，引进1台德国产A. E. G145千瓦发电机及蒸汽机，配套1X150HP（110.20千瓦）的锅炉。1933年10月建成并正式投产发电，发电能力145千瓦，年发电27万千瓦时，成为新乡最早的电厂。该公司架设的高、低压线路自车站起，经中山马路、姜庄街、石榴园，通往城里大小街道。自此，电开始应用于新乡的工商业，城内马路照明也第一次用上了电。1938年2月，日军占领新乡后强行接管了新乡水电股份有限公司，将其编为河南军管理第九工厂。出于侵华战争的需要，日军于1939年在卫河北岸铁路东侧中兴街筹办新发电厂，购进1台瑞士产B. B. C1000千瓦汽轮发电机在中兴街电灯厂投入运行，配套锅炉为2×7T/H，德国产发电机及设备被拆除。1940年10月发电，发电能力增加到1145千瓦。1942年2月28日，第九工厂改为伪华北电业局领导的华北电业株式会社开封支店新乡营业所。随后开始扩建第二台发电机组，于1943年引入1台美国产G. E 1000千瓦汽轮发电机并投入运行，发电能力增加到2000千瓦。1944年拆除损坏的瑞士产发电机。1945年，新建发电机组还没来得及完全安装好，日本战败投降。又因老发电机组被损坏导致停运，电力生产陷于停顿。1945年11月，国民党河南省政府派员接管新乡营业所，改名为新乡水电公司。1946年进行修复发电未成。此后在国共内战时，国民党军队为修筑城防工事，拆除电厂部分房屋和机器，发电设备遭到严重破坏，到1949年新乡解放时一直未能发电。①

（二）卫辉华新纱厂

卫辉华新纱厂的前身是1922年建成投产的汲县华新纱厂，是新乡近代史

---

① 新乡市地方史志编纂委员会：《新乡市志》（中册），生活·读书·新知三联书店1994年版，第21—22页。

上第一家近代化纺织企业，在新乡乃至华北纺织工业发展史上占有重要地位。在此之前，新乡的棉纺织设备主要是手摇纺车、小木织机、木织机、铁织机、铁木织机等，均为人力手工操作，生产技术尚处于前近代手工作坊式的水平。汲县华新纱厂的建成投产改变了这一面貌，使新乡棉纺织业进入了近代化工业生产时期。

1. 建厂条件

卫辉华新纱厂的创办存在着三个有利条件：

第一，1914—1918年，第一次世界大战期间，西方帝国主义列强忙于战场厮杀，对中国的经济侵略一时有所放松，中国的民族工业因而获得了一段时间的发展机遇。当时列强向中国出口的纱布锐减，纱布价格猛涨，纺织行业利润骤增，从而刺激了国内棉纺织工业的发展，民族资本纷纷投资建设棉纺织厂。棉纺织业在水陆运输便利的长江中下游沿岸地区迅速发展起来，但河南因地处北方内陆，一时尚未有人进行投资设厂。

第二，新乡地区及其周围地区的棉花种植业和民间纺织业较为兴盛，卫河水运和铁路运输较为便利，地价便宜，劳动力充足且廉价，为华新纱厂的创办和发展提供了良好条件。清末民初，豫北地区棉花种植业得到较快发展，逐渐成为省内主要的棉产区。且当时附近的河北、山东两省棉花产量都很大，也能够为纱厂提供丰富的加工原料。

第三，王锡彤等实业家的大力主张。王锡彤（1865—1938），字筱汀，卫辉城关沿淀街人，清末民国时期著名实业家，一生除教书育人、兴办慈善事业和著书立说外，主要致力于民族实业，曾任北京自来水公司总理、天津启新洋灰公司总代理、恒丰公司主任董事、兴华资本团主任董事、滦州矿务公司董事、南洋铁路维持会理事长、华新纺织总公司董事、中国实业家协会副会长等职。近代中国规模最大的资本集团——周学熙资本集团就是由王锡彤和周学熙、陈一甫、孙多森、李希明、袁世凯六大家族成员组成的，王锡彤系该资本集团董监会核心人物之一。民国初年，以王锡彤、王敷五、徐世光等为首的“河南系”中，豫北籍实力派人物在周学熙资本集团大股东内部占优势地位，他们力主将厂址定在汲县，这是华新纱厂能够落户汲县并顺利开工的主导因素。

2. 建厂经过

王锡彤所在的周学熙资本集团从经营水泥、煤炭等重工业开始，1906、1907

年分别创办了启新洋灰公司、滦州矿务公司。两公司所获的巨额利润除用于扩大再生产和资本增值之外，还为创办新企业提供了良好的资金条件。1915年，周学熙出任北洋政府财政总长，负责整理全国棉业，便授意其弟周学辉游说启新洋灰公司和滦州矿务公司的股东王锡彤、财政次长杨味云、内务次长言仲远、安徽都督孙多森及马学廷、李士伟、张质、徐德虹、王其康、陈一甫等10余人，联合发起创办华新纺织股份有限公司。

作为周学熙资本集团的核心人物之一的王锡彤出于改变家乡面貌的目的，早有在家乡办理实业的打算，故极力主张在卫辉设厂，并积极开展前期筹备活动。1919年6月，他回家省亲，乘此机会在卫河两岸勘察寻找建纱厂的适宜场地。为取得地方官员的支持，他积极与河北道道尹范鼎卿、汲县县知事奎星潭联系，洽谈选址、购地、办厂事宜，并获得了他们的大力支持。王锡彤最后选中汲县县城西北隅旧日演武厅一带的地方。他认为这里地处旷野，东面紧邻卫河，取水、航运便利，靠近城关，方便工人往来，又处于京汉铁路卫辉站和道清铁路卫辉站之间，未来可修一条小铁路与车站相连，用以运输机器货物。范道尹表示愿意将演武厅一带属于自己苗圃的地方低价转让给王锡彤建厂。

厂址选定后，王锡彤面临的最大问题在于资金的筹集。当时的豫北民间财力十分匮乏，要在本地筹集资金极为困难。股东们只能把希望寄于在资本集团内部进行集资和金融机构的大宗贷款。1919年8月，在王锡彤的建议下，华新纺织股份有限公司召开董事会讨论在汲县建厂事宜。会上，周学熙提议股额定为80万银圆，纱锭12000枚，并当场集股，过半为定。但是一些股东认为汲县地处偏僻、闭塞的内陆，距离京津唐一带较远；该县虽有两条铁路经过，然而属于三等小站；卫河航运尽管可直通天津，但航道狭窄，水量常年较小，无法行驶大船，运输量有限。故津唐地区的兴华资本集团股东对于在汲县建厂心存顾虑，不太赞成，导致纱厂未开工就面临夭折的风险。王锡彤为打消股东们的顾虑，强调纱厂正处于勃兴之始，卫辉盛产棉花，收棉花较容易，交通比较便利，再加上汲县属于商品集散地，棉纱销售应该不会有问题，如果不认巨股，恐成立无期，机会将失。在说服别人的同时，他率先自认2000股10万圆。周学熙及各董事也随即认购，共认购13万圆，并向由启新、滦矿股东投资建立的兴华棉业公司和整理棉业筹备处共筹措27万圆，集股很快过半。最后，纱厂在筹备期间所制定的80万圆创办资本中，启新和滦矿股东所购股份就达70余万圆之多。[①]这样最终促成了华新纱厂在汲县设厂。

王锡彤任华新纱厂筹办员，负责筹划办厂事宜。纱厂于1920年破土动工，建造木架厂房440间及引擎锅炉、烟囱、发电等附属厂房。1921年7月，从美国文素厂及惠斯琴厂订购的纱机第一批机器进厂安装，有纱锭1万枚。济南纱厂并入后纱锭增加到2.24万枚，股额共280万元（其中官股112万元），占地面积296.964亩。纱厂于1921年9月建成，1922年7月正式开机运营。开工时拥有2.28万枚纱锭，工人达2400余名，成为当时豫北最大的纺纱工厂，为汲县近代规模最大的现代化企业。

3. 经营概况

1922年3月23日，华新纱厂第一批纱机试车，设备动力为蒸汽发动机，此为新乡以机器为动力纺纱之始。同年7月正式投产，以中低支纱为主，纺16支、10支纱，注册商标为“绿竹”牌。[②] 次年3月，第二批纱锭投产，棉纱品种增加了10支、16支、32支，其商标分别为“红杏”“双鹿”“双星”。纱厂开办初期因资金紧张，曾数次委托中国实业银行代其发行巨额债票，启新、滦矿股东也多次分认少量债票，以加快债票发行速度。如1922年3月，中国实业银行代卫厂发行180万元债票，启新、滦矿股东就分认了其中10万元。1923年年初第二批纱锭开机运营前夕因资金不足，该厂与兴华棉业公司订立合同，委托棉业公司代为办理买花售纱事宜，即“卫厂现在一万锭由兴华供给常年办花行本流动资金30万元，将来开足22000锭再添供给常年行本30万元，卫厂每年结账除官利外按股东所得余利十分之二提供给兴华以示酬报”[③]。

华新纱厂在建厂初期曾保持着良好的发展态势。1920年工程开工的同时开始招工，大部分工人招自汲县和邻近各县，极少数技术、管理人员则从郑州、

① 陈轲：《二十世纪前期豫北近代工业投资环境研究（1900—1936）》，华中师范大学硕士学位论文，2006年6月。

② 新乡市地方史志编纂委员会：《新乡市志》（中册），生活·读书·新知三联书店1994年版，第192—193页。

③ 陈轲：《二十世纪前期豫北近代工业投资环境研究（1900—1936）》，华中师范大学硕士学位论文，2006年6月。

安阳、天津等地招聘。在本地所招的工人中也有大量童工。[①] 由于廉价劳动力充足,工人分昼、夜两班工作,每班10小时,每人每日工价平均仅在5角钱左右[②],因而工资支出所占比例极低。以1924年5月第五届营业支出为例,该届共支出洋4413204元,而工资支洋仅153346元[③],工资支出还不到支出总额的3.5%,由此可见当时所雇佣劳动力的廉价程度。这使得纱厂的利润空间很大。华新纱厂生产用棉年需求量很大,分粗绒、细绒两种。粗绒棉主要从安阳、石家庄两地收购,汲县棉农也多将所产棉花运到厂内直接售卖。细绒棉主要从郑州购进,以渭南、荥阳、灵宝、洛阳、太康等地所产为主。[④]

从棉花、棉纱购销价格看,汲县华新纱厂棉花收购价低于上海纱厂,但棉纱出售价高于上海纱厂。如1924年,每担棉花的收购价比上海纱厂低4.58元,每件16支纱的价格比上海纱厂高28.46元。[⑤] 另外,华新纱厂为降低成本,保证棉花供应,还创办了一些附属企业,在冀、鲁、豫等地发展棉花种植业。多种有利条件给该厂带来了巨大的利润空间。山东、河南、河北中小城市棉纱市场在1932年前基本被其所垄断,故而获得了高额利润。不过这期间也曾经遇到市场竞争,如1925年下半年,上海、汉口棉纱进入河南许昌一带市场,与华新纱厂棉纱销售形成竞争之势。为保持市场的垄断地位,华新纱厂采取价格战来对付竞争对手,将1000余件16支纱以低于原价14元的价格在许昌地区抛售,上海、汉口棉纱无力与之竞争,被逐出了河南市场。[⑥] 1933年之后,由于日本对华北地区的侵略活动加剧,纱厂利润急剧下降并出现连续两年亏损的状态。1936年虽然恢复盈利,但是次年日本即发动全面侵华战争,纱厂生产很快陷入困境。

1938年,日军侵占汲县,华新纱厂由日本"东洋纺织株式会社"接管,易名为"河南军管理第十工场"。1942年9月,日本人购进丰田式自动布机12架,是

---

① 河南省华新棉纺织厂志编纂办公室编:《河南省华新棉纺织厂志1915—1994》,新华出版社1995年版,第15页;李廉等:《卫辉华新纱厂工人革命斗争述略》,《河南文史资料》第5辑,1981年,第1页。

② 河南省地方志编纂委员会整理:《河南新志》上册(卷五),1929年,第244页。

③ 《华新纺织公司卫厂第五届营业情形及余利分配节略》,1924年5月,中国第二历史档案馆编:《中华民国史档案资料汇编》,凤凰出版社2000年版,第219页。

④ 陈轲:《二十世纪前期豫北近代工业投资环境研究(1900—1936)》,华中师范大学硕士学位论文,2006年6月。

⑤ 盛斌:《周学熙资本集团的垄断倾向》,《历史研究》1986年第4期,第81—95页。

⑥ 盛斌:《周学熙资本集团的垄断倾向》,《历史研究》1986年第4期,第81—95页。

新乡以机器动力织布之发端。① 1944 年 6 月,侵华日军为掠夺钢铁制造军火,以献铁为名强行拆除 3/4 的生产设备,致使工厂元气大伤。1945 年 9 月,国民党军政部派员接收该厂。1947 年经营权归还资方,此时仅有纱锭 1100 枚,铁、木织机 67 张,工人 300 余人。由于设备不配套,生产难以正常开展,经营萧条。新中国成立前夕,工厂董事会代表南逃,又将部分设备拆卸南运,致使纱厂"凋零不堪,生产萎缩"。1948 年 11 月 7 日汲县解放,濒临倒闭的华新纱厂得到新生,中国人民解放军某部派代表赵云山来接管工厂。15 日,太行行署派吴汉卿、高平到厂组织生产,废除侮辱工人的搜身制,成立由工人参加的工人管理委员会。1949 年,由国家贷款 1020 万元,收购原棉 37 万斤、煤 1100 吨、粮食 1500 石进行扶持,工厂生产很快得到恢复,当年获利润 6. 22 万元。②

华新纱厂是近代新乡及整个豫北民族工业中资本最雄厚、规模最大、技术水平最高、设备最好的企业,代表了近代新乡轻工业发展的最高水平。它对推动民国时期新乡地区的工业技术发展、社会近代化及城市化进程起到了相当大的作用。

(三)铁路及邮政通信

1. 铁路

新乡有铁路始于清末光绪年间。清政府在甲午战争失败后,决定修筑铁路,拟定首先修筑津卢(天津至卢沟桥)、卢汉(卢沟桥至汉口)两线。其中卢汉铁路线路长、工程投资规模大,清政府欲借款筑路。当时帝国主义列强竞相争夺贷款筑路权,清政府担心被强国挟制,于是决定向比利时借款。光绪二十三年(1897),清政府督办铁路大臣盛宣怀与比利时银行团代表先后在武昌、上海签订了《卢汉铁路借款合同》(草合同)、《卢汉铁路借款续增合同》(正式合同)。次年,又在上海改订正合同即《卢汉铁路比国借款续订详细合同》。规定:借款额为四百五十万镑,四厘九扣;借款期限为三十年,最初十年无须归还本金;国家批准,以路作抵押,五年内完工;用人行政权概归铁路总公司督办,用比人做

---

① 新乡市地方史志编纂委员会:《新乡市志》(中册),生活・读书・新知三联书店 1994 年版,第 167 页。

② 卫辉地方史志编纂委员会:《卫辉市志(1989—2000)》,中州古籍出版社 2008 年版,第 362—363 页。

工程师,工程人员由比公司挑选,购办外料给佣五厘(卢保段不包括在内)。[1]借款筑路合同订立后,卢汉铁路于1898年4月开工修建,1903年由正定修至新乡,1906年卢汉铁路全线建成通车。1902年,清政府同英国福公司签订造路协议,修筑道口至泽州(晋城)铁路,由三里湾、道口经新乡至待王段,1904年3月通车。1905年8月,卢汉铁路正式运营。这样,新乡成为卢汉、道清两条铁路十字交叉的重要枢纽。两条铁路的修筑,对新乡近代工业的兴起起到了重要促进作用。

1912年民国建立,但很快陷入连年军阀混战,社会动荡的局面,铁路事业发展极其缓慢。1937年日本发动了全面侵华战争,1938年2月新乡沦陷。平汉铁路北段及道清铁路陷于敌手,铁路管理权落入日伪华北交通公司之手。为继续扩大侵华战争,掠夺华北资源,日军对铁路机构、设备采取了一系列强化措施。1938年,日军抓丁拉夫进行筑路,将道清铁路自清化镇向西延长至怀庆(沁阳)西关,长度增加18公里。1939年,又将该线三里湾、道口至游家坟一段拆除。所拆材料用于修筑新开(封)铁路。当年5月通车,全长102.91公里。1945年,日本投降,国民政府交通部随军接管铁路。解放战争期间,新乡、安阳间铁路陷于瘫痪。1949年5月新乡解放后铁路被修复。

2. 邮政通信

1909年10月,新乡电报局建立,线路长30公里,线杆360根,有发报机1部,为新乡电报业务之始。至1935年,新乡环境电话共110余部,各联保主任处均能直接通话,居豫北各县之冠。[2] 延津县于1942年接通了环境电话,线路总长度为27.491公里,共有电话单机13部(具体安装地址不详)。农村地区直到解放前夕尚无电话。1929年1月,新乡、封丘、延津之间的长途电话线路开通1条,主要为国民党政府服务。

二、近代新乡农业科技的发展

近代新乡农业科技的进步主要体现在对棉花品种改良、灌溉工具的改进及灌溉事业的发展方面。但是和近代以前相比,并没有明显进展,至1949年解放

---

① 江锦云:《清末铁路建设——盛宣怀与芦汉铁路建设个案研究》,华东师范大学硕士学位论文,2011年5月。

② 《主席巡视汤阴安阳新乡三县县政纪要》,《河南政治》1936年第6卷第4期,第8页。

前夕，新乡农业科技水平依然十分落后，基本没有专门的农业科技研究机构和农业技术人才队伍，农作物单位面积产量低下，生产十分落后，农民生活“低劣异常，粗饭布衣，每多欠缺”①。

(一)农业科技水平的提高

近代新乡农作物主要是小麦、棉花、玉米、谷子、豆子、高粱等，其中棉花是最重要的经济作物。20 世纪初，随着京汉铁路、道清铁路等华北铁路线的建设、国内外棉花市场的扩大和新乡棉纺织厂的纷纷设立，特别是 20 年代初汲县华新纱厂、郑州豫丰纱厂等纱厂的开工，刺激了新乡植棉业的极大发展。但是传统种植的土棉花纤维短、光泽不佳，与进口的美国棉花相比品质相差较大。为改良棉种，汲县华新纱厂王锡彤于 1919 年成立了华北美棉培植研究所，引进美国优良棉种，进行培育实验，在汲县、延津、新乡等地推广种植。② 1928—1929 年，新乡县植棉区域迅速扩大，全县各乡多产棉，以西南乡最多。据统计，1931 至 1936 年新乡县每年棉花收购量达 960 万公斤。③ 该县北乡小冀镇一带，为织布发达之区，计有机器 4000 部，棉花交易量很大，并形成了自己的品牌“小冀棉”。

汲县于 1927 年办农林试验场，后改杂谷试验场；1934 年县建农技推广所。20 世纪 30 年代，新乡县有农场两处：一处为旧场，面积 52 亩，分麦作、棉作、杂谷、蔬菜、果树等作业区，用作实验种植；另一处为新场，面积 200 亩，主要种植本地小麦，该场地西端留出一片空地为棉作试验区。但是这些所谓的实验种植，在农业技术改良方面基本上没有起到什么作用。新乡县农业实验学校创办了面积 72 亩的苗圃，种植各类树木 191300 棵，1935 年出山苗木 8500 余株。其主要目的是为植树造林提供苗木而非改良树种。1933 年，辉县畜牧试验场引进国外优良品种波支猪、美利奴羊、瑞士乳羊、莱克亨鸡、芦花鸡、波罗门鸡等进行繁育和杂交，以促进畜牧业发展。1935 年 7 月新乡成立农工器具制造厂，内分铁工部、翻砂部、木工部，生徒工匠共 40 余人，生产一些简易农业器具。该厂在改良农业器具方面主要是发明了新式水车，水车纯用压力，不用水斗，比较旧式

---

① 《各县社会调查》，《河南统计月报》1936 年第 2 卷第 12 期，第 169—174 页。

② 刘式武：《华北美棉培植研究所》，《河南文史资料》第 16 辑，1985 年，第 42 页。

③ 徐有礼、程淑英：《河南植棉业发展考略》，《中州今古》2001 年第 3 期，第 47—51 页。

水车,价格低廉(每具价值37元),用力省,上水快,能够较大幅度地提高灌溉效率。①

(二)灌溉事业的发展

近代新乡地区的灌溉事业、灌溉技术取得了一些进展。1900年,汲县三皇庄人刘文诚,率众开挖沧河渠,扩大了灌溉面积。1921年,山彪村人张埠,率众集资购买金灯寺泉地,开米贵泉(后称美贵泉、玫瑰泉),使本村近千亩土地得到了灌溉。1927年,根据时任河南省主席冯玉祥的电示,汲县发展井灌,当年开挖水井100眼。同年,汲县顿坊店附近的民众在凿井时挖出一眼自流泉,冯玉祥立即拨款指令汲县水利局帮助民众又挖出6眼自流泉,并挖池圈定,在其下修建一条干渠进行引水,使当地的4000亩农田获得了灌溉水源。1929年冯玉祥到辉县视察时,发现百泉年久失修,立即拨款疏浚,通过清理疏浚,在百泉西北角又挖出一个大泉。为充分利用这些水源,他决定开挖孟庄渠。在修渠时冯玉祥和夫人还亲自到工地参加劳动,受到当地民众的称赞,从而极大地提高了大家的劳动积极性。20世纪20—30年代,新乡县灌溉事业也有一定的发展。1928年新乡福寿渠开通,灌溉面积为150余顷。30年代初,新乡县民众又利用卫河、丹河支流开挖北陈堡渠、中块村渠、南公利渠三道干渠,可灌溉田地150余顷,上述渠水共可灌溉300余顷农田。另外,在灌溉技术的改进方面,新乡县传统农田灌溉工具有辘轳、倒罐、铁架木斗旧式水车等,主要靠人工提水,劳动量大,日浇地面积仅不足一亩,而使用牲畜拉水车,日浇地面积也仅一亩多。1928年春,汲县人王作栋(字隆臣)募捐集资自制大型链斗式水车,并在卫河上安装水轮机,带动特制大型水车,进行提水灌溉,一昼夜可以灌田30亩,极大地提高了灌溉效率。可惜限于当时的政治环境和社会经济条件,这种大型链斗式水车并没有得到很好的推广。1930年,汲县士绅李时灿等人为培养凿井技术人才而创办"凿井社"。当时汲县人王炳程请山东乡村建设研究院凿井技术专家李子堂,前来传授凿井下泉技术。汲县凿井技术得以改进,由以前的人工挖井转向半机械化凿井。1932年,凿井社在顿坊店黄庄附近打成自流井7眼,经串联挖池圈定,定名为"普济泉"。利用该泉水,附近发展稻田千余亩。凿井技术的发展对凿井活动起到了促进作用,至1934年,汲县共发展土砖井1000眼,新

① 《主席巡视汤阴安阳新乡三县县政纪要》,《河南政治》1936年第6卷第4期,第9—10页。

乡县也先后凿修砖井4500眼。

1937—1948年，由于受日本侵华战争和国民党发动内战的影响，新乡地区的水利建设陷于停滞，原有水利设施也遭到严重破坏，农业抗御水旱灾害的能力极差，大雨大灾，小雨小灾，无雨旱灾的现象经常发生。

近代以来直至1949年解放前夕，新乡农业科技总体上没有多少进步，基本上仍处于近代以前的水平，没有改变农业靠天吃饭的落后面貌。如农业科技教育起步较早的汲县，科技事业发展缓慢，除教学人员外，仅惠民医院、华新纱厂、水文站、杂谷试验场、农技推广所等单位有少量科技人员。农业生产几乎全部依赖人力、畜力。农业运输工具主要为木制独轮手推车、四轮太平车、铁脚马车、无轮木架拖车、木制四轮网包等。农田耕作仍用传统的木犁、木耙、木耧、镢头、锄等。农作物收割、脱粒使用传统的镰刀、铲镰、木棍、石磙。农业肥料为厩肥、堆肥、麻饼、花生饼、人畜粪便及少量肥田粉等。农田灌溉基本上还是沿袭数千年的灌溉工具，灌溉效率低下。如延津县农业靠天吃饭，无灌溉排水设施，阳武县灌溉排水工具仅有辘轳和水车两种，并无特别改良。农作物的种子改良除棉花外，鲜有进步，如小麦种子是“条麦”“蚰子麦”“小白芒”，均属当地品种；玉米品种有“七叶糙”“小籽红”“二糙黄”等传统种类；谷子品种有“大小六棱”“碱谷”“铁头碰”等。农业科技水平的落后再加上当时的天灾人祸造成了农业生产效率和农作物产量很低。以1933年的汲县为例，耕地总面积减至37万亩。小麦种植25万亩，总产875万公斤，亩产35公斤；玉米种植15万亩，总产150万公斤，亩产10公斤；谷子种植15万亩，总产300万公斤，亩产20公斤；棉花种植3万亩，总产籽棉135万公斤，亩产籽棉45公斤。其他如新乡县，正常年景下小麦亩产也只有40—60公斤，玉米一般亩产仅70公斤。

第二节 近代新乡的文化教育

近代以来，受戊戌变法特别是清末新政的影响和推动，新乡地区的文化教育进入了近代化时期。20世纪初，新式学堂开始建立，学校教育逐步兴起，学校数量不断增加，图书馆事业也得到较大发展。这对学习西方自然科学技术知识和提高文化教育水平起到了较好的促进作用，从而加快了新乡地区的近代化进程。

一、近代学堂的建立

1840 年鸦片战争后，中国社会开始沦为半殖民地半封建社会。1901 年《辛丑条约》签订后，清政府被迫推行新政，颁布兴学诏书，提出“各省所有书院，于省城均改设大学堂，各府、厅、直隶州均设中学堂，各州、县均改设小学堂，并多设蒙养学堂”[①]。此后又相继颁布了《钦定学堂章程》《奏定学堂章程》等，对学校管理、学科设置等作了规定。在此形势下，各地方陆续出现了新式学堂。旧的学校教育和科举制度很难再维持下去了。1905 年，清政府谕令停罢科举。此后，新式学堂在河南各地大量出现。到 1909 年，河南各类学堂总数已发展到 3193 所。

历来素称教育发达的豫北新乡地区是古代理学重地，新式教育在新乡还没出现之前，汲县淇泉书院、新乡鄘南书院等都是当地十分著名的教育机构，传统文化教育颇为繁盛。20 世纪初，清政府被迫宣布实行新政，新政的一项重要内容就是推行教育改革，命令各府州县设中小学堂。新式学堂教育在新乡一些地方官与开明士绅的倡导下逐渐兴起。1901 年，李时灿、王锡彤、高幼霞等士绅在汲县创办经正书舍，虽然其指导思想是“中学为体，西学为用”，但是其举办的新学，开始打破“惟科举是学问”的传统教育模式。当时周边各县学子慕名前来学习者甚多，被时人誉为“卫辉文明之权舆，河南学堂之嚆矢”。1902 年，卫辉知府沧澜奉诏兴学，在汲县城内设立卫辉府官立中学堂，同时将淇泉书院与之合并，延请夏莫川、崔青山分别教授经文和算学。[②] 招府属九县学子入学，学制五年，无明确班级划分。年费银万两，由九县协款支付。1906 年有学生 145 名，教职员 11 名，年支银 3650 余两，钱 240 千文。1911 年，经正师范中学班并入，学校规模扩大，当年有学生 253 人，教员 14 人。在豫北地区，该校师资水平较高、思想进步，远近闻名。如经学教员刘粹轩（同盟会会员，因参加二次革命遇难），在校介绍进步报刊，传播民主革命思想，吸引了许多同学。嵇文甫就是在他的影响下逐步走上革命道路的。随着卫辉府官立中学堂的创办，汲县官立、公立、私立中小学堂相继创立。光绪三十二年（1906）汲县官立、公立、私立各学堂达

① 朱寿鹏主编：《光绪朝东华录》，中华书局 1958 年版，第 4719 页。
② 刘克桥：《民国时期河南学校教育研究》，郑州大学博士学位论文，2017 年 5 月。

到21所，各学堂本着“中学为体，西学为用”的原则，开设自然科学课程。至1911年汲县有小学堂25所，中学、师范、职业学校、法文专门学校各1所。清末汲县作为卫辉府治所在，府设中等学校经费，除旧书院的灯油费、基金生息、学田课租、学生缴纳外，还有府属各县的“协款”，因此经费相对较充裕，设备颇为完善。各地学术造诣较深的人才，纷纷来汲任教，周围各县也选送学子来汲求学，汲县逐渐成为豫北的教育中心。1905年，天津《大公报》报道，称“汲县学堂林立，卫辉府立中学堂、汲县立小学堂已开办数年，现郭俊卿、刘伯绅两位观察又开办了初等蒙学堂，天主教堂神父王华开办了法文、汉文各学堂。学生很多，学务日见起色，当地风气大为开通”①。报道虽有虚夸成分，但也说明了作为卫辉府的府治所在地的汲县新式学堂教育发展的概况。

光绪二十七年（1901），新乡县改鄘南书院为鄘南学堂，并添设本城西街、东关、临清店、大家店、小冀镇、合河镇蒙养学堂。次年，新乡知县鲁恒祥，特甄录学生20名，肄业于鄘南学堂，延聘中西教员，分科讲授，此为该县学堂兴起之始。光绪三十年（1904）改鄘南学堂为高等小学堂。光绪三十二年（1906），新乡县于城内大北街成立强国学校。第二年，于小冀镇成立开智小学堂。宣统二年（1910），在大西街成立崇实初等小学堂。宣统三年（1911），附设模范小学堂于高等小学堂内。1912年，七里营普育两等小学堂、北关商立初等小学堂，次第成立。光绪三十年（1904）十一月，辉县城内百泉书院改为“辉县高等小学堂”，招收15岁以下略能读经、天资聪颖的少年入学，学制4年。次年，辉县城内、西关、南关、东关、九圣营、固村、南云门相继办起初等小学堂，招收7—10岁儿童入学，修业5年。宣统三年（1911），全县拥有高、初等小学堂47所，学生3000余名。

当时隶属于直隶（今河北省）的长垣县也建立了相当数量的学堂。据1907年《查视长垣县学务情形报告》记载：该县有高等小学堂1处，学生1班，44名；有初等小学堂80处。共计81处。其中，官办21处，私立2处，其他名义上为公立，但经费出自亩捐。城关各处学堂学生均20名上下。乡间司坡寺有一处学堂，有两个班，学生30余名。② 教学方法与以前的私塾基本相同，教科书也不统一。且各高等及初等小学堂均缺少学生用书，办学经费不足。

---

① 转引自陈轲：《二十世纪前期豫北近代工业投资环境研究（1900—1936）》，华中师范大学硕士学位论文，2006年6月。

② 张良弼：《查视长垣县学务情形报告》，《直隶教育杂志》1907年第17期，第53—55页。

宣统二年(1910),新乡各县已经兴办了多所学堂,但旧有私塾教育仍然大量存在,呈现学堂与简易识字私塾并存的局面(见表1－1)。至民国初年,新乡各县新式学堂教育渐成规模,学堂分布已经颇为广泛。(见表1－2)

表1－1　1910年新乡简易识字私塾表

厅州县别	学塾所数	学徒总数	厅州县别	学塾所数	学徒总数
新乡县	73	864	辉县	20	383
延津县	21	334	原武县	22	215
汲县	31	864	封丘县	20	176
获嘉县	36	682	阳武县	20	175

此表据刘克桥的《民国时期河南学校教育研究》(郑州大学博士学位论文,2017年5月)制成

表1－2　新乡各县学校学生统计表(1915年)

学校、学生数量 / 县份	初等小学		高等小学		中学	
	数量	人数	数量	人数	数量	人数
新乡	21	662	4	185		
获嘉	25	436	1	50		
辉县	40	930	2	149		
原武	15	453	1	39		
阳武	19	371	2	73		
延津	21	491	2	90		
封丘	31	502	2	102		
汲县(卫辉)	41	797	6	168	1	222

资料来源:教育部编《中华民国第三次教育图表》(1915年),沈云龙主编《近代中国史料丛刊三编》(第10辑,文海出版社1984年版,第337页)。说明:长垣县因民国时期隶属河北省,故未予统计

从表1－2可以看出,清末民初新乡地区各县高等小学数量很少,学生人数特别少,发展十分缓慢。初等小学数量和学生虽然相对较多,但是与当时新乡地区的人口总量相比,比例依然很低。而中学教育除汲县有一所学堂之外,其他各县则付之阙如。从各县统计的学生数来看,受教育人数占人口比例均不足1%。

由于清政府需要向帝国主义列强支付《辛丑条约》规定的巨额赔款和清末官场腐败、社会动荡,教育经费奇缺、师资力量薄弱,新乡学堂发展面临诸多困

难。各县办学经费主要来自地方捐税、学田地租、存款利息、学董自筹及士绅捐助等途径,官方拨款极少。这从光绪三十四年(1908)辉县学务岁入统计表中可以窥见一斑。(见表1-3)

表1-3　光绪三十四年(1908)辉县学务岁入统计表

单位:银两

产业租入	存款利息	官款拨给	公款提充	学生缴纳	派款捐数	乐捐	杂入	合计
662	1039	350	671	204	0	430	60	3416

辉县市史志编纂委员会:《辉县市志》,中州古籍出版社1992年版,第675页

光绪年间,辉县高等小学堂经费由百泉书院膏火费拨充,其余各学堂经费多出自地方公产及正杂各捐,由所在地学董自筹。宣统元年(1911),将文昌阁地租充作县立乙种蚕桑学校经费,每年收租五十千文。南漕变价生息,本金八百千文,每月一分五厘生息。年收一百四十四千文拨充高等小学堂经费。普济堂生息,本金一千零五十千文,月二分生息,年收二百五十二千文。光绪二十七年(1901),新乡县鄘南书院改为鄘南学堂后,以原书院所经营的潞王坟三十余顷学田地租收入,即原有生息本钱三千七百串,本银一千两,全数充作该学堂经费。之后每年共钱九百八十二串,银五百两。宣统元年(1911),为推广教育,按地升租每年约收租钱一千五百余串。①

一些地方士绅和官员为支持兴办学堂,积极开展捐款筹款活动。光绪三十二年(1906),湖北省麻城县知县原恩瀛丁忧回籍,寄居辉县。目睹城内高等小学堂及各初等公立小学堂创建经费困难,于是将修武县境内王和庄自家田地421亩、瓦房39间捐出,估银16414两,用作办学经费。他还劝说候选教谕牛保辰捐出在辉县团相村自置田地396亩,值银1887两,劝候选知府刘宗全捐出在修武县王和庄自置田地318亩,值银10428两,充作教育经费,捐资兴学。这类捐助活动对缓解教育经费困难起到了一定作用。

清末新乡各县学堂师资力量极为薄弱。首先绝大部分教员为科举制度下培养的秀才、贡生、举人等。他们的西方科学文化知识匮乏,难以胜任新式学堂教育教学任务。光绪三十一年(1905),河南巡抚陈夔龙在《筹设初级师范学堂

---

① 王春元:《新乡县教育视察报告》(1934年4月),《河南教育月刊》1934年第4卷第7期,第19页。

折》中指出:“豫省中、小各学堂……所延教习,虽不乏品学兼优之人,究非由学堂出身,教授管理,未必一律合法”[①]。其次,许多教员思想守旧,顽固迂腐,教学内容及教学方法继续沿用科举时代私塾教育的陈规。据《豫报》记载,汲县中学自1905年停科举、改学堂以来,两位教习是“犹坐拥皋比,坚守旧学以存道统,不论学堂科学如何,便以《圣武记》为历史教科,点缀《四书讲义》《语录》,即为国文、修身,绝不肯遵奏定章程,按新法讲授”[②]。再次,学堂兴起之初,虽然一些地方官员热心参与,积极支持学堂教育的发展,但是对新学茫然无知,敷衍抵制兴办新式学堂者也不在少数。如新乡县知县韩某,“不知学堂为何物,不知己兴学堂有何责任,大吏催文频至,惧碍考成,及食皇出一手谕,责成各乡镇绅民办学,谕中所言,令人笑怒并至”[③]。这类官员主政的地方兴办学堂的工作显然难以推进。最后,因科举被废,旧有的求取功名之路断绝,一些顽固士绅还干出破坏学堂之事。如汲县士绅李时灿把该县三仙庙改为学堂之举就遭到了当地守旧分子的激烈反对。他们经常到高等小学堂扰乱秩序,还煽动不明真相的民众毁坏李时灿的家。总之,清末新乡在废科举、兴学堂的过程中遭遇了多种困难和障碍,新式教育的发展十分缓慢。

二、民国时期的学校教育

(一)教育管理机构

近代新乡教育管理机构设置因时局的变迁多有变动,但是各县情况差别不大,这里以新乡、汲县为例作以简要说明。

1. 新乡

北宋哲宗元祐五年(1090)新乡始建儒学,儒学设教谕、训导等地方教育职官,负责主持初考事务。光绪三十一年(1905),清政府颁布学堂章程,通令各省筹办劝学公所,主管地方教育。河南政府奉命令各地先派劝学总董,成立劝学所、进行宣传,提倡新学,开启民智。光绪三十三年(1907)春,新乡知县韩兆瀛遵照学部定章成立劝学所,设于鄘南书院内,邑绅夏奠川任劝学所总董事,该劝学所成为新乡最早的教育行政机构。1912年民国建立,总董改称劝学所所长。

① 陈夔龙:《庸庵尚书奏议》卷三,文海出版社1966年版,第34页。
② 转引自张秀丽:《清末新政间河南教育状况探微》,《安徽文学》2010年第8期,第154—155页。
③ 转引自张秀丽:《清末新政间河南教育状况探微》,《安徽文学》2010年第8期,第154—155页。

1915 年劝学所改为视学办公处,1917 年恢复劝学所。1918 年教育经费独立,由公款局移交劝学所经管,并附设教育款产经理处。同年,全县划分为 9 个学区,每学区设教育委员 1 人。1923 年改劝学所为教育局,设局长和县视学各 1 人,事务员 3 人,学务委员 8 人(每区 1 人),并附设董事会。1927 年改董事会为教育行政委员会,下设经费稽核委员会、考绩委员会。教育行政委员会每月开常会一次,每周开局务会议一次。经费稽核委员会负责教育经费稽核,每月举行会议一次;考绩委员会负责各学校每年一次会考事宜,并评阅试卷,考评优劣,以定奖惩。1928 年学区划分调整,改为 8 个学区,设区教育委员 8 人,由各区区长兼任。1929 年,根据教育经费总数多寡,县教育局被划为三等局。1931 年因教育经费增加,教育局被升格为二等局。1933 年 5 月,教育局设总务课主任 1 人,学校教育课主任 1 人,社会教育课主任 1 人。原来区教育委员 8 人改为 2 人,负责督导各区教育事宜。1934 年因年教育经费达到 5 万元以上,依照河南省教育厅所颁布的县教育局组织法的规定,教育局被列为一等局。教育局之下设总务课及学校教育课,各设主任 1 人;设县督学 2 人,课员 4 人,雇员 1 人。并设教育款产处,考绩委员会,经费稽核委员会等机关。1935 年县教育局改为教育科,设科长 1 人,科员 2 人。1938 年新乡被日军占领后,日伪政权在县政府内设民政科,分教育、民政两股。1940 年教育股改为教育科,下设两个股和督学。此外,抗战期间,抗日民主政府于 1943 年在根据地设民教科,后分设教育科,之后时分时合。1945 年 8 月抗战胜利后至 1949 年新乡解放,国民政府设立县教育科,有科长、督学、科员、办事员等。

2. 汲县

清代县级教育行政机构为儒学署,主事人谓之教谕,汲县儒学署设于文庙西侧黉学内,负责管理县儒学。不过私塾与之并没有隶属关系。光绪三十三年(1907),汲县劝学所成立于黉学内,设总董 1 人、视学 1 人,劝学员 8 人。宣统三年(1911)改劝学总董为劝学员长。到了民国时期的 1914 年,劝学所裁撤,改设县视学办公处,以各级行政署兼办各级教育行政。1917 年恢复劝学所,并于所内设教育款产经理处,专事教育款产之收支、解送、存息等项经营,处长由所长兼任。1923 年 7 月,劝学所改为教育局,设局长 1 人,视学 1 人,事务员 3 人,另设 7 人董事会于其内。是年,县内划分学区,各区设教育委员会负责各区教育。1927 年 7 月,董事会改为教育行政委员会,增设社会教育讲演员 1 人。

1930年，教育局添设总务、学校教育、社会教育三课。每课设主任1名（由省教育厅加委），课员1名。另设督学1人，专门负责视察全县教育实施情况。同年，全县划分6个学区，每学区由5人组成教育委员会负责管理本学区事务。1932年，区教育委员改为1人。1938年春，汲县沦陷。次年4月8日，伪县政府成立，于第四科下设教育股，由股长、督学、股员组成，负责全县教育。各学区设文教助理员，佐理区教育行政。1943年，汲县抗日民主政府成立，县政府内设民教科，管理民政与教育，1945年10月设教育科，1948年4月民政、教育两科合并为民教科，1948年8月恢复教育科。1948年汲县解放，汲县、卫辉市政府内均设教育科，区设文教助理1人，区校长1人。区校长协助助理员指导、视察所属各校工作。1949年2月卫辉市建制撤销，县政府设教育科。新中国成立后，于1950年7月成立文教科，教育科被撤销。

其他各县，如阳武、原武（1950年3月，原武、阳武二县合并为原阳县）、封丘、延津、获嘉等，清末民国时期的教育机构名称及设置沿革大体与新乡、卫辉相似，在此不再赘述。

（二）教育经费

由于民国时期新乡政区范围与当代行政区划有着较大差别，且因时局动荡有关教育经费的资料残缺不全，因而以当今的新乡市辖区为范围整体统计教育经费是很困难的，只能依据部分年份资料对几个县份的教育经费作以梳理。

1. 新乡县

①教育经费来源。清末新乡县教育经费主要来自学田课租、银钱生息、地亩摊派及士绅捐助等途径。宣统年间，为推广教育实施按地升租，每年约收租钱1500余串。民国初年至全面抗战爆发前，新乡县教育经费来源和经费总额有逐渐增加的趋势。教育经费分为县、区、乡三部分。1912年，在清末三项来源的基础上又增加了豆粮、火柴、煤油、香油、鸡蛋等捐及地租，共钱1600串。1921年，教育经费经历年筹增，并改钱为元，共计9000余元。1924年，增加牲畜各种捐款，计5000余元。1929年增加丁地附加及契税附加，于是教育经费增至29000余元。1931年，又增加契税附收，共洋41000余元。1933年，教育经费以地丁附加为最多，计13000元，通丰面粉公司补助费12222.2元，契税附加11500元，地租5195元，牲畜捐3000元，利息1739元，牛羊肉捐1200元，大肉捐801元，油捐700元，学费700元，煤捐500元，蛋捐350元，染捐320元，戏捐

200 元,洋油、洋火捐 80 元,共计洋 51667.2 元。不过,受农村经济破产的影响,教育经费历年积欠也颇多。截至 1934 年,丁地附加、基金利息、牲畜捐、地租分别积欠约 5000 元、2177 元、1600 元、600 元。区教育经费一向未作规定,各区乡学校所需费用均系自行筹措。1931 年,曾进行县、区教育经费划分,即各区设立的完全小学校所需经费,由区公所按地亩摊派洋 2317 元。后因征收困难,改由教育局统筹补助,区教育款暂行停止摊派。乡镇教育经费素无统计确数。1928 年新乡县所有庙产用作办理各乡镇教育,统由各乡代收代支,合计全县乡镇教育经费洋 49451 元。[①] 其来源主要有地租、房租、私人捐助、学费、利息、棉捐及摊派等项。

②经费的分配。以 1933 年为例:教育局行政经费每年 5460 元,教育行政委员会膳费 1140 元,区教育委员薪金及办公费 600 元,视察费 400 元,各校校医车马费 120 元,共计 7720 元,占全县教育经费的 14% 强。学校教育投入,私立静泉学校补助费 2512 元,私立职业学校补助费 1195 元,县立乡村师范经费 6936 元,县立第一小学校经费 5766 元,县立第二小学校经费 4926 元,各区完全小学常年补助费 6624 元,乡镇初小及女生奖金 7600 元,师范生参观费 800 元。共计 36359 元,占全县教育经费的近 76%。社会教育投入方面,民众教育馆经费 2392 元,河朔图书馆经费 1520 元,县立民众学校经费 552 元,乡村民众学校奖金 120 元,补助豫北日报社 120 元,共计 4704 元[②],占全县教育经费 9% 强。此外尚有临时费 940 元,占全县教育经费的 2% 略少。

③学生交费项目及数目。20 世纪 30 年代初期,新乡县小学学费收费标准一般每学年在 1—2 元。县立小学校每年学费,高级小学为 2 元,初级小学为 1 元;区立小学校每年收学费多寡不等,最多者不过 2 元;乡镇立小学校仅收学费,每年最多不超过 2 元。县立中等学校收费略高,如乡村师范学生,每学期缴纳体育费及讲义费共计 3 元。

④经费收支公开办法。记账方式依教育厅颁发簿记账办理,分现金出纳簿、支出分类簿、收入分类簿、贷借分户簿几种,每月支出经费由经费稽核委员

---

① 王春元:《新乡县教育视察报告》(1934 年 4 月),《河南教育月刊》1934 年第 4 卷第 7 期,第 19 页。

② 王春元:《新乡县教育视察报告》(1934 年 4 月),《河南教育月刊》1934 年第 4 卷第 7 期,第 23 页。

会详细审核后签名，或盖手章，用作公布以示公开。教育局所属各教育机关按照预算每月向款产处支领经费，须先经局长批准，才能支给，并须按月造具收支报告及单据粘存簿，呈教育局审核。

2. 汲县

晚清科举时代，儒学、书院都是官办，其经费来源主要是田产课租、基金生息、课士膏火、公私捐赠等项。其他私塾均为私人所开，经费由开办人支付或村、社集股支付。儒学或书院大都有一定数量的土地、房产作固定资财，它们将这些田产租给别人经营，以获取租金作经费，此即为田产课租。将资金存入钱庄、银号，或放给借贷，以所得利息作经费，即基金生息。课士膏火则是政府所给补助，作为学校夜读或取暖之用。此三项收入较为固定。公私捐赠，一般是在学校入不敷出的情况下，向官府衙门、士绅商人募捐的款项。废科举后，各县成立劝学所，教育机构形成，经费以地方政府拨款为大宗，不足之数，仍依前法。1911 年，省视学井俊起在他的《汲县学务报告》中记载了汲县教育经费，府、县两级 8 校，加上劝学所、教育会两机关，年费银 6758 两，钱 1848 串。

民国成立以后，汲县出现了省立、县立、私立几种学校，其经费来源各不相同。省立学校经费由省教育厅按核定数额拨给。1915 年省议会案定教育经费来源为：契税项下附征 4%；田赋项下每丁银一两增收 4 角（一两约合 20 元）；原有学田课租。此三项款，由教育款产经理处统一管理，统筹使用。1922 年冯玉祥主政河南，通令庙产一律收归教育经费。自此，庙产成为教育经费的又一来源。

该县县立学校经费由县政府划给几项捐税，以其收入充作经费。但因每年丰歉不同，捐税收入并不稳定。据 1934 年魏士骏发表的《汲县教育视察报告》，该年经费情况主要来源于地丁附加、契税附加、地租、房租、基金生息、杂捐等项，年收入共 23970 元。收入具体细目为：丁银附加、契税附加、契税附加教育捐、地租、房租、房租附加捐、基金生息、席捐、木窑捐、皮毛杂骨捐、棉花捐、香捐、盐捐、煤捐、鸡蛋捐、火柴捐、戏捐等。经费使用分配以学校教育费为主，占 85%。行政费、社会教育费及其他分别占 8%、6%、1%。

以上两种学校，都以学生缴纳学费作为补充，学生缴费较之私立学校为少。

私立学校由个人或众人集股开办，经费以学生缴纳为主，其他还有田产课租、公私捐赠等项。以私立豫北中学为例，1935 年收入经费 11740 元，其中校产地租 1500 元，占 12.8%；学生缴纳 7200 元，占 61.3%；校董捐助 3040 元，占 25.9%。

抗日战争时期，汲县沦陷，战事激烈，时局混乱，教育经费无法保障，虽然曾制定应急办法，开征农民捐（随粮带征）、商民捐、富民捐三种，但在当时通货膨胀严重、物价飞涨的形势下，所得经费远不敷用，学校大部分被迫停办。沦陷区有少数日伪为进行奴化教育举办的学校。

3. 阳武县

20 世纪 30 年代，阳武县教育经费主要来源以地丁附加、契税附加、学田租税等项目为主。据《阳武县教育视导报告》记述，1931 年度县教育经费实收洋 11255 元，实支洋 15408 元，不敷 4153 元。① 报告对 1933 年该县教育经费收支情况记载较为具体，见表 1－4。

表 1－4　阳武县教育经费 1933 年度收入支出一览表

收入		支出	
项别	数目（元）	项别	数目（元）
学田租	1567	教育行政	2520
基金生息	180	学校教育	13670
丁地附捐	12300	社会教育	1382
公举行捐	3194.95	区教育委员	900
渡口捐	893	留汴学会	60
契税附捐	3000	款产处勤务工资	96
牛羊皮捐	100	临时费	2074
油房捐	236		
麸捐	10		
羊行捐	28		
肉架捐	30		
煤行捐	100		
合计	21638.95	合计	20702

此表据王春元《阳武县教育视导报告》（1933 年 4 月）（《河南教育月刊》1933 年第 3 卷第 11 期，第 91—92 页）制成

① 王春元：《阳武县教育视导报告》（1933 年 4 月），《河南教育月刊》1933 年第 3 卷第 11 期，第 91—92 页。

从上表可以看出,1933年阳武县教育经费的最大来源在于丁地附捐、公举行捐、契税附捐、学田租四项,占总收入的90%以上。支出则以学校教育比例最大,约占总支出的66%;其次教育行政费、临时费、社会教育分别约占12%、10%、7%。1934年因废除苛捐杂税减少三千余元,下余一万八千余元来源于地丁附加、契税附加、学田租税、基金生息、河口渡捐等,由县政府负责催缴。[①] 总体上看,20世纪30年代前期阳武县的教育经费收入和支出均在2万元左右,个别年份变化较大。

4. 原武县

该县全年教育经费共计9434.226元,在各县中属于比较少的。其来源于学田地租、丁地附加、契税附加、牲畜捐及地方补助费五种。[②]

5. 延津县

该县教育经费的来源以丁银附加、契税附加、学田课租三项最多。1932年度,全县教育经费为21511元,来源于丁银附加、契税附加、学田课租、学银生息、房租五项,分别为11298元、6200元、3585元、603元、5元。[③] 1933年度岁入预算为21021元,岁出为21171元,不敷150元,具体情况见表1-5。

表1-5 延津县1933年度教育经费收支一览表

(单位:元)

收入	项别	丁银附加	契税附加	学田课租	学银生息	房租	合计
	数目	11136	6200	3007	673	5	21021
支出	项别	教育行政	学校教育	社会教育	养老金	临时费	合计
	数目	2640	15771	1000	360	1400	21171

此表据王春元《延津县教育视导报告》(1933年5月)(附表)(《河南教育月刊》1933年第3卷第10期,第143页)制成

6. 辉县

1912年,辉县儒学田产一律改为教育田产,充作教育经费;乡村小学无经费,由学董就地自筹,自行经营。1916年,劝学所内附设教育款产经理处,负责

① 《各县社会调查》,《河南统计月报》1936年第2卷第7期,第125—127页。
② 《各县社会调查》,《河南统计月报》1936年第2卷第5期,第82—83页。
③ 王春元:《延津县教育视导报告》(1933年5月)(附表),《河南教育月刊》1933年第3卷第10期,第142—149页。

统管学款,教育经费独立。1925 年,辉县有学田 41 处,共 3503.957 亩。1928 年,省政府颁发田产兴学通令,因接收庙产,教育经费增加了不少。同年 7 月,试行每丁银 1 两附加教育费 2—8 角办法,1930 年冬,统一定为 6 角,地方教育经费有了较大增加。1936 年,全县教育经费 31800 元,均源于丁地附加、契税附加、学田课租、基金生息及房租等项。1937 年全面抗战爆发,次年辉县被侵华日军占领,因经费无着,学校教育多陷于停顿。抗战胜利后,学校虽大部分恢复,但是因物价飞涨,经费仍十分短缺。1949 年辉县解放,经过土改,原来的学田、庙产分给农民,教育经费统一改为由国家拨发。

(三)学校教育的发展

民国初年,新乡各县的中小学堂依令改为学校,办学层次大体可分学前教育、小学教育(又分初等小学校和高等小学校)、中学教育(包括师范教育)等三个层次。从办学性质上来看,学校教育可分为公立学校和私立学校两类。学前教育出现时间比较晚,且寥寥无几,时断时续,谈不上有什么发展。因此,民国时期的新乡学校教育主要是小学教育、中学教育及少量的师范教育和职业教育。

1. 小学教育

(1)新乡县小学教育

1912 年,新乡县改高等小学堂为高等小学校。1914 年将所有初等学堂均改为国民学校,城乡共计 36 处。1925 年,高等小学校改为县立第一小学校。乡间共有高级小学 4 处,城乡共计初级小学 47 处。1926 年,王静澜、郭泉林捐资创办静泉小学校一处。1928 年,新乡县奉令庙产兴学,学校数目大幅增加。全县完全小学校扩充至 6 处,初级小学校增至 224 处,并于县城内西街、东关、北关各设义务小学校 1 处。1934 年,全县完全小学增加到 13 处,其中县立完全小学 2 处,区立完全小学 9 处,私立完全小学 1 处,公立完全小学 1 处;县立初级小学 1 处,乡镇立初级小学达到 239 处。① 从学校分布看,县立第一、第二小学校设于城内;第三、第五两学区各设 2 所完全小学,其余各学区均设完全小学 1 处于重要乡镇;该县共计 214 乡,239 处初级小学按乡的大小分设各处。

---

① 王春元:《新乡县教育视察报告》(1934 年 4 月),《河南教育月刊》1934 年第 4 卷第 7 期,第 25 页。

表 1－6　1934 年新乡县部分小学概况表

学校名称	基本概况
县立第一小学校	设备费每年仅 120 元，该校有幼稚园一班，各年级除五年级有甲、乙两班之外，其余各年级均为一班，均系单式编制，全校学生 394 名，编级标准未能顾及学生的年龄，致使各班学生年龄甚为悬殊。设备方面，该校现有图书 2000 余册，仪器 83 件，多残缺不全
县立第二小学校	该校图书仅 150 本，仪器没有；有学生七班，均系单式编制，除三年级为甲、乙两班外，其余各年级均为 1 班；全校共有学生 301 人
私立静泉完全小学校	校址与私立静泉中学在一处，图书及仪器设备均借用自私立静泉中学；有学生六班，高级两班（五—六年级），初级四班（一—四年级），均为单式编制，学生共 263 人；各班设有班级图书馆，经费常年不足，由私立静泉中学补助；师资力量、教学条件在各完全小学中为最佳
第一区立东关小学校	教学设备极差，学生分三班，一、三年级合为一班，二、四年级合为一班，均为复式编制，六年级一班，为单式编制，学生总计 92 人。教员薪金每月少者 15 元，多者 20 元，校长则为 26 元
第八区鲁堡小学校	图书设备颇差，有学生 168 人，四个班，一、二年级和三、四年级分别编成一班，均为复式班，五、六年级各一班，为单式编制
县立初级小学校	一—四年级均为单式编制，学生 154 人
革新镇初级小学校	学校经费困难，学生 145 人，一、三年级和二、四年级各编一个复式班
新新镇公立初级小学校	二、三年级编成一个复式班，四年级为单式班，有学生 69 人
城南乡初级小学校	一、三年级和二、四年级各编一个复式班

本表据王春元《新乡县教育视察报告》（1934 年 4 月）（《河南教育月刊》1934 年第 4 卷第 7 期，第 29—33 页）制成

1933 年初，新乡县还开办了义务教育及短期小学。把当时划定的第一学区作为实施短期义务教育实验区，共设短期小学校 16 所，短期小学 10 班，于 1933 年 10 月一律开学。除上述各类小学外，乡村地区还存在着一批私塾。据调查，1934 年全县共有私塾 54 处，合计学生 784 名，教本多用小学课本，也有仍在使用“四书”者。

抗战期间及解放战争时期，新乡县学校教育大受影响，与抗战前相比，小学数量及在校学生、教职工人数均大幅度减少。到 1949 年解放时，包括解放区在内的公私立小学仅有 22 所，在校学生只有 5273 人，教职员工不足 200 人。

表1－7 1949年新乡市小学概况表

学校类别（项目／数目）		学校数(所)	学生数		教职员工数	
			在校生数	毕业生数	教职员	工人
小学	公立	18	4362	232	132	26
	私立	4	911	160	39	
	小计	22	5273	392	171	26

本表据新乡市地方史志编纂委员会《新乡市志》(下册)，生活·读书·新知三联书店1994年版，第162页

学校管理机构设置。清末，新乡各类学堂均设堂长1人，总揽学务。民国初期小学均设校长1人，总揽校务。1928—1947年实行校务分掌，新乡各小学设有校长，下设：教务处，负责教学工作；事务处，负责管理学校财务、修缮等工作；训育处，管理学生的思想和生活。根据规定，各小学校每学年举行一次会考，由考绩委员会评阅试卷，以区别优劣而定奖惩。县督学每学期到各小学校视察督导一次，并拟订视察标准。1947—1949年新乡解放，设校长及校务会议，下设教导部、事务部、民教部、辅导研究部。其中，教导部下设学籍股、成绩股、自治指导股、编辑股、教学股；事务部下设文书股、会计股、庶务股、卫生股。

各小学的办学经费主要用于工资、办公费、设备费等方面，办学条件极为简陋。1934年的调查表明，高级小学校、初级小学校用于发放薪俸的费用分别占全部费用的79%、81%，用于办公、设备的费用分别占总费用的21%、19%。如县立第一小学所定设备费每年仅120元，至于这120元能否落到实处就不得而知了。县立第二小学设备费则没有列入预算。学校办学条件十分简陋，除私立静泉学校校舍尚称得上合乎标准外，其他各小学校皆是利用旧有庙宇或民宅等加以改造而成，教室门窗破旧、光线昏暗，仅勉强能够使用，其容量大多以30人至50人为度。教学仪器、图书极端匮乏，除县立第一小学有83件残缺不全的仪器设备之外，其他学校均付之阙如。各完全小学的图书设备甚差，只有县立第一小学情况稍好，有图书2000余册，县立第二小学仅有图书150本。其他各校旧有的图书大多遗失，管理图书知识尤其缺乏。完全小学尚且如此，其他小学特别是乡镇小学就可想而知了。

民国时期，新乡县学龄儿童入学率很低。据1934年《新乡县教育视察报

告》记述：该县共分八学区，相对来说，第一学区教育较优，第五、六两学区尚好，第二、三、四、八四学区次之，第七学区则因历遭匪患，教育发展最差。报告统计了1934年新乡县学龄儿童失学情况：第一学区学龄儿童6578人，失学儿童4445人；第二学区学龄儿童4574人，失学儿童3219人；第三学区学龄儿童6362人，失学儿童4675人；第四学区学龄儿童5133人，失学儿童4026人；第五学区学龄儿童4564人，失学儿童3148人；第六学区学龄儿童5104人，失学儿童3774人；第七学区学龄儿童5626人，失学儿童4042人；第八学区学龄儿童4822人，失学儿童3728人。[①] 八个学区的失学率分别高达67.6%、70.4%、73.5%、78.4%、69%、74%、71.8%、77.3%，全县平均失学率高达72.75%。也就是说民国时期的新乡即使在教育发展相对较好的20世纪30年代前期，学龄儿童的入学率也不足30%。学龄儿童入学率极低的根本原因是当时绝大多数民众生活极度贫困，无钱供应子女上学。当然也与地方上的重视程度有关，“查区保长对于办理乡村小学，多数玩忽，以至乡村人民对于子女入学，颇现漠视状态，乡村小学人数因而渐次减少”[②]。

（2）辉县小学教育

1912年，辉县学堂改学校，招收6—12岁儿童入学。小学分初级、高级两个层次，初级四年，高级三年，男女分校。1922年，实行新学制，改为“四、二”分段制，即初小四年，高小两年。1925年，全县有小学64所，在校学生1892人，学龄儿童入学率极低。1928年，改称国民学校，同期农村仍有不少私塾。1935年，有县立完小2所（城内、南关），区立完小6所（二、三、四、五、六、七区各1所），在校学生1400人；县立初小2所（东关、西关），乡镇公立初小234所，学生3400余名；私立、改良小学（由私塾改造而成）37所。全县共有各类小学281所，在校学生5200余人。

1938年，辉县沦陷，县城被日军侵占，县乡公立学校被迫停办。1939年，日伪出于推行奴化教育的需要，恢复了部分学校。1940年，全县有小学137所，学生5370人。1945年，抗日战争胜利后，国民党占据县城，在国统区建立中心国

① 王春元：《新乡县教育视察报告》（1934年4月），《河南教育月刊》1934年第4卷第7期，第29页。

② 《主席巡视汤阴安阳新乡三县县政纪要》（1936年3月），《河南政治》1936年第6卷第4期，第12页。

民学校11所,乡镇保立国民学校103所,共计学生6728人。

抗战期间,辉县解放区的小学教育发展很快。1943年,汲县抗日民主政府在西山区成立,动员知识青年李武臣在辉县沙窑村创办全县第一所"抗日小学"。1944年,在沙窑、三郊口两河道办学30多所,学生1800名,教师35人。当时由于连年灾荒,群众生活普遍困难,儿童需要拾柴、放牛、帮助操持家务,维持生计,因而难以入学。抗日民主政府克服重重困难,千方百计地发展教育事业,为解决师资缺乏的问题,选拔小学四年级优秀学生承担教学任务,儿童不能全天上学,就组织放牛、拾柴、纺花、看娃娃等各种小组,采取上间日制或者半日制,或者上早、午班,或组织"小先生"往家送字,互教互学,运用多种方法使学龄儿童学文化知识,教师又教学又带领学生服务战争、服务生产。课余时间给烈属军属担水、扫院、锄地、拔草;战时到医院侍候伤病员;平时组织学生到街头写黑板报、说快板,宣传党的方针政策;经常组织学生站岗放哨,参加肃匪反霸、斗争地主,让学生到社会中受锻炼,学校举办的上述活动生动活泼,效果良好。1947年,民主政府在西平罗建立第一所完全小学,招收高年级1班,学生20名,后发展到2班60人。1948年,解放区教育事业继续发展,在校学生数增加,学龄儿童入学率达到61.8%(见表1-8)。1949年,辉县小学已达240所,在校学生16123人(见表1-9)。

解放区教育事业的发展,为革命事业培养出一批干部,有力地支援了解放战争。

表1-8 1948年辉县解放区初级小学统计表

学校数	教师数	教师文化程度			学龄儿童		入学儿童		入学率
		小学毕业	初中毕业	高中毕业	男	女	男	女	(%)
231	315	220	32	63	12261	9441	9012	4409	61.8

资料来源:辉县市史志编纂委员会:《辉县市志》,中州古籍出版社1992年版,第658页

表1-9 1949年辉县小学统计表

学校类别	学校所数	教师		学生	
		男	女	男	女
初级小学	231	308	7	9012	4409
完全小学	9	110	22	2225	477
合计	240	418	29	11237	4886

资料来源:辉县市史志编纂委员会:《辉县市志》,中州古籍出版社1992年版,第658页

(3)汲县小学教育

清光绪三十一年(1905),汲县盐商经理人刘伯绅,会同举人王玉山及士绅段培初、王用吉、李兴周、张少泉等人开办学校,以盐税为经费,定校名为汲县商立第一初等小学堂。王玉山任堂长,段培初为学董。学校设一、二、三、四年级各1个班,共4班。这是汲县创办最早的一所小学。1928年,其改名为县立第三完全小学校,设初级4班,高级2个班,经费由县政府供给,直至抗战胜利。抗战胜利后,学校更名为德胜镇第二中心国民学校。学校管理模仿保甲制。全校为一镇,设正副镇长。镇下设民政、经济、文化、警卫四股,学生全按保甲编制,以培养学生的自治能力。

清光绪三十二年(1906),以杨氏住宅为校址,汲县知县裘祖锷创立汲县官立高等小学堂,有教室15间,另有图书室、办公室各3间,宿舍6间,操场1亩。民国初年改名为汲县县立第一小学。1929年有男生201人,女生20人,教职工8人,为五班六级规模。1934年,一、二年级为复式班,学生80人,三、四、五、六年级各1班,学生200人,教员6人。学校建立童子军,全校为一个团,共90余人,分为3个中队,9个小队。童子军队员着绿色军装,轮流值日,协助教师管理校内秩序。1938年,日军侵占汲县,改校名为汲县第一小学,全校教职工有9人,学生6班,男生231人,女生131人。高年级设日语课,国语内容大都是"中日亲善"之类,把日本侵华美化为"帮助中国建立王道乐土",实行奴化教育。1945年,日本投降,学校改名为德胜镇第一中心国民学校,有教员18人,学生被分为6个班,200余名。学校管理仿照社会组织,实行保甲制。全校为一镇,设正副镇长,每班为1保,每保6甲,以训练学生的自治能力。1945—1948年,国民党忙于内战,学校基本没有什么发展。解放后改名为汲县县立第二完全小学。

华新棉纺织厂于1925年8月创办了职工子弟小学,初为初等小学。1929年增设高级班,定名为华新职工子弟学校。1947年改名为华新小学,有6个班,学生250人,经费由厂方提供。①

(4)延津县小学教育

1934年有师范附属小学1处,县立完全小学7处(经费满2000元以上者只有县立第一小学),县立初级小学7处,区立初级小学78处,私立初级小学1

① 卫辉市地方史志编纂委员会:《卫辉市志》,生活·读书·新知三联书店1993年版,第482页。

处，在校学生总计3657人，其中女生仅有276人。区立初级小学多靠县款补助及庙产收入两项，而地方人士多未能依资产摊派捐助兴学，乡村学校师资较差，不合格师资相当多。另有私塾75处。部分学校的概况见表1－10。

表1－10　1934年延津县部分小学概况表

学校名称	基本概况
县立乡村师范学校附小	年经费1548元，设备简单，有学生五级四班，一、二、五年级均系单式编制，三、四年级则系复式编制，在册学生149人。设有数学、国语、音乐课程
县立第一小学	校舍尚堪敷用，书籍有两千余册，仪器标本设置多缺乏。常年经费2825元，学生255人。六个年级六班均系单式编制。设有国语、数学、历史、党义等课程
县立第二小学	位于第二区大城村，校舍整洁，设备简单，近年因土匪日盛，员生住宿暂借徐学董房舍。全校经费年计1520元。学生分六个年级四个班，一、二年级和三、四年级均系复式编制。五、六年级均系单式编制，全校在册学生110人。课程有算术、常识、国语、三民主义、自然
县立第六小学	设于第二区蒋村镇，新校址位于该镇西门内屈清寺，但尚未修筑完竣，暂借民房上课。学校成立时间较短，全年经费仅940元。学生现分五个年级三个班，一、二年级和三、四年级均为复式编制，六年级系单式编制。全校在册学生101人
县立第七小学	设于通村镇，校园十亩，图书有600余册，其余设备均称简单，常年经费1200元，现有学生五个年级3个班，一、二年级和三、四年级均系复式编制，五年级系单式编制，全校在册学生116人
县立第一初级小学	设于城内黄花巷，全年经费120元，学生31人，分一、二年级，复式编制，合为一班
区立第三十九初级小学	位于县城北关旧泰山庙内，全年经费130元，学生一班（复式班编制），内分一、二、三、四年级
区立第七十二初级小学	位于南关老奶堂，全年经费55元，学生一班（复式班编制），内分一、二年级。教员学识较差
区立第五十一初级小学	设于平陵村，年经费100元，学生一班（复式班编制），内分一、二、三、四年级，在册学生30人
区立第四十九初级小学	位于尚柳洼民宅内，全年经费70元，现有学生一班（复式班编制），内分一、二、三年级
区立第三十七初级小学	位于张杏冢三教堂内，全年经费75元，有学生两班，分一、四年级和二、三年级，均为复式班

续表

学校名称	基本概况
区立第五十三初级小学	设于后开洲寨民宅内，全年经费90元，学生分一、二、三年级，复式编制，合为一班
区立第十六初级小学	设于前老岸村观音寺内，全年经费70元，有学生一班（复式班编制），内分一、二、三、四年级
私立孔彰初级小学	设于城内皇华巷学董刘孔彰宅内，全年经费300元，由学董刘孔彰捐助，图书360余种，儿童读物亦不少，设备在初级小学中可称首屈一指。有织袜机两部，曾向学生进行生产教育，学生系工读性质，教手工课

本表据王春元《延津县教育视察报告》（1934年）（《河南教育月刊》1934年第4卷第3期，第173—177页）制成

（5）阳武县小学教育

据《阳武县教育视导报告》统计，该县1933年有完全小学1处，县立高级小学5处，区立高级小学校5处，县立初级小学8处，乡镇立初级小学117处。学生男生总数3862人，女生仅206人。部分小学基本情况见表1－11。

表1－11　1933年阳武县部分小学概况表

学校名称	基本概况
县立第一小学	该校常年经费2778元。图书80余册，自然科学设备阙如。全校有学生五班，一、二年级和三、四年级复式编制，五年级分甲、乙两班，六年级一班均系单式编制。全校在册学生168人
县立女子小学	该校常年经费每月120元，有学生三班，一、二年级和三、四年级复式编制，六年级一班，单式编制。在册学生69人。六年级与一、二年级教室中隔一墙，上可通气，教师讲话，声音互扰，颇影响教学效果。图书及其他设备均甚差，校内并无操场足资学生运动游戏
县立第二小学	原系公立初级小学，后改为县立第三初级小学，1932年9月改为县立第二小学校。有学生三班，一、二年级和三、四年级均系复式班，五年级一班系单式班编制。常年经费1090元，内有地方公会租生息洋年计300元，该校办有消费合作社，分红洋每年约130元，教育局每年发洋660元。但经费远不敷用，异常困难
县立第五小学	该校设于城东北四十五里延州镇内，开办未久，设备简单，全年经费仅1033元8角，有学生两班，一、二年级复式编制，五年级单式编制，有学生76人

续表

学校名称	基本概况
县立第一初级小学校	常年经费660元,有学生两班,一、二年级和三、四年级均为复式编制
县立第二初级小学校	常年经费660元,有学生两班,一、二年级和三、四年级均为复式编制
县立第四初级小学校	常年经费660元,有学生两班,三、四年级为复式编制,一年级为单式编制

本表据王春元《阳武县教育视导报告》(1933年4月)(《河南教育月刊》1933年第3卷第11期,第94—97页)制成

1933年阳武县各完全小学经费多在千元以下,不合标准(当时规定经费应在2000元以上方合乎标准)。各乡村小学经费更是极为紧张,其原因除官方拨款过少之外,与学校学田租额较低也有关。各校学董因恐招课租学田者怨恨,对于学田租额大都不敢调整提高,致使"乡村师资因人财均差,颇见困难"。直到全面抗战爆发前,阳武县小学教育仍十分落后。据《各县社会调查》统计,阳武县地瘠民贫,求学不易,1936年该县受过小学教育者仅有961人,受过中等教育者有84人,受过大学教育者有13人,成年人识字者为11093人。全县学龄儿童在学者4691名,失学者10323人,失学率近70%。[①]

2. 中学教育

近代新乡中学教育以汲县起步最早,相对最为发达。但至清末,只有位于汲县的卫辉府中学堂一所中学。民国建立后,汲县中学教育逐步发展起来。1912年,英国牧师在汲县创办牧野中学,招收学生一班。1913年,河南省划全省为6个省立中学区,第二中学区以汲县为中心,卫辉府中学堂改为省立汲县中学。同年9月,汲县中学根据癸丑学制(修业五年)改为修业四年。20世纪20年代初到30年代中期,是汲县中学教育发展较好的时期,相继开办了一批中学,如私立淇泉中学、私立豫北中学、省立汲县女子初级中学、私立卫滨中学、私立正德中学、意大利班天主堂中学等。[②] 同期,汲县中学教育在学制、课程等方面亦多有改革。1922年11月改四年制为三三制(初中三年、高中三年)。课程

① 《各县社会调查》,《河南统计月报》1936年第2卷第7期,第125—127页。

② 民国时期,私立中学最高行政机构是董事会。董事会下设校长,校长下设训育处、教导处、庶务处(后改为事务处)。县立中学由校长管理全面工作,下设训导、教务、事务三课。教会中学的最高行政机构是董事会,董事会下设校长和校务长(外国人担任),校务长实际上独揽校务全权。校长和校务长之下有教务处、训导处、事务处,各处主任的人选由校长和校务长协商产生,但决定权在校务长手中。

设有修身、历史、国文、英文、法文、地理、算学、博物（后分为动物、植物、矿物、生理卫生）、物理、化学、图画、音乐、手工、体操等。在此期间，汲县中学教育在数量、质量、师资、经费等方面在豫北居于领先地位。1935 年，省立初级中学全省有 14 所，女子初级中学全省有 3 所，汲县各占其一。1937 年全面抗战爆发后，包括汲县中学在内的中等学校大部分南迁禹县（今禹州市），其他学校相继停办。抗战胜利后，迁出学校先后返回，汲县中学教育逐渐恢复，但不及战前水平。1948 年，汲县境内有中学 5 所，其中县立 1 所，私立 4 所，共有 27 个班，学生 1250 人，教师 79 人。1949 年 1 月，将所有中学合并为一所，有初中 12 班，学生 673 人，教职员 54 人。1949 年后的汲县中学教育就是在此基础上发展起来的。①

与汲县相比，辉县中学教育开始较晚。1923 年，辉县始有中学。该年，士绅史延涛、贾锦坛等在城内南新街创立培根中学，招收学生 30 名。1933 年 8 月，在百泉乡村师范学校校长李崇武倡导和地方热心教育人士常健三、关朝彦、路福申等的支持下，他们在百泉湖南侧，创建了私立百泉中学。李崇武任名誉校长，麻焕青任校长。由董事会筹集经费，建两幢教学楼（13 间）、一排平房（15 间）。收学生学费作办学经费，3 年招收学生 6 班。1936 年，辉县简易师范设附属中学部，招收学生 2 班，共 100 名。1940 年，河南省教育厅在盘上南湖设立“河南省第十三行政督察区联合中学”（简称“十三联中”），招收辉县、林县（今林州市）、汲县、新乡、浚县、内黄等沦陷区学生，组成战时学校，浚县人杜希舜任校长，辉县进步人士赵霖在该校任教。同年，辉县县立中学在书院街创办，招收春、秋季各 1 班，学生 109 名。②

新乡县则于 1930 年才开办一所中学。是年 8 月，王静澜暨同和裕银号捐资设立静泉初级中学，由张心怪任校长，招学生 1 班，1931 和 1932 年，各添招学生 1 班，至 1934 年共有学生 3 班。

3. 师范教育

清末民国时期新乡师资力量较为匮乏，为缓解这一问题，几乎各县都开办了师范学校以培养师资。汲县经正师范是新乡最早开办的师范类学校。光绪三十二年（1906），汲县人李时灿等在经正书舍内成立经正师范，知府华晖任总

---

① 卫辉市地方史志编纂委员会：《卫辉市志》，生活·读书·新知三联书店 1993 年版，第 485 页。

② 辉县市史志编纂委员会：《辉县市志》，中州古籍出版社 1992 年版，第 659 页。

办,耿霞蔚任监督,潘少梅任学监,招生 3 班。还附设中学预备班 1 班,招收彰德、怀庆、卫辉等地学生。宣统二年(1910)招完全科 1 班,民国 3 年并入卫辉中学堂,师范班于 1915 年停办。同年,于高等小学堂附设师范讲习科 1 班,毕业后即停止招生。1917 年,于县立甲种农业学校,附设师范讲习科,继续毕业两班,1919 年停止。1925 年,于西街文庙成立师范讲习所,1927 年学生毕业后,复移于县立第一小学内。1928 年又移于东关东岳庙,次年添招 3 年制学生 1 班。1931 年,再移至西街文庙内,又添招 3 年制学生 1 班,并改名为汲县县立师范学校。1933 年,办学地址移至新乡县潞王坟,改名为县立潞王坟乡村师范学校。学校有师范一、二、三年级各 1 班,一年级学生 20 人,二年级学生 18 人,三年级学生 20 人;并设有附小 1 班,以作实习之用,有学生 16 人。该校经费每年总计 6936 元,其中薪俸占 5580 元。因无教学设备费预算,致使各种教学设备极为短缺,图书设备没有,仪器设备残缺,于教学多有不便。[①]

1916 年,内黄人高玉璋在汲县贡院街文昌宫筹建成立河北道区师范,自任监督,招收旧制师范 1 班,附小初级 4 班。1918 年学校改名为河南省立第五师范学校。1921 年增设讲习科 1 班,附小有高级 3 班、初级 4 班规模。1923 年,学制变更,开始按新制招生。1928 年 2 月,改称河南省立豫北师范学校,同年 9 月恢复省立第五师范学校旧称。20 世纪 30 年代初,有高镇五、吴鹤九、李建晨等人在该校任教,教学质量较高。在省教育厅组织的全省各类中等学校会考中,成绩都比较突出,曾连续 3 年名列榜首。1934 年,改名为河南省立汲县师范学校。1934 年的《河南省教育视察报告补遗》中对该校情况作了这样的描述:学校面积 2242 平方丈,有房 167 间,普通教室 6 座,理化仪器室 5 间,兼作实验之用,图画、手工教室各 1 座,图书室 3 间,宿舍 72 间,浴室 3 间,运动场 20 余亩。有学生 240 人,年经费 33384 元。学校训育分三项:一是出版壁报,举行演说会、辩论会以发展学生思想;二是实行个别谈话以考查学生个性,模仿保甲组织培养学生组织及自治能力,提倡劳动养成良好习惯;三是重视见习、实习,使学生于教育实际各方面充分明了。1937 年全面抗战爆发,该校南迁禹县十三帮会馆。1938 年 2 月又迁至南阳,再迁内乡。1939 年复迁至禹县,此间师生颠沛流离、苦不堪言,教学难以正常进行。1945 年禹县再度沦陷,校具文卷、图书仪器

---

① 王春元:《新乡县教育视察报告》(1934 年 4 月),《河南教育月刊》1934 年第 4 卷第 7 期,第 29 页。

损失殆尽，学校停办。1945年8月日本投降，11月，该校恢复办学，用2000余万元复员费在汲县旧址恢复办校，次年3月20日复课，有学生10班，402人。该校自创办至1945年，共毕业42班，1476人。这些毕业生遍布河南各地，对河南中小学教育的发展起到了重要的推动作用。1947年豫北战役后，该校奉命南迁郑州。郑州解放后改为郑州市临时师范，由梁子新、方智君、樊仲芷负责。1949年4月，部分师生返回汲县，并入太行公立卫辉中学，另立师范部。7月单独建制，迁回原址并扩建，名字为太行公立卫辉师范，蔺秀斋任校长。1949年秋季改名为平原省省立卫辉师范。

1933年，私立香泉师范创办于汲县东、西寺庄之间的香泉小学内，招收学生1班。校长王伟烈，王炳程、申哲远为学董兼理经费。该校以乡村自治、教育救国为宗旨，提出劳教合一、文武合一等办学主张。要求学生布衣素食，一切生活事务自己动手；要求学生不但要学好文化课，还要参加劳动，诸如植树、养殖、蚕桑等项都为课业；还要求学生习武，借以抵抗外侮和自卫。学校还在周围各村举办夜校，扫除附近文盲，一时轰动全国。黄炎培、梁漱溟等著名民主人士曾捐款资助该校，薄一波也曾到该校参观。王炳程去世后经费无着，学校停办。

表1－12　清末、民国汲县师范学校一览表

学校名称	校址	成立、停办时间	创办人或校长	初办规模
私立经正师范	道西街	1906年开办，1915年并入省立汲县中学	李时灿	4班
省立汲县师范	贡院街文昌宫	1916年开办	高玉璋	师范1班
县立简易女师	贡院街徐氏家祠	1926年开办，抗战期间停办	席蔚轩	不详
私立香泉师范	东、西寺庄之间	1933年开办，抗战时期停办	王伟烈	1班

本表据卫辉市地方史志编纂委员会《卫辉市志》（生活·读书·新知三联书店1993年版，第490页）删改而成

辉县师范教育起始于清光绪年间。光绪三十四年（1908），辉县创办师范传习所，位于炭市街，招生1班，学生41名，修业1年，培养初等小学教师，但由于经费不足，时办时停。宣统二年（1910）又于文昌阁设师范讲习所，招生2班，但该届学生毕业后即停办。民国时期，辉县创建师范学校3所。1924年，辉县师范讲习所创办，位于书院街路北贾锦坛宅内，招生55名，修业1年，教职员3人，首任教育局局长罗守智兼任所长并任课。但一年后迁址文庙，与县立第一小学合并。1930年原县立第一小学附设的师范讲习所改为辉县师范（初级，学制3

年),校长关朝彦。1933 年改名为辉县简易乡村师范,学制 4 年。并增设女子师范 1 班,分设于书院街。1938 年,辉县县城被日寇占领,学校停办。1946 年,辉县简易师范恢复,男师 1 班,女师 1 班,学生近百人。附设初中、小学、幼稚园。1947 年,校址扩大,学生总数达千余人。1949 年县城解放,人民政府接管该校。

创办于 1931 年的百泉乡村师范学校,由于中共地下党员领导创办进步刊物,宣传抗日,影响较大。1928 年,创建于开封的师范学校于 1931 年 1 月迁至辉县百泉,改称省立百泉乡村师范学校。同年招收专修科 1 班,普通科 2 班,附设实验小学、农场、乡村医院等。以后,招生规模逐年扩大。该校重视师资,不惜高薪聘请教师,教师多是国内名牌大学毕业及日、美、法留学生。中共地下党员王雨田、张明甫、苏金伞、董幼林等也在该校任教。因而学校教学质量高,师生受进步思想影响大。百泉乡师校歌歌词是“人无不学,事无不举,村无游民,野无旷土”,校徽图案为“镰刀、锄头和书本”。学校注重普及农村教育,振兴农业生产,践行“教育救国”的思想。先后创办过《百泉丛讯》《乡村改造》《百泉乡师实验区须知》等刊物。中共地下党组织先后在校内创建读书会和新垦文艺社,传播进步思想,开展抗日救国活动。1935 年,在郑州《大华日报》创文艺副刊。1936 年出版《海星》文学月刊,唱《义勇军进行曲》歌曲,演抗日活报剧《放下你的鞭子》等。新垦文艺社主要成员有学生赵文渊(赵文甫)、穆欣(杜蓬莱)、付尚普、乔景楼、芳林(王淑凌)、吕英(吕和珠)和教师刘城甫、何申之、唐文萃、王瑞符等 30 余人。百泉乡村师范学校划 5 里以内农村为教育实验区。在百泉建立附属小学,设备比较完善。还在安乐(樊寨)、流芳(刘店)、稻田所(胡桥)、卓水、北关村、八盘磨、希圣(九圣营)7 个村设乡村实验小学,各校附设成人夜校。这一方面解决学生的教育实习问题,另一方面解决普及乡村教育和成人教育问题。卢沟桥事变后,学校被迫迁往汝南,后辗转于淅川、新蔡等地,1948 年于鸡公山彻底解散。

解放战争时期,晋冀鲁豫边区第五专署为培养革命干部和教师,于 1947 年夏在辉县薄壁创建辉县师范学校。创办人李诚一、王习平等,在无经费、无师资、无校舍、无桌椅、无学生等极端困难的情况下,自力更生、艰苦奋斗。首先接受西平罗完小师训班学生 30 名,师生同住民房、破庙。没有教材教师编,粮食不足,师生拉犁开荒垦田种粮。后来招收青年、民兵、干部、小学教师百余人,专署调配教师数名。1948 年 2 月,学校迁至白云寺(故又称白云寺师范学校),学生编为一、二、三班，设语文、算术、历史、地理、自然、社会发展史、近代史、党史、时事政策等课程。课余时间，师生积极排演《白毛女》《赤叶河》《王贵与李香香》《活捉王耀武》等现代歌剧，到农村宣传土改。当时，国民党军队经常向解放区进攻，师生背背包、扛粮食上宝泉、平甸。夏天，师生将大树下作课堂，石板作凳，膝盖为桌，坚持上课。1949 年县城解放，学校迁入城内，原城内辉县简易师范并入，改为辉县初级师范学校。辉县师范学校从创办到进城，招短师 4 班，培训在职教师 2 班，其中 200 多名毕业生成为干部和教师。

除汲县、辉县之外，民国时期原武县有两所师范学校，1929 年两所学校有学生 106 人，全是男生；男教职员 8 人、女教职员 1 人。阳武县、延津县各有师范学校一所，但办学条件很差。1933 年，阳武县县立师范学校有学生两班，均系一年级，学生总数 90 人，内有女生 7 名。经费每年 3876 元。校址暂赁旧当铺，房舍多不合适，图书计 200 余册，自然科学设备仪器全付阙如，体育场距校较远，运动多有不便。① 延津县县立乡村师范学校于 1932 年成立，校舍"尚堪敷用，设备尚未充实"，县立图书馆设在该校前院，师生尚有书籍可读，常年经费总计 1824 元。1933 年有二年制学生 1 班，学生 31 人。学校设有学长、教务主任、训育主任、事务员各 1 人。②

4. 职业教育与社会教育

（1）职业教育

清末民初受实业救国思想的影响和企业招收人才的需求，新乡各地出现了一批职业学校。这些学校在培养工厂企业及农业所需人才方面起到了一定作用。

1912 年，新乡县创设中等农业学校，招收学生两班，附设高等小学校。1913 年，改为甲种农业学校。1918 年，奉令归并汲县省立第四农业学校。1928 年，王彝亭、王晏卿等在新乡创办职业商科学校，为银号培养商业人员，教学科目为会计、商行、英语等。1928、1929 两年各招学生 1 班。自 1930 年之后，连续毕业 5 届，合计学生 108 人，毕业生毕业后绝大多数到同和裕所属机构中就业，在各银号内服务。1933 年同和裕银号倒闭后，学校资金来源中断，办学陷入困境，许

---

① 王春元：《阳武县教育视导报告》（1933 年 4 月），《河南教育月刊》1933 年第 3 卷第 11 期，第 93 页。

② 王春元：《延津县教育视察报告》（1934 年），《河南教育月刊》1934 年第 4 卷第 3 期，第 173 页。

多学生陆续退学。之后，新乡县教育局向该校提供1100余元的补助，加上由各商号捐募得来的款项和学费800元，学校勉强敷支出得以维持。1934年有商科两班：一年级1班34人，二年级1班37人。但教学条件较差，图书仅150册，教学用具匮乏。①

光绪三十四年(1908)，汲县人李湘岑、李寅叔、耿荟山等人，为振兴实业，委托王传绪筹办学校。当年6月，王传绪偕一僧一道，遍历卫辉府各地，演说劝捐，筹集经费。次年，选址西关青龙庵，开办卫辉府蚕桑讲习所，李寅叔为校长，王传绪为学监。1911年该校培养的第一届27名学生毕业。1912年民国建立后学校改称卫辉府中等实业学校，增开蚕桑别科、完全蚕桑科。1914年又改名为河南省立汲县甲种农校，迁校址至城内试院，由省里拨给常年经费，汲县也给该校划拨试验地90余亩，使之植桑养蚕。1927年改为河南省立第四职业学校，以纺、织、染三科为主。1933年改称河南省立汲县高级织染科职业学校。学校宗旨在于培养“精诚健全之生产人材”，以“勤朴精毅”为校训，对学生要求相当严格，实行半工半读，上午学习，下午实习。督促学生按时完成工厂调查、织物标本制作、图案设计等，并按周举行竞赛。校内各处清洁卫生，均令学生轮流服务。1937年全面抗战爆发，学校迁往禹县，抗战胜利后，学校返汲，于马市街袁宅重新开办。1949年1月改名为太行公立卫辉职业学校。1925年，汲县华新纱厂开办“艺徒补习班”和职工子弟学校。企业职工食堂又兼作教室，设有风琴、珠算、书籍及一切应用文具，以备工人闲暇时补益教育之用。

1911年，法国人于汲县南门里天主教堂内创办法文学堂1所，其目的在于为京汉、陇海两铁路培养职工，法国人任校长，初招收学生3班，百余人。法文学堂以学习法文为主，同时讲授《圣经》。除三名法国教员之外，另聘中国人担任国文、算术课教师。修业期3年，学生毕业后被分配到京汉、陇海铁路工作。学生入学不收学费，供给伙食、书籍和文化用品。因待遇较好，就业较有保障，来此就学者很多，学生很快增加至600余人。于1928年停办。

清末宣统元年(1909)辉县职业学校在文昌阁创办，1912年称乙种蚕桑学校。该校除蚕桑班外，还设普通小学班。1923年实行新学制，改为职业蚕桑学校。后因招生困难，又改为“辉县县立第二完全小学”，1928年停办。1921年

① 王春元:《新乡县教育视察报告》(1934年4月)，《河南教育月刊》1934年第4卷第7期，第20、28页。

春,徐世昌派潘少梅在辉县南关山西会馆创办甲种农校。该校设农业技术班3班,学生百余人,后停办。

(2)社会教育

民国时期基本上各县均有专门社会教育场所及经费支持。社会教育场所主要有民众学校、民众教育馆、图书馆、讲演所等。

①新乡县社会教育

20世纪30年代前,新乡“民众教育办理毫无成绩”。自1929年经教育厅通令,民众教育经费应占教育经费的20%之后,新乡民教经费按规定划分,但因办理不得其人,故毫无成绩。

民众学校:1930年,于城内北街创设民众学校1处,至1931年,由敦留店小学校附设民众学校1处。1932年成立县立民众学校1处及南街民众学校,三乐乡初小学校附设民众学校,共计3处。1933年,各乡村继续添设,增至9处。至1934年,新乡民众学校已有十六七处,除城区民众学校单独设立之外,其余均设在各小学内。城区民众学校原定为模范民众学校,每年经费一千余元。但只有学生两班,一共不过30余人,且均系十一二岁小孩,每天上课六小时,实际与普通小学无异。学校设备简陋,两个教室仅有一块黑板,桌凳十余件,尚为借自其他学校。以至于省督学视察教育时大为不满,当即对该校校长大加训斥,并将该校取消,命令各小学代为办理。[①] 由此可见,独立设置的所谓民众学校其实形同虚设,其他设于各小学内的民众学校所起作用也可想而知。

民众教育馆、图书馆、讲演所:1931年,新乡县民众教育馆由民众图书馆改组成立,1933年2月,合并于河朔图书馆,11月又分设,仍称民众教育馆。1928年冯玉祥择定车站平汉、道清两铁路售票房后空地,创办中山图书馆一处。1930年,教育局于北门内创设民众图书馆一处,次年改为民众教育馆。1933年,中山图书馆归并于河朔图书馆。1925年,由县教育局于城内西街创设讲演所一处,是年8月间,因故停止。1928年有讲演员1人。至1931年,归并于民众教育馆办理。

社会教育经费:新乡县社会教育经费每年由教育局拨付4704元(其中民众教育馆经费2392元,河朔图书馆经费1520元,县立民众学校经费552元,乡村

① 《河南教育行政周刊》1931年第1卷第28期,第28页。

民众学校奖金120元,补助豫北日报社120元)、财委会拨款1800元、商会津贴300元、房租1420元,合计8224元,约占全县教育经费的16%。其中民众教育馆占社会教育经费51%强,河朔图书馆占社会教育经费32%,民众学校占15%,其他占2%。民众教育馆事业费占其经费总数的42%,河朔图书馆则占38.5%。民众教育馆分设出版、教学、阅览、游艺四部。出版部每月出壁报20份,张贴于通衢要道,方便民众阅览;教学部设民众夜校一班,计有学生30余名,每晚授课2小时;阅览部置备报章、杂志及各种书籍,每日阅览人数30人至50人;游艺部,仅置各种乐器及游艺用具10余种。体育场设置有足球、篮球、网球及田径赛各种项目。河朔图书馆分设总务、图书、推广三部。1934年,河朔图书馆总馆建筑尚处于筹建中,由设于车站附近的分馆负责接待阅览者。分馆内存图书15000余册,全年经费5040元,其中事业费占1944元。据调查,每日阅览人数40—100人。①

②汲县社会教育

汲县社会教育始于清朝末年李时灿、王锡彤、高幼霞等人创建的读书学社。民国时期有民众学校、民众教育馆、阅报处、讲演社、问字处、工人夜校、农民夜校等社会教育机构。1943年在汲县抗日民主根据地相继开办冬学、民校等农民季节性识字学校。教学内容除识字外,还结合斗争形势进行时事政策教育并教唱革命歌曲、组织文化娱乐活动,进行宣传鼓动工作。随着抗日民主根据地的扩大,其数量不断增加。1948年汲县解放区有冬学、民校40余所,义务教员60余人。罗圈、雪白庄、大池山等村办得较好。

③延津县社会教育

延津县1934年有民众教育馆1处,图书馆与民众教育馆同在一处,实际是教育馆的一部分,内设民众阅报处1处,阅报栏有6处。体育场只有场所,没有设备,民众学校全县共设16处,其中城内设有2处(第一民众学校附设于民众教育馆内,每月由教育局补助杂费2元;第二民众学校设于南城镇),民众学校学生在册总数为673人。社会教育经费全年1000元,约占全县教育经费的5%。其中民众教育馆经费总款年计327元,薪资工费240元,约占73%,事业费约占17%。图书馆计有图书2286册,馆内陈列部存有科学挂图

① 王春元:《新乡县教育视察报告》(1934年4月),《河南教育月刊》1934年第4卷第7期,第20—21、28页。

及学校成绩。[①]

④阳武县、原武县社会教育

阳武县1934年有民众教育馆1处,民众阅报栏4处,体育场1处,民众学校2处,均设于县城内(南关县立第四初级学校附设民众学校一处,该校每办一期,共拨给公费洋15元;教育馆附设民众学校一处,该校经费计64元2角,现有学生1班,有35人),乡村并无社会教育设施。民众教育馆经费每月98元5角,但事业费仅占10%强,薪工费约占60%。[②] 1936年则有民众教育馆1处,阅报室2处,讲演处1处,通俗图书馆5处,公共运动场1处,民众学校8处。原武县1936年有公共阅报室6处,通俗讲演所1处,通俗图书馆1处,民众教育馆1处,公共运动场1处,民众学校26处。[③]

⑤延津县社会教育

延津县1933年有民众教育馆1处,图书馆与教育馆同在一处,内设民众阅报场所1处,阅报栏有6处,图书馆8处,体育场1处,只有场所没有设备。民众学校全县共设16处,学生总数673人。[④]

(四)师资力量及教学

据《新乡县教育视察报告》统计,1934年新乡县各级学校教职员共465人,各级学生共12351人。中等学校的校长大学毕业者2人,专门学校毕业者1人;教职员大学毕业者6人,专门学校毕业者3人,省立师范毕业者5人,高中毕业者1人,中学毕业者3人,其余人资格多差。私立学校校长由校董会聘请,县立乡村师范校长由教育局呈请教育厅委任,教职员俱由各校长聘任。小学校长省立师范毕业者5人,专门学校毕业者1人,师范讲习科毕业者4人,中等学校毕业者2人,其他2人资格均差;教职员专门学校毕业者2人,省立师范毕业者37人,高等师范毕业者2人,艺术学校毕业者6人,初中毕业者13人,师资训练班毕业者5人。小学校长均由教育局呈请县政府委任,教职员由校长聘任。[⑤] 显

① 王春元:《延津县教育视察报告》(1934年),《河南教育月刊》1934年第4卷第3期,第177页。

② 王春元:《阳武县教育视导报告》(1933年4月),《河南教育月刊》1933年第3卷第11期,第96—97页。

③ 《各县社会调查》,《河南统计月报》1936年第2卷第5期,第82—83页。

④ 王春元:《延津县教育视导报告》(1933年5月)(附表),《河南教育月刊》1933年第3卷第10期,第142—149页。

⑤ 王春元:《新乡县教育视察报告》(1934年4月),《河南教育月刊》1934年第4卷第7期,第25页。

然，上述统计应指县立学校师资力量的构成情况。至于区立和乡镇学校，则缺乏相应的统计。教学方面，中等学校多沿用注入式教学法，完全小学多用启发式教学，初级小学也多用启发式，间仍有用注入式的。各级学校学生各科作业，均由各教职员批阅。各级学校学生的各科成绩，均以百分计算，满60分为及格，并列为丙等，满70分为乙等，满80分以上的为甲等。

1911年，汲县共有小学教员32人，职员21人。1912年，教育部规定，凡充任小学教员者，须授予许可状。授许可状者，必须在师范学校或教育部规定之学校毕业，或经小学教员鉴定委员会鉴定合格。未授许可状者，代用为小学副教师。城镇乡立小学校长之任用，由镇董、乡董呈请县行政长官批准；县立高等小学校长由县行政长官任命，报省行政长官备案。教师之任用，由校长聘请，报教育行政长官备案。1924年，教师实行聘请或乡绅推荐。各中、小学教员多采用聘任制。应聘人员，须先向教育主管部门登记，经鉴定认可备案后，方可应聘。初聘一年为限，续聘一般以两年为限。在任教期间，发现不胜任者，主管机关有权指令学校解聘。每至更聘期，教师人心惶惶，唯恐失聘。校长的任用，少数是从执教多年并卓有成绩的教师中选任，不过由于当时社会风气不良，人事关系复杂，更为多见的是拉帮结派，任人唯亲。但在抗战前几年，汲县有几所较为知名的中等学校对教师招聘要求较高。如，省立第十二中学，非北大毕业不聘；省立第五师范，唯北师大毕业才请；私立豫北中学，也不惜以高薪聘请教学能力强的教师。这种做法一直延续到新中国成立前夕，这成为外地学生纷纷慕名来汲县求学的重要原因之一。

（五）教师待遇

1. 新乡县

20世纪30年代初期，新乡县各级各类学校教师薪金标准、待遇各不相同，且有着较大差异。就县立中等学校来看，各中等学校校长及职员薪金标准不同，乡村师范由教育局规定数目，提交教育行政委员会决定。至于私立静泉中学及私立职业学校则由其董事会决定。教员每月薪俸采行钟点制，乡村师范每小时2元5角，私立静泉中学每小时3元，职业学校每小时2元。就县立小学与区立小学及乡镇立小学而言，县立完全小学校薪俸除校长每月35元外，其他教职员月薪均以25元为原则。区立小学校教职员薪俸无一定标准，计每月每人最多26元，少则12元。乡镇立小学校的教职员薪俸微薄，均以年薪计算，每人每年最多150元，少者仅60元。奖金及津贴方面，乡村学校奖金全年共计洋7600元，依据县督学视察报告按期分等发给。另外还有参观费，参观费预算为800元，人数少的按省教育厅厅令办理，人数多则平均分配。

2. 辉县

1924年，辉县小学教师月薪一般为15元左右，大体可维持生活。抗战时期，货币大幅贬值，薪水只能维持个人生活。1940年，加发粮食30公斤。1943年，抗日民主根据地的教师实行实物工资制，小学教师月薪小米30公斤。1946年，国统区10个乡镇小学教员219人，全部实行聘请制，聘期仅半年，许多教师为应聘被迫请客送礼。1947年，国统区教师工资改为实物，每月发粮条101.5公斤，让教员自己去催讨，讨不到粮者，粮条作废。

3. 汲县

民国时期卫辉除少数知名学校教师待遇比较高外，其他学校教师工资一般很低，尤其农村小学教师的工资更为低微。据1934年的《汲县教育视察报告》载：汲县小学教师工资，县立完全小学教员月工资20元，区立小学教员每月10至20元不等，初级小学教员月工资仅8—9元，最少的每月只有2—3元。以至于该报告中慨叹说："生活且难维持，怎能期望教师安心教学、做好工作！"又据民国年间魏青铓撰写的《汲县今志》载，小学教员的月工资高的不过15元，低的只有5—6元。于是她愤然疾呼，教员的收入太少了，不足糊口，教育后代的责任这样重，报酬如此少，太可怜了！到了全面抗战时期及解放战争时期，国统区物价飞涨，货币贬值，工资增长速度远远赶不上物价上涨速度，教师生活更加困苦。

三、经正书舍

经正书舍是晚清时期豫北地区汲县（今卫辉市）士绅创办的一座著名私立图书馆，是当时河南唯一的新型书院。该书舍先后经营了近40年之久，极大地推动了豫北新乡地区文化教育事业的发展，为当时社会培养了大批人才，被誉为"卫辉文明之权舆，河南学堂之嚆矢"，在豫北新乡文化教育史上占有很高的地位。

（一）经正书舍的成立

近代河南新乡市汲县存在着一个较大的士绅群体，其代表人物主要是汲县人李时灿、王锡彤、高幼霞。他们对近代新乡地区文化教育事业的发展做出了很大贡献,经正书舍即系三人所创办。据学者考证,该书舍应成立于1901年。至于创办书社的原因,王锡彤在他的日记《抑斋自述》中记述,“吾县僻邑也,藏书家甚少,士子见闻狭陋。余与敏修忧之,尝拟建一书社,供人借观”①。这是他们发起成立经正书舍的初衷。而书舍之所以取“经正”二字,源于《孟子·尽心章句下·孔子在陈》:“孔子曰:‘……恶乡愿,恐其乱德也。’君子反经而已矣。经正,则庶民兴,庶民兴,斯无邪慝矣。”②就是说,孔子讨厌好好先生,是担心他搞乱了道义,君子要使一切返回经常之道。经正之道正确,老百姓就会振奋;百姓振奋,邪恶就不见了。所以取“经正”而命名书舍为“经正书舍”。③

创办书舍的首要人物李时灿(1866—1943),字敏修,号闇斋,著名教育家,为河南教育事业的发展做出过重大贡献。其祖籍山西凤台,明初迁居河南汲县。李时灿幼时受到良好教育,光绪八年(1882)考中秀才,光绪十二年(1886)考取举人,光绪十八年(1892)中进士,时年26岁。次年被清政府委任为刑部部曹。步入仕途后,曾任河南教育总会会长、学务公所议长兼优级师范学监、救灾总会会长等职务。李时灿所处的清末民初时期,正值科举将废,新学初创,新旧交替,社会动荡之际。他认为中国之所以被列强瓜分,原因在于科学文化的落后。要想摆脱这种局面,就必须富强起来。而欲富强就要大力发展教育,普及全民教育,培育国家英才。李时灿虽出身于科举,但能够顺应时代潮流,提出了“学无新旧,唯其是耳”的正确主张,并大力提倡新学,为经正书舍的成立奠定了思想基础。

早在清光绪九年(1883),李时灿、王锡彤、高幼霞等人就共同成立了读书文社,李时灿为文社制定了舍约17条,他们共同琢磨讲习事宜,实际上为经正书舍做了人才、组织准备。光绪二十四年(1898),三人为扩大读书活动,四处奔走,联络了李月樵、赵绍夫、孙蓉宾、方构卿、李馥、郭仲蕴、王小吾、潘少梅、徐象九、李祥麟、李瑞灿等志同道合者10余人。李时灿订立《读书之资助》,规定:创始之际,每人捐银4两作为书资,以后每年捐钱1200文,就可成为社友,借阅图书。如果出仕、游学或其他事宜要办,准许其子弟顶替。没有子弟者,则允许暂停缴纳每年应

① 王锡彤:《抑斋自述》,郑永福、吕美颐点注,河南大学出版社2001年版,第179页。
② 《孟子》,中华书局1983年版,第220页。
③ 耿玉儒:《李时灿创办卫辉经正书舍史实考》,《新乡学院学报》2015年第4期,第25—29页。

交银钱。以后的参加者需要经集体研究批准,“书资”“岁捐”照例缴纳。另外还规定,所有与会的人不准分割藏书,不准索回已投入的费用。如果发现会员有贪图美色、不忠不孝及为士林所不齿者,则退还书资4两,请其出会。

鉴于汲县地处偏僻,藏书匮乏,李时灿等人倡议集资购书。最初每人捐银四两,加上李时灿捐出的其在车马局的薪水,聚银百余两。筹集的银两交由赴京考试的王锡彤作购书用。王锡彤在北京琉璃厂书肆购得《十三经注疏》《钦定七经十七史》《弘简录》《天下郡国利病书》《方舆纪要》《资治通鉴前后编》《二十二子》《正谊堂丛书》《白芙堂算学》及名人文集、新出版的科学译著等数十种,捆载而归。所购书籍暂存李时灿书斋,集体定名“经正书舍”。1898年,王锡彤再次利用进京赶考之机购书,为成立书社做准备。所购书籍仍暂存李时灿书斋。藏书主要供舍友借阅,借阅办法规定每月逢三为借书和还书日期。借书时写借条,登记入册,载明某人某年某月某日借什么书。还书时取回借条,登记簿上批注一“还”字,以备核查。每人每次借书不能超过八本。经说、先儒一类的书籍借书期限为三个月,如果需抄录,可延长三个月。纲史、经济一类的书籍,限期两个月,如需抄录,可延长两个月。若到期不还,超一天罚钱一百文。没有参与集资的人不能借书,如发现借出,经手人罚款一百文。[①] 所借书籍若有损坏或丢失,由借书人承担赔偿责任。

为方便读书讲经活动的开展,李时灿等以朔望(农历初一、十五)为期,三人轮流做东,去各家汇聚学人,讲经论文,为前来听讲的青年学子答疑解难,传习时务,让听讲者互相阅读日记并讨论问题。读书任务为,所有社友每天都要看书20页。还规定,社友要按时参会聆听演说,并做读书笔记互相传阅点评讨论,因故不能参加者需请假。请假有全假、半假之分,全假仍要作读书日记,半假则须完成一半的读书日记任务。随着时间的推移,读书活动影响逐渐扩大,全县学人为之振奋,学风蔚然。此时聚会读书尚没有专门的地点,书舍只是一些兴趣和爱好相同者为共同研究学问而合力购书、读书的一个组织。

光绪二十五年(1899),书舍仍无固定处所。上年购得的书籍经李时灿的弟弟李祥麟整理后暂且存放于李时灿的书斋,并厘定借书条规,开展读书借书活动。其间,按月收取读书札记,由王锡彤、李时灿分别负责批阅。该年陆续加入

---

① 陶善耕:《经正书舍的藏书借阅及其流布——纪念李时灿诞辰140周年》,《河南图书馆学刊》2006年第6期,第2—6页。

者共有27人，人数已初具规模。9月，李时灿、王锡彤等发起成立学术团体“经正文社”，由李时灿、王锡彤分别任正、副舍长，目的是讨论按照西方大学堂的做法成立一所培养有用通才的书院，以提高民众文化素质，振兴世风。光绪二十六年(1900)，李时灿将主持汲县车马局所得年余薪银200两捐出并存当生息，作为购置图书之用。[①] 鉴于要求入舍者日渐增多，且不只汲县一地，于是他们邀集新乡王静波、辉县史小周、延津李星若等人，共同呈请知府提议创建书舍，备案筹款选址。经正书舍至此筹备成立。

经正书舍成立后，王静波、史小周、王锡彤、李星若四人被推举为董事，李时灿、郭亦琴分别为正、副舍长，由6人轮流管理舍务。光绪二十七年(1901)春，卫辉知府于沧澜支持经正书舍创建。是年，李时灿带头捐银300两作为倡导，众人亦纷纷捐银，多者百两，少者三五两不等。在知府于沧澜的资助和支持下，共筹得银子7000余两。李时灿、王锡彤等以600两银子购买了汲县县城西门内明朝人苏给谏的翰林故宅，用银2000两进行内部整修和扩建，修建讲堂、斋舍、书楼、客厅、员工住室等，共得房46间，约3000平方米。另用银1900两购置书籍和各种器具。剩余约2500两银子用以放典储存生息，以作为书舍常年经费开支之用。经正书舍整修扩充竣工后，图书移此储藏，由李时灿的弟弟李祥麟编辑书目，整理书籍上架，共聚书30余万卷，包括经史、天文、地理及西洋政书200余种，藏书量在豫北地区首屈一指。自此书舍有了固定场所。

(二)经正书舍经营概况

经正书舍成立之后，发展相当迅速，一时间，书舍“聚书十万卷，招九属英俊，朔望讲六经于是”。光绪二十八年(1902)，许多生员慕名而来书舍。在第一次春会上，入会者即达31人之多。会上，王静波、史小周、夏子定、崔秀岭、李时灿、王锡彤被推选为首事，高幼霞、郭亦琴分别被选为舍长、监院(负责处理日常事务和稽查功课)。书舍另设置司书1人(负责书籍借出、归还登记，银钱出入记账)，斋夫2人(负责洒扫、奔走之事)。李时灿、王锡彤负责评阅日记、改正文字的任务。其他重要成员还有刘镜湖、刘粹轩、张中孚、魏星五、张润仓等人。光绪二十九年(1903)一月十二日召开第二次春会，规定每年举行春会、秋会，时间分别定在正月和九月(后来春会改为四月，并增加夏会于每年六月举行)。藏

① 小酩:《经正书舍及其附设图书馆概述》,《河南教育月刊》1934年第4卷第6期,第215—220页。

书规模和人员的大增、书舍组织机构体系建立及春秋会的定期召开，标志着经正书舍走上了正轨。

书舍有藏书及正副舍长、监院居住的楼房 11 间，讲堂 3 间，官厅 5 间，斋房 18 间，司书房 2 间，门房 1 间，火房 6 间，共计 46 间。[①] 李时灿根据“盘盂有铭，几杖有戒”的含义，对书舍 46 间房均取以雅号。祭祀圣贤之室取名“箓竹轩”，又称“先贤殿”。课堂分别命名为“事贤”“友仁”“笃志”“近思”“知非”“闻过”等。[②] 经正书舍充分发挥图书的功能，营造浓厚的读书学习氛围。书舍的课程坚持“古为今用，推陈出新，中西结合，以古通今”的原则，设经学类、政学类、文学类三大类。教学方法为：每日讲课；每月初一和十五会讲；每年二月、九月举行大型学术讨论会，邀请各县学子参加。每日课程由舍长批阅，初一、十五会讲由知府亲临考核。讲课内容旧学、新学兼容并包。经正书舍除讲自然科学和社会科学外，还注重写日记，要求凡入舍生童各做日记一册。昼之所为，夜必书之[③]，不可造假懈怠；有疑难问题，要做记录；掩读一书必写心得，每月读看抄某书各若干页，读书所得各若干条，备注放簿。每季由监院统核，每季读看抄须在 1000 页以上，写读书心得 30 篇以上。读书不够 1500 页的，则从中挑选读的最少者罚钱一百文，以示惩戒。日记的内容规定为经书发明、读史论断、杂著心得、观玩体会等。[④] 日记必须按月交给老师批改，走读生不得超过 10 日之限，若路途远，则派斋夫前往去取。如果出现特殊情况，如做官、游学、守丧、患病、应试等情形，可以请假，假内免于考核。

设坛讲学是经正书舍最具影响力的活动。每年四月春会、六月夏会、九月秋会期间，在书舍圭璧堂讲经各一个月。平时，每逢朔日、望月在圭璧堂讲经。春会、秋会期间听讲者最多，是时来自省内十多个县的上千名学子前来听讲学习，由于人多，圭璧堂不能容纳，就在露天广场设坛进行讲学活动。李时灿作为主讲，讲学非常透彻、精辟，最受众人欢迎和崇拜。其讲授内容主要有《读易杂感》《诗徵》《论语之政治学》《论语之道德学》《论语之辞学》《中州先哲》《中州艺文》《河南人物》《古文辞钞》等。巡查讲学的上司给他下的评语是“顽石点

---

① 梁贵晨：《〈经正书舍章程〉和〈续约〉》，《平原大学学报》1994 年第 1 期，第 70—73 页。

② 耿玉儒：《李时灿创办卫辉经正书舍史实考》，《新乡学院学报》2015 年第 4 期，第 25—29 页。

③ 耿玉儒：《李时灿创办卫辉经正书舍史实考》，《新乡学院学报》2015 年第 4 期，第 25—29 页。

④ 耿玉儒：《李时灿创办卫辉经正书舍史实考》，《新乡学院学报》2015 年第 4 期，第 25—29 页。

头”,就是说能深入浅出、旁征博引、融会贯通,令人心悦诚服。[①]

(三)经正书舍的变迁及其终结

由于清末、民国时期社会动荡不安、时局多变,经正书舍的创始人员及会员又各有自己的事业,书舍的发展经营并非一帆风顺,其间历经沧桑,多有变迁。在清末“废科举,兴学堂”的新形势下,经正书舍先被赋予书院的职能,又被改为经正中学堂,书舍的藏书楼改作学堂图书馆。光绪三十四年(1908),学堂又易名为卫辉府公立初级师范学堂。民国建立后,改称省立第五师范学校,一度还称为省立河北道区师范学校和河南第十二中学。此后,书社的主要发起人大都转做其他事务,书舍发展受到较大影响。1914 年,李时灿回汲县,拟议整修书舍,后又提议将集资购买的图书择建新馆保存。1917 年,北洋政府内政部派专员到汲县拍卖官产,李时灿便筹款买下县城前街已经“荆棘丛生”“垣颓檐倾”的文庙,修缮之后作为书舍新址,将图书搬迁至此,形成新图书馆——经正书舍图书馆。该图书馆于次年向民众开放,成为豫北地区第一座公共图书馆。

经正书舍图书馆开放后不久,由于李时灿、王锡彤等远去外地和缺少热心细心的后继者主持馆务,加之经费奇缺,图书馆很快衰败。1917 年之后多次发生军阀混战,每遇军队过境,十有八九会光顾该图书馆。1924 年陕军、1927 年直鲁军孙殿英部先后驻扎于此,书舍藏书屡遭破坏。1930 年,馆舍一度成为平民医院,汲县教育局也将民众教育馆设于文庙并开设阅读部。是年,国民党新军阀之间爆发中原大战,图书馆再遭破坏。1932 年河南省保安队先后三次驻扎,让本已残败的经正书舍遭到更严重的摧残。这年,原经正书舍的一批元老重组书舍及图书馆董事会,推举李时灿兼任馆长。李时灿聘人整理旧有藏书,并派人去北平(今北京)参观学习、采购新书,将采购的图书分为经、史、子、集、丛书、杂志六大类,共 436 种。但是因时局动荡,重新开馆一事一拖再拖。

1933 年,经正书舍图书馆得以重新开馆。经正书舍的事业得以恢复并逐步有所发展,但是盛况已大不如初创时期。后来随着日本侵华不断加剧,局势越来越紧张,图书馆发展困难。1937 年,日本发动全面侵华战争,次年日军侵占汲县,经正书舍和图书馆全被摧毁。经正书舍最终结束了其教育和文化传播生涯。1948 年,豫北解放,李时灿的家属将其生前的个人藏书和经正书舍旧存图

---

① 耿玉儒:《李时灿创办卫辉经正书舍史实考》,《新乡学院学报》2015 年第 4 期,第 25—29 页。

书一并捐给当时的平原省文物管理委员会。

(四)经正书舍对文化教育事业的贡献

经正书舍的开办对近代新乡乃至整个豫北地区的文化教育事业作出了重要贡献。

1. 开豫北乃至河南近代教育之先河

经正书舍虽然是图书馆、藏书楼,但是也兼具书院、学校的功能,其顺应时代潮流的办学形式和教学内容,让书舍得以蓬勃发展,其规模很快超过了清末河南省最大的两所官办书院——大梁书院和明道书院。戊戌变法失败后,各地新学均被清政府严令废止。在此形势下,以李时灿、王锡彤、高幼霞为首的数十名汲县士绅,用办书院的名义创办新学。这所河南唯一的新型书院,对豫北教育事业作出了重要贡献。汲县士绅群体的这一不凡之举,可视为河南资产阶级新学运动的先声。①

2. 推动了私人办学

在经正书舍的倡议影响下,汲县私人办学之风大盛,个人或数人集资办学的情况相当多(见表1-13)。

表1-13　近代河南汲县私人办学情况一览表

学校名称	校址	成立时间	创办人
商立第一初等小学堂	沿淀街	1905年	举人王玉山等
公立训淑女子小学堂	德北街	1905年	举人何蓝芬
私立两等小学堂	西街	1906年	进士李时灿
女子小学堂	王锡彤家	1906年	拔贡王锡彤
城内初等小学堂	汲县儒学处	1906年	生员藩莹轩
经正师范学堂	经正书舍内	1906年	进士李时灿
卫辉府蚕桑讲习所	西关青龙庵	1908年	士人李祥麟等
山彪中心校	山彪	民国初年	秀才姬焕章
华新棉纺织厂职工子弟小学	华新纱厂东侧	1914年	拔贡王锡彤
省立汲县师范学校	贡院街文昌宫	1916年	士人高玉璋
县立简易女师	贡院街徐氏家祠	1926年	士人席蔚轩
私立淇泉中学	道西街	1927年	卢光耀

① 刘卫东:《李时灿——开创河南近代教育的先驱者》,《河南大学学报(社会科学版)》2002年第9期,第181—184页。

续表

学校名称	校址	成立时间	创办人
庞寨村小学	庞寨村	不详	秀才卢自立
福民学校	沿淀街	1925 年	张赐公、王炳程等

资料来源:苏全有等:《近代中原地区民办藏书楼经正书舍述评》(《开封大学学报》2010 年第 4 期,第 30—33 页)

清末民初汲县境内的初级、中等乃至高等学堂(校)远不止这些。1901 年,清政府颁诏兴学堂。汲县又创办了一批公立、私立中小学堂。民国建立后,河南省划分了 6 个中学区,第二中学区就是以汲县为中心。1935 年,魏青铓《汲县今志》载,汲县“省立中等学校数目之多,除开封省会外,莫与抗衡。计省立初级中学校全省 14 所,女子初级中学校全省 3 所,师范学校全省 8 所,职业学校全省 5 所,而汲县各占其一”。当时,汲县各类学校都把重视教师和教学质量作为自己的首要责任,反对守旧,努力创新教学内容。教学质量与全省同类学校相比较高,全省会考,第五师范三次夺冠,豫北中学先获第二,再获第一。[①]

3. 培养了大量人才

李时灿、王锡彤等汲县士绅,希望依托经正书舍的藏书授业,既重现孙奇逢时期清代中原理学盛况,又开创河南新教育的启蒙时代。经正书舍影响广达黄河南北。一批活跃于清末民国的河南文人,乃至不少新中国成立后仍在为河南的文化教育事业倾注心力的高级知识分子,都与经正书舍有着难以割舍的学术渊源,较为知名的如井俊起、嵇文甫、陈嘉桓、田荔轩、席书锦、刘海涵、郭仲隗、王泽敀、李季和等。[②]

四、河朔图书馆

河朔图书馆建成于 1935 年,总馆位于新乡车站与城内之间的卫河湾上,占地面积约 50 亩,是民国时期新乡县一座规模较大的图书馆。该馆建成后仅开放了 3 年,即因日本侵略军占领新乡而告关闭,但其经营期间仍对推动新乡文化教育事业起到了一定作用。

---

① 卫辉市地方史志编纂委员会:《卫辉市志》,生活·读书·新知三联书店 1993 年版,第 477 页。

② 耿玉儒:《李时灿创办卫辉经正书舍史实考》,《新乡学院学报》2015 年第 4 期,第 25—29 页。

河朔图书馆首倡者为江苏武进人唐肯。唐肯(1876—1950),字企林,号沧湆,近代书画家、政法学者,1930 年被任命为河南省第四行政区新乡专员公署督察专员兼保安司令和新乡县长。唐肯任职后有感于豫北地区教育事业的落后,倡议在新乡兴建一座大型图书馆。

1932 年,国民政府中央委员张溥水(张继),时任河南省主席的国民党将领刘峙和二十路军总指挥的张钫,三十二军军长商启宇(商震)及地方要员士绅名流孙伯英、郭燕生、张天放、杨一峰等发起成立河朔图书馆。建设图书馆的目的是利用普通图书馆的作用,结合旧书院制度的优点,适应近现代潮流,以提高当地学术研究水平,培养社会所需人才,使图书对学术有更大贡献。图书馆定名为河朔图书馆,河朔既泛指黄河以北地区,也与发扬明末清初崛起于燕赵大地的河朔文化传统有关。

1933 年 2 月,新乡各界要人、士绅等人组成河朔图书馆筹备委员会,河南第四行政督察专员胡毓威担任委员长。该筹备会设募捐、征书、建筑三个委员会。募捐委员会常务委员为李文浩、王晏卿、胡毓威三人,负责募捐筹款;征书委员会常务委员为张继、李时灿、田小香三人,负责征集图书;建筑委员会常务委员为李燕亭、王晏卿、冯翰飞三人,负责图书馆建筑的建设工作。

委员们主要采取募捐和摇彩票的办法开展筹款活动。在社会各方面热心赞助下进行得颇为顺利,很快募得捐款 2 万余元,加上后来的捐款,总共募得银币 4. 6 万余元。捐款主要来自企业及个人,捐款较多者有:焦作中原公司 5000 元、新乡通丰公司 3000 元、河南农工银行 1000 元、汲县华新纱厂 1000 元、同和裕全体职员 1000 元。个人积极捐款和劝募者有张钫、张继、李汉珍、郭燕生、郭培基、杨一峰等军政要员、社会名流。时任河南省主席的商震为表示大力支持,捐助 3000 元。

征书工作首先由征书委员会分别向国民政府中央各部院、各委员会、国内各学术团体发函征集出版刊物,胡毓威、杨一峰等也发函向各处的好友广泛征集图书。河朔图书馆发起人田小香、杨一峰捐出家藏图书数千册,新乡县教育局捐赠明版藏经 5000 余册。① 其他如北平实业部地质调查所、静生生物调查所、国立北平研究院、上海国际贸易局、天津华北水利委员会等也各捐赠了一批

---

① 图书馆界:《河朔图之初步工作》,《中华图协会会报》1933 年第 9 卷第 9 期,第 35 页;国内消息:《新乡河朔图书馆全部将落成》,《学觚》1936 年第 1 卷第 11 期,第 9 页。

图书,而且所捐图书质量很高。

图书馆场馆建筑选址在新乡车站与城内中间卫河湾上,这里三面临河,购地之后,剩下的一面按照设计挖断,让卫河绕其四面流过,形成一个面积约60亩的河中岛屿。待图书馆建成,再通过修桥与对岸陆地相连。这样不仅水陆交通便利,而且使图书馆成为一处风景名胜。图书馆建设于1934年动工,建筑预算为3万元(设备费不在内),形式仿国立北平(北京)图书馆,由工程专家冯翰飞测绘地形,悬赏征求设计。馆舍由天津基泰工程公司杨廷宝设计,为一座"工"字形三层宫殿式楼房,为新民族形式建筑,具有中国民族特色与西方科学技术相结合的特点。主楼外观为民族建筑风格,里边是西式设施,光线充足,馆内有新闻杂志社、文物陈列室、演讲室等,可容纳300余人阅览。① 图书馆于1935年8月竣工,长44.49米、宽21.73米,建筑总面积达1740平方米。

1935年8月,河朔图书馆建成投入使用后,即购置图书、书架、桌椅等必备物品。由国民党新乡专员唐肯为董事长,新乡专署民众教育馆馆长杨耀武兼任第一任馆长。同时,新乡县政府将直辖的中山图书馆和新乡县党部合办的九一八图书馆,均移归该馆接收。不久,河南省教育厅又下令将新乡民教馆移交代办。在河朔图书馆总馆建成之前,在新乡车站所设第一分馆(附设民众夜校)和城内北街所设的第二分馆就已提前开放阅读。

图书馆共有工作人员数十人,藏书5万余册。此外还建有巡回文库,以乡镇小学为对象开展借阅活动,每月巡回一次。1938年2月,新乡沦陷前夕,河朔图书馆馆长杨耀武将珍贵图书3万余册,分装70箱,运往信阳师范学校,后又随信阳师范学校转运潢川。可惜的是,途中书籍全部散失。日军侵占新乡后,将河朔图书馆占为兵营,残存图书损毁殆尽。1945年8月15日抗日战争胜利后,河朔图书馆成了国民党第三十一集团军司令部所在地。1949年新乡解放后河朔图书馆更名为平原省图书馆。

虽然河朔图书馆只存在了短短3年时间,但在新乡图书馆发展史乃至文化教育事业上产生了相当重要的影响。

① 周舟:《新乡近代建筑略说》,《寻根》2020年第2期,第86—93页。

第三节　近代新乡的卫生事业

新乡医疗卫生事业的发展有着悠久的历史。早在南北朝时期的北齐天保七年(556),印度北部僧人那连提黎耶舍于汲县(今卫辉市)香泉寺创建了中国第一所麻风病院,分设男女病房,收容了许多无家可归的麻风病人,开中国佛教慈善和麻风病医治之先河。北宋年间,汲县人孙用和精研医书,善于使用张仲景法治疗伤寒,曾为御医令,著有《传家秘宝方》三卷,其子孙奇、孙兆均以从医闻名。清代道光三年(1823),方革甲于德南街办复生堂中药房,并从事治疗疾病活动。清咸丰三年(1853)城内满盛隆膏药铺开业,兼治各种疾病。直到19世纪70年代,地处内地的新乡城乡地区仍沿袭着传统中医治疗模式。近代西方医学技术的传入则肇始于19世纪80年代。

一、传教士创办的医疗机构

1840年鸦片战争之后,西方国家获得了在华传教的特权。最初,西方的传教活动主要局限于沿海开放城市及其附近地区,后来随着西方列强入侵程度的不断加深,西方传教士逐渐深入中国广大内陆地区。最早在豫北新乡地区进行传教活动的是加拿大基督教长老会团体。光绪八年(1882),他们在豫北设立卫辉教区。但因为当地人民对洋教的反感和抵制,其传教活动并不顺利。为吸引中国民众信教,西方传教士在进行传教的同时,设立诊所和医院,进行借医传教活动。光绪十三年(1887),黄河决口,豫北新乡等地受灾严重,加拿大基督教长老会组成有古约翰夫妇、季理斐牧师、史雅阁医生夫妇、罗维灵医生和护士哈里特·萨瑟兰小姐参与的传教团进入豫北。每到一地免费为民众治病赠药并向他们发放基督教福音书籍,吸引了当地民众、士绅并得到认可。这使他们得以在各地设立教堂、诊所,博济医院(新乡医学院第一附属医院的前身)即是其在汲县最早设立的医疗机构。

博济医院位于卫辉市城区西南部,北临健康路,南接徐庄,系加拿大基督教长老会筹建。光绪二十五年(1899),来自英国、加拿大的传教士劳海德、罗维灵二人在汲县沿淀街旧怀盐场设立基督教堂进行传教活动,为吸引民众信教,他们还行医治病。光绪二十九年(1903),罗维灵等筹建的教会医院建成开业,取名博济医院。罗维灵自任院长,医院设有门诊、病房及30张病床,主要由内科、外科、眼科组成,治疗普通病、痔瘘、疝气、小肿瘤、阑尾炎、眼睛内翻、倒睫、沙眼等。每天大约接诊50人。该院创办成为新乡近代医学事业的开端,奠定了新乡近代医疗卫生机构的基础。

1916年罗维灵被调至齐鲁大学,傲礼德接任院长。1918年医院扩建,改名为惠民医院,加拿大籍医生杜儒文任院长。1920年,"建成病房大楼1座,西式楼房2座,瓦房60余间,有加籍大夫3人、护士4人,华籍大夫2人、护士6人,病床增至100张,分男女病区。内科收治急慢性肾炎、胃肠炎、溃疡、传染病、花柳病等;外科收治卵巢囊肿、阑尾炎、疝气、肠梗阻、膀胱结石、乳腺癌、截肢、胃瘤等;眼科能治白内障、青光眼、翼状赘片。日门诊量达80人次"①。加拿大传教士在惠民医院治疗各类疾病。医院设有专门的妇科诊室,由加拿大女医生坐诊,除医治一般妇科疾病之外,还接收产妇、卵巢囊肿、子宫肌瘤、乳腺癌等患者,吸引了许多妇女患者前来就诊。1921年添置100毫安X光机1部,成为河南最早有放射设备的医院。1925年惠民医院改名为中华基督教惠民医院。1935年,该医院增设妇女病区,能做剖宫产,卵巢囊肿、子宫肌瘤切除等手术。"1935年医院外科摘除40公斤瘤子,时为罕事。"②1936年,全院有病床160张,医生5人、护士10人、护生24人、其他53人,职工共92人,诊治病人17251人次。1937年,医院有中西大夫各1人,西人护士3人,华人护士8人,护士生16人,高等助手2人,普通助手14人,西人总干事2人,华人干事2人,化验师1人,药剂师1人,勤务员29人,总共81人。医院养病楼可容纳500余人。该年病号总计33557人,手术病人1948人次。当时前往惠民医院就诊的病人最远达200里,医院的发展达到鼎盛时期。

1937年日本发动全面侵华战争,次年日本侵略军占领汲县,院长杜儒文返回加拿大,贺雅阁任院长。由于对日本军队野蛮行径的恐惧,惠民医院3/4的华人护士、护士生和全部华人医生逃离医院,直到1939年才有人陆续返回。但自此之后,看病人数逐渐减少,医院陷入萧条。1939年10月,加拿大籍牧师和医护人员全部撤离,惠民医院由中国人接管,组成7人管理委员会,推段美卿为

---

① 卫辉市地方史志编纂委员会:《卫辉市志》,生活·读书·新知三联书店1993年版,第595页。

② 卫辉市地方史志编纂委员会:《卫辉市志》,生活·读书·新知三联书店1993年版,第595页。

院长兼医师，李素英负责护理。1941年12月7日珍珠港事件爆发后，医院由华籍牧师马克温主持工作。在日本帝国主义的铁蹄下，人心浮动，资金短缺，医院勉强维持。1945年8月，日本战败投降，抗日战争结束。战争期间，教会医院毁坏严重。惠民医院在土地、建筑方面损失15%，被服等日用品损失40%，病床等医疗设施损失60%，书籍资料损失80%，手术室和X光机毁损不能使用。

抗战胜利后，加拿大人贺雅阁和景佐智、孙兰田、宋进恩、爱德、梅秀英、彭护士等外籍人员陆续返回惠民医院，并收回医院管理权。中国籍医生遭受歧视，段美卿、赵乐天、刘佩民等人愤然离去。由于人员、资金、设备不足，加拿大人贺雅阁请联合国公谊救护队到医院协助工作。美籍黎某（具体名字不详）出任院长，从联合国善后救济总署河南分署运来大批医药器材、被服、食品、钢丝床等物品。1946年公谊救护队总部搬迁至中牟，医院由华籍牧师纪耀荣任院长。

1947年4月，刘邓大军南下，加拿大籍人员得悉汲县即将解放，于是院长宣布医院解散，并将医院易运物资如药品、医疗器材、被服、医疗设施等运至郑州华美医院，教会牧师马克温将看管医院权交给杨静等6名工人。至此，由英属加拿大基督教会在汲县创办的“基督教惠民医院”宣告结束。杨静等接手后，请河大医学院毕业的王协亭、郭举全医师，周亚娜护士，栗明珍药士到医院帮助工作。当时到医院就诊者很少，王、郭两位医师先后离去。医院职工靠用扭氏它母治疗黑热病来维持生活。1949年8月组建平原省时，冀鲁豫行署张秋哈利生医院院长苏厚润、政委陈辑五带领50余人，来此接管了该院，将其改造为人民医疗事业的重要组成部分。1950年，医院改为平原省省立医院，后几经变迁成为新乡医学院第一附属医院。

除加拿大基督教长老会创办的惠民医院外，1921年，同善医院由汲县迁入新乡，设于姜庄大街路北。该院可做截肢、植皮等手术，是新乡最早设立的西医医院。1926年，天主教传教士在延津县设慈善医院，有男医师1人，病房两处。1934年天主教会在汲县设立圣心医院，有女医师2人，病房两处，至1935年医治病人5861人。[①] 1946年，天主教会在汲县设天主教眼科医院。11月，美籍传教士米干在新乡创建公教医院，设有内、外、妇三个病房及药房，分内科、外科、眼科、妇科、化验室、注射室、手术室等。1947年有医务人员30余人，每天接诊

① 《河南统计月报》1935年第2卷第5期，第53页。

患者50余人。

受西方传教士开办医院的影响，新乡地区医院数量增加很快。清末民国时期仅汲县开办的医院就达到了16所（见表1－14）。1930年新乡共有8家教会医院，它们大都与惠民医院有着密切的关系。

表1－14　清末民国汲县部分开业医院一览表

名称	地址	开业时间	停业年份（年）	开办人
博济医院（后更名惠民医院）	怀盐场	1903	1947	加拿大人罗维灵
和庭医院	北马市街	1927	1930	李和庭
同善医院	德北街	1928	1933	李东启
济华医院	北马市街	1928	1955	石荣波
平民医院	城内	1932	1948	官办
长寿医院	德北街	1932	1948	顾天寿
术良医院	南马市街	1942	1948	赵术良
复明眼科医院	德北街	1943	1956	冯海刚
光明医院	北马市街	1943	1949	李德明
天主堂医院	南门里	1945	1955	张致秀
段大夫医院	北马市街	1945	1955	段美卿
健明眼科医院	德北街	1945	1955	冯文高
德民医院	德南街	1946	1949	耿贵轩
佩民医院	北马市街	1946	1952	刘佩民
创臣医院	古楼后街	1946	1951	赵创臣
延岭医院	南马市街	1946	1951	魏延岭

资料来源：卫辉市地方史志编纂委员会：《卫辉市志》（生活·读书·新知三联书店1993年版，第591—592页），表格内容有改动

相较于当时官办、私办医院，教会所办的惠民医院及其他医院医疗设备、技术水平较高。但在教会医院，西方教会派来的医护人员享有许多特权，在医院里有监督和指示中国员工的权力，中国员工必须服从，稍有不从者就会受到申斥、处罚甚至解雇。他们工资待遇十分优厚，薪资高、休假时间多，每年夏秋季节可以去鸡公山、青岛、北戴河等地避暑疗（休）养2个月以上，即为民众所说的“歇伏”。住宿生活条件也特别好，居住在单独小院或单独楼房里，有专人侍奉其日常生活，通常雇佣厨师、杂务工、洗衣工数人。他们中有的人以施药传教为名，从事罪恶活动，损害中国人民的利益。不过，教会医院的设立对于西方医学

知识、技术在新乡的传播客观上起到了一定的作用，在一定程度上促进了新乡地区医疗水平的提高。如1934年基督教会惠民医院助产士周亚娜，于济华医院培训接生员20多人，提倡用新法接生。少数官僚、富户开始用破伤风抗毒素，预防婴儿破伤风，降低了婴儿和产妇的死亡率。1903年教会创办博济医院后，西药自此传入汲县。1912年，汲县马市街开始设中华药房。当时常用的药品，内科有德国的“六〇六”和法国的“九一四”、樟脑、吗啡、欧母那丁、阿司匹林、托氏散、苏打、硫酸镁等；外科有黄碘、碘酒、依比、石炭酸、硝酸银等。1945年开始有了早发大安、夕安、青霉素等抗生素，其他针剂、片剂亦逐渐增多。

二、近代医学教育在新乡的兴起

民国初年，西方传教士加快了借医传教的速度。加拿大基督教长老会及其教徒在大力传教的同时也利用“妇女神道训练班”、《圣经》学习班及各种宗教集会向听众进行妇幼卫生知识宣传，主要向各教区妇女讲授疾病预防、个人卫生、公共卫生、新法接生等知识，吸引妇女积极参加，目的是推进传教速度。1915年10月，他们利用召开布道大会的机会，聘请基督教青年会全国协会讲演部卫生科干事牧师向汲县妇女界讲演卫生妇幼知识，吸引听众1200余人，产生了较大影响。

1930年之后，惠民医院利用国民政府法定的“医院周”（5月14—20日），采用展示宣传画、播放幻灯片、演示护理方法、参观X光检查室及发售疾病预防小册子的形式，向汲县各界人士宣传卫生知识，重点宣传保健、治疗、预防、接种等知识。惠民医院等教会医院还注重深入乡村开展巡回诊疗宣传活动。传教士和医护人员组成医疗队在城外村寨路口拉起帐篷，支起桌子，摆上药品、医疗器械，随时对前来的民众进行诊断治疗活动，诊断治疗所得的钱一部分退还患者，一部分用以救济穷人。汲县教会医院一共进行了20多次类似的活动。1936年春，惠民医院与汲县政府合作，在城内开办了一所惠民医院保健所，进行妇女幼儿卫生宣传、产前检查、婴幼儿保健指导、预防接种、培训助产护士等活动。

1923年，为满足病房护理工作的需求，惠民医院最先开办护士学校，进行医学教育，学制4年。护士学校的校长由惠民医院的一名护士长担任，教学任务由该院医生和护士长承担。招生条件限制为年龄在18—25岁的基督徒的未婚子女，且须具有初中文化程度。由于当时人们的传统观念认为看护病人是奴婢或下人的行为,鄙视护理职业。所以第一届招收的 12 名教会家庭子女最后仅有 3 人完成了学业。最少的一年仅招收 3 人。后来随着人们观念的逐渐变化,招收人数有所增加,由通常 3—5 人增加到最多时的 13 人。加拿大基督教长老会在河南的第一个基督徒周老常的孙女就是学校早期的学员,因学习毅力和工作能力过人而受到校方的好评。受 1925 年五卅运动的影响,护士学校于 1926 年停办,直到 1930 年才又开始招生。栗秀真、樊文华、张培芝等 4 人即为该年入校的护士生。[①] 1946 年,美籍传教士米干创办公教医院,附设"平民医院"一所。该年秋,创办新乡第一所护士学校——辅医高级护士学校。学校学制 3 年,实行半工半读,部分学生为修女。到 1949 年,学校共有 3 个班,36 名在校学生。

护士学校在最初时的课程设置并不统一,主要根据自己学校的实际情况进行教学。担任授课老师的是医院的医护人员,上到院长下到护士都在护士学校任课,他们按照课程的需要结合自己的特长来安排课程。惠民医院的护士学校任课教师有院长、护士长、医生及早年毕业的老护士,在外出学习后回校任课。如杜儒文担任过外科教学,马金堂任生理教师,雷润田教妇产科及伦理学,李素英教护理学,冯哲修教细菌学,郎子成、栗秀真教公共卫生科目,赵乐天、张天恩分别任语文和药理学教师。后来护士学校在中华博医会注册,护士培训有全国统一的标准,采用统一的课本。各个学校的课程大同小异,所用教材由教会院校统编印制。如《药物学医疗学合编》为齐鲁大学医学院英国教授裴伟廉、山东益都刘国华等人编著。学员采取边上课边工作的方法进行学习。毕业时经过考试及格,由中华护士学会发给"中华护士会公考文凭"。护士学生每天除学习课程和《圣经》外,每逢周日都要到教堂做礼拜。医院不订报纸,也不准看报纸,以便把学生的整个思想全部引向宗教。护士学生还有一个特殊的任务,就是在课余到医院实习的时候向病人传经布道。

教会在新乡开展的医学教育活动目的是推进西方宗教的传播,从事精神文化侵略,但客观上也为近代新乡培养了一些西医人才,对新乡医疗卫生事业发展具有一定的积极作用。

① 转引自郗万富:《民国时期河南医疗状况研究》,天津师范大学博士学位论文,2014 年,第 123 页。

三、近代新乡中医发展的情况

近代以来，新乡虽然出现了一批由传教士兴办的教会医院，并开展了一些西医教育、宣传活动，带来了西方的医疗技术、药品等，但传统中医治疗方式在广大城乡特别是乡村地区仍然发挥着重要作用。到新中国成立前夕，新乡民间治病求医主要依靠中医，当时汲县较有影响的中医60余人。如民国时期，汲县中医刘仲山、李廷扬颇有名气，慕名求医者甚多。

大部分中医以内科、儿科为主，主要治疗一些常见病、多发病。20世纪40年代，名医李廷扬以善治外感时疫和内科、儿科杂病远近闻名。长于中医外科的民间医生有高鼎、杨训、牛树生、王佩岭、梁华玉等人，他们在当地均有一定影响。在治疗妇女经、带、胎、产诸疾方面，有专长的多为一些民间中医。如后河卫生院中医主治医师周振山，运用中药医治妇科方面的疾病颇有名气。城郊乡下园村张茂升，采用祖传调经药治疗妇女月经不调和不孕症。汲县多数民间中医均兼行针灸，有的则以针灸为主，如柳庄乡枣林村的常社等。

近代以来，新乡医疗技术及医疗教育事业随着西方医疗技术的传入虽然有了一定的进步，但是总体上医疗条件仍然十分落后，远不能满足广大人民群众的需求，人民贫病交加，缺医少药，死于传染病、地方病者难以计数。1949年前，霍乱、天花、伤寒、痢疾等多种传染病流行肆虐，给民众的生命健康带来了严重威胁。1918年，霍乱流行，仅吕绪屯村就有40余人丧生。据统计，1919—1946年，新乡地区先后发生四次霍乱大流行。1919年夏秋之际，新乡地区霍乱流行，城镇、乡村民众来往中断，大量的民众病死。如封丘县就有3000多人患病，2000余人死亡；汲县发病1354人，死亡703人。1936年，患上霍乱、天花、伤寒、赤痢、流行性脑脊髓膜炎等传染性疾病的多达1236人。1937年，霍乱再次流行，今柳庄乡所辖之村庄，当时死亡人数多达594人。1938年，日军侵占新乡后，5、6月霍乱大流行，仅八里营一个村死亡者就达60余人。天花对人性命危害也相当严重，乡间流传着“生儿只算生一半，出过天花才算全”的俗语。患天花者为数相当多，重者丧生，轻者面部留麻。如1949年汲县470人患天花，42人死亡。在山区患甲状腺肿的病人也相当多，以至人称“下来苏岭顶，看见罗圈井，十人来挑水，九人都有瘿”。人口生殖方面，广大民众亦因经济贫困，接生大多仍用旧法，以致新生儿患破伤风者达30%左右，造成新生儿死亡率居高不下，产妇患并发症者人数较多，子死母亡的现象屡见不鲜。这种局面直到1949年新中国成立后，随着医疗技术水平的迅速进步才得到根本改观。

第二章　当代新乡的企业与科技

新乡是豫北地区重要的中心城市、中原地区重要的工业城市，是中原经济区及中原城市群核心区城市之一。作为郑洛新国家自主创新示范区“黄金三角区”的一角，新乡充分发挥科教人才优势和产业发展优势，举办了高校院所河南科技成果博览会，至2021年已经举办四届，有力地促进了产业发展、科技创新。

新乡是中原地区重要的高技术制造业基地，全市形成了电池及电动车、生物医药、装备制造、电子信息四大特色产业，涌现出新航集团、豫飞重工、华兰生物、卫华集团、驼人集团、中兵通信科技等一批科技含量高、市场前景好、带动作用强的高新技术企业。由于在创新方面的独特优势，新乡先后荣获“国家创新型试点城市”“国家知识产权示范市”等称号。

工业是经济发展的火车头，是科技创新的主战场。高新技术企业是推动工业发展、科技创新的重要载体。新乡正在依托其产业优势，大力推进科技创新，加大研发投入，助推经济高质量发展。

第一节　当代新乡企业概述

1949年8月1日，平原省设立，省会驻地新乡市。卫河作为南北航运大动脉，地位举足轻重。1950年，平原省国营卫河航运公司设立，1951年，改为平原省交通厅卫河航运公司。这一时期是卫河航运史上最辉煌的阶段。1950年，中原棉纺织厂建立。

1952年11月15日，平原省建制撤销，新乡改属河南省辖市。之后，国家“一五”计划如火如荼地进行，新乡国营七六〇厂就是“一五”计划期间国家156

个重点建设项目之一。这一时期,新乡市也在积极推进工业化建设。国营第七五五厂、新乡市火力发电厂、新乡棉织厂、新乡印染厂相继建立。[①] 1968 年,新乡无线电总厂建立。

改革开放为古老的牧野大地注入了强劲活力,新乡的企业和科技迎来了发展的春天,一大批企业如雨后春笋般建立起来,一大批重大科技成果也不断涌现出来。"神九""神十""蛟龙"与辽宁号航母核心部件均有新乡企业做出的贡献。新乡华兰生物以最快的速度和最优的质量研制生产出世界第一批甲型 H1N1 流感病毒裂解疫苗,为有效应对甲型 H1N1 流感疫情贡献了新乡智慧。新乡驼人集团生产出中国的第一支国产 PVC 气管插管。此外,其研制的气管导管,填补了国内气管导管生产的空白。新乡市科隆集团新太行电源股份有限公司提供的主动力电源、辅助动力电源、应急救生电源助力蛟龙号载人潜水器不断刷新"中国深度",助力"蛟龙号载人潜水器研发与应用"项目荣获国家科学技术进步奖一等奖。新乡航空工业集团承担了中国首款喷气式客机 C919 空气管理、燃油、液压三个系统的 26 项产品的研制任务,助力国产大飞机翱翔蓝天。2020 年,新乡航空工业集团又研制出 24 套产品,助力"嫦娥"探月。由新乡国营七六〇厂重组后的中兵通信在军用超短波地空通信领域处于国内领导地位,市场占有率达 60% 左右;在军用卫星通信领域居于国内领先地位,研制出我军第一款 UHF 频段卫星通信机载站、第一款 Ka/Ku 双频段卫星通信机载站等通信装备。2020 年春节之际,新冠肺炎疫情席卷全国,被称为"中国医疗耗材之都"的新乡长垣市,成为保证防疫一线的大后方。驼人集团、飘安集团、亚都实业等各类医卫企业早早地复工复产,全力生产口罩、防护服等急需物资。2020 年 2 月 15 日,由新乡驼人集团研发的一款集口罩、护目镜、头部防护等功能于一体的新型防护头罩投入使用,有效解决了传统防护装备给医护人员造成的面部损伤和镜面雾化等问题。

新乡工业基础良好,门类齐全,结构合理,产品科技含量较高,具有较强的产品配套能力,是中原地区重要的工业基地,拥有 41 个行业大类中的 34 个。现有规模以上工业企业 1285 家。动力电池与电动车、生物与新医药、电子信息等战略性新兴产业初具规模,是国家新能源电池及电池材料产业区域集聚发展

---

① 中共河南省委党史研究室编:《河南省"一五"计划和国家重点工程建设》,河南人民出版社 1999 年版,第 503—504 页。

试点城市、国家新型电池及材料产业基地、新能源汽车推广应用城市、生物医药特色产业基地和起重机械产业基地。60多个产品位居国内同行业前五位。新乡电池产业发展已有60余年的历史，始于国营七五五厂生产碱性蓄电池[①]，目前已建成国家电池产品质量监督检验中心、河南电池研究院，被誉为"中国电源行业的黄埔军校"或"中国电池工业之都"。[②]

2015年，新乡市组建科技协同创新创业联盟，旨在构建以企业为主体的协同创新体系。几年来，创新成果不断涌现，锂电池隔膜等70多项重大发明填补国内空白。

2016年，郑洛新国家自主创新示范区正式获批，这是新乡市承担的第一个国家级战略项目，对于新乡企业转型升级、提质发展，对于科技成果转化都有着重要的促进作用。

2018年，新乡市举办第一届高校院所河南科技成果博览会，现已成为新乡市举办的规格最高、规模最大、影响最广的科技盛会。高博会的举办，成功搭建起常态化对外开放交流平台，充分发挥了驻新高校院所的资源优势，促进了新乡市主导产业提质增效和传统产业转型发展，助力新乡企业科技创新实力进一步增强，对加快郑洛新国家自主创新示范区建设、推动科技成果转化、实现高质量发展具有重大意义。[③]

2020年，新乡市全年规模以上工业中，战略性新兴产业增加值增长16.3%，占规模以上工业增加值的21.8%；高技术制造业增加值增长28.6%，占规模以上工业增加值的13.1%。[④] 当前，新乡正在全面落实省委"两个确保""十大战略"部署要求，紧紧扭住郑新一体化发展龙头，全力打造"两地三区一枢纽"，力争"十四五"末总量突破5000亿元，在全省位次实现"进五争四"，力争成为全省副中心城市。[⑤]

新乡市在党中央、国务院和省委、省政府的正确领导下，坚定落实"保"

---

① 新乡市年鉴编辑委员会编：《新乡年鉴1999》，华夏文化出版社1999年版，第412页。

② 王仲斌编著：《产业集聚看河南》，经济日报出版社2013年版，第134页。

③ 代娟：《创新引领发展　协同融合共赢　"高博会"本周与您再次相约新乡》，《河南日报》2021年10月20日。

④ https://www.sohu.com/a/460542888_120207369《2020年新乡市国民经济和社会发展统计公报》。

⑤ 《中国共产党新乡市第十二次代表大会关于中共新乡市第十一届委员会工作报告的决议》，《新乡日报》2021年9月28日。

"稳""进""蓄"工作要求,统筹推进疫情防控和经济社会发展,团结带领全市人民,一土一木相续,一砖一瓦累积,谱写了跨越式发展的动人篇章。

第二节 科技之星——当代新乡的著名企业

新乡自建市以来,特别是改革开放以来,涌现出一大批优秀企业。这其中既有国防企业新乡航空工业集团,亦有装备制造业豫飞重工集团和卫华集团,还有医疗耗材企业驼人集团等。各类型企业勇于创新、追求卓越、重视科技,撑起了新乡市产业升级转型、经济高质量的发展"四梁八柱"。

一、新乡航空工业(集团)有限公司

(一)企业基本情况

新乡航空工业(集团)有限公司隶属于中国航空工业集团公司下属的中航工业机电系统公司,由原豫新机械厂(一三四厂)、平原机器厂(一一六厂)、豫北机械厂(一〇三厂)、巴山机械厂(五四〇厂)和新航机械公司于2004年整合组建而成。[①] 主要从事航空机载设备、非航空防务业务、汽车零部件和其他优势民品的研制生产。连年位列全国汽车零部件百强和百佳供应商、河南省工业百强、新乡市市长质量奖获评者、新乡市"五星级工业企业"行列,是新乡市六家标志性企业之一。新航集团是中部地区最大的汽车零部件研发和生产基地,已形成汽车空调系统163万套、蒸发器/冷凝器450万只、转向器450万台、滤清器2200万件、发动机产品1200万件、传动系统产品130万件的生产能力。[②]

新航集团拥有自己的核心技术和自主创新能力。在飞机环境控制技术、流体污染测控技术、流体压力与流量控制技术、流体热交换和金属钎焊技术、电子元件冷却技术以及高目金属丝网编织技术等方面处于国内领先水平;特别是座舱压力调节系统、发动机引气散热子系统等技术处于国内绝对领先地位。多项产品填补国内空白,成功应用于"神舟"系列载人飞船、"天宫一号"及"嫦娥一号""嫦娥二号"环月探测工程设备中。

① 中国航空工业经济技术研究院编:《中国航空工业要览》,航空工业出版社2008年版,第108页。

② 《公司简介》http://www.xhjt.com.cn/news.html。

2017 年,为了保证国产大飞机 C919 顺利实现首飞,新航集团高度重视,协调各方资源,攻克道道难关,完成鉴定试验程序(QTP)的编制及适航审签,完成包括空气管理、燃油、液压三个系统在内的 26 项产品 219 项首飞安全试验及适航检查,设计及性能符合性声明(DDP)通过系统供应商、商飞、适航部门三级审批,圆满完成 C919 的首飞保障工作,为国产大飞机的蓝天梦贡献了新航力量。① 2020 年,新航集团研发 24 套产品,助力"嫦娥"探月。

新航集团利用航空环控、燃油、液压、过滤等技术完全自主研发汽车空调、动力转向器、汽车三滤等民用产品,拥有自己独有的核心技术,肩负着汽车零部件民族自主品牌的使命,其研发能力、生产规模和市场占有率均处于国内同行业前列。

(二)新航发展历程

新航集团有着纯正的红色基因,最早可以追溯到 1939 年建立的八路军冀鲁豫军区兵工厂。自 2004 年组建新航集团以来,新航人秉持"航空报国、航空强国"的使命,艰苦奋斗,砥砺前行,力求把新航集团打造为具有领先创造力、先进文化力、卓越竞争力的世界一流航空工业集团。近年来,新航人用实干与拼搏,在新航发展的长卷上写下了坚实的一笔,也得到了客户和社会的一致认可。

2013 年新航集团荣获中华全国总工会颁发的"全国五一劳动奖状"。新航团委荣获 2017—2018 年度"中央企业五四红旗团委"称号。2019 年集团荣获国务院国资委"中央企业先进集体""柯林斯亚太区最佳供应商质量奖"。2020 年,新航集团喜获"河南省省长质量奖"。

当前,新航集团正在以"成为世界一流机(车)载产品供应商"为奋斗目标,准确识变、科学应变、主动求变,坚持对内改革、对外开放不动摇,坚持"四大攻坚"不松劲,坚决推行"三大变革",艰苦创业、团结奋进,用实际行动和优异成绩践行"航空报国、航空强国"的初心使命。②

二、豫飞重工集团

(一)企业基本情况

豫飞重工集团是一家以装备制造业为主业的企业集团,总部位于河南省新

① 《十年磨砺　航空骄傲》,《中国航空报》2017 年 5 月 6 日。

② 《新航召开四届三次职工代表大会》http://www.xhjt.com.cn/news.html。

乡市。集团拥有“豫飞”和“腾升”两大品牌，下设新乡市起重设备厂有限责任公司、河南起重机器有限公司、河南豫飞鹏升锻造有限公司、河南世通电气自动化控制有限公司等多家子公司，在全国设有100余个办事机构。

集团旗下“豫飞”“腾升”两大品牌，占到国内大运载火箭项目、卫星发射基地项目的90%以上，是国家军工项目起重装备的唯一制造厂家。集团拥有多项专利技术，超高安全性能特种起重机制造是集团拥有的技术优势。现已具备年产各类港口机械40台（套）、各类起重机械20万吨的生产能力。集团生产的军用特种起重机、港口起重机、造船门式起重机、散料装卸船机、通用起重机、高压输变电塔系统等，广泛应用于航空航天、军工、核电水电、港口码头、钢铁冶金等多个高端产业领域，产品畅销全国30多个省（自治区、直辖市），并出口到美国、俄罗斯、英国、日本、澳大利亚、西班牙、芬兰、哈萨克斯坦、巴西、印度、菲律宾、巴基斯坦、伊朗、韩国、越南、秘鲁、赞比亚等30多个国家和地区。

集团全面推行6S管理。享有全国就业与社会保障先进民营企业、国家标准化良好行为AAAA企业、国家高新技术企业、中国机械百强、全国重点工程建设指定名优产品、中国驰名商标、河南省50户重点装备制造企业、河南省创新型试点企业、河南百高企业、河南省电子商务示范企业、河南省十佳科技型最具竞争力企业、河南省AAA级信用企业、河南省企业管理先进单位、河南省优质产品先进单位等诸多荣誉。

发展中的豫飞重工集团正以厚积薄发之势，快速成为中国物料搬运行业之星，面向全国、走向世界，变中国制造为中国创造，走出中国重工装备特色之路，领跑行业，为中国民族工业的发展强盛做出贡献。

（二）企业科技研发情况

豫飞重工集团一直以来高度重视科技创新工作，在创新中不断实现转型升级。集团技术力量雄厚，拥有2个省级企业技术中心，2家高新技术企业，2个省级工程研究中心，2个市级工程技术研究中心，形成了一支精干的研发队伍，负责研究开发新产品、新工艺，取得了一系列优良的成绩。截至2017年已拥有十余项科学技术成果，成功认定河南省首台（套）重大技术装备4个。除依靠自身的研发平台外，集团同时也与哈尔滨工业大学、中国科学院地理科学与资源研究所、中国环境科学院、中建一局等高校科研院所进行合作，增强研发实力，快速实现产品技术高端化、知识产权自主化，使产品向“专、精、特”方向发展。

在产品研发上，现已取得了诸多可喜成绩，如多吊点同步起重机。该产品是国家发明专利产品，荣获了河南省科学技术进步二等奖，目前广泛用于我国电力、火箭军、空军、海军、总装备部以及酒泉、西昌、太原卫星发射中心等。再如大型港口装卸机械。公司设计制造的4500t/h欧标装船机项目具有独特的科技领先优势和明显的市场竞争优势。为适应短距离码头岸线条件，公司还推出了直线摆动式装船机，大幅降低了码头岸线占用长度，是一种经济型装备。LS系列环保型直线摆动式水泥装船机是一种新型环保散货装船设备，避免了水泥等散粒物料装船时粉尘飞扬，代表了国内先进水平。[①]

2018年，豫飞重工集团自主研发制造的国内首台埋刮板式粮食连续卸船机，打破了该类港口机械一直以来依赖进口的局面。[②]

三、卫华集团

（一）企业基本情况

卫华集团有限公司创建于1988年，是一家以研制起重机械、港口机械、建筑塔机、减速机为主业的大型企业集团，是国家级高新技术企业，全国首批55家国家技术创新示范企业之一。截止到2021年，卫华集团七次入围中国制造业企业500强榜单。

卫华集团是中国重型机械工业协会、中国物料搬运协会和桥式起重机分会副理事长单位，全国首批国家技术创新示范企业，先后荣获“中国机械百强企业”“中国民营500强企业”“国家火炬计划重点高新技术企业”“国家认定企业技术中心”“全国质量标杆”“全国机械工业质量奖”“国家知识产权示范企业”“河南省省长质量奖”等500多项荣誉称号。

（二）企业科技研发情况

卫华集团拥有国家认定企业技术中心、国家地方联合工程研究中心、国家认可技术检验测试中心、博士后科研工作站、院士工作站等十多个创新研发平台。以中国科学院院士杨叔子、中国工程院院士张铁岗为带头人的1000余人的科研团队，先后承接一项国家“863”计划、四项“国家科技支撑计划”、两项

---

① 《关于豫飞》http://www.yufei-group.com/。

② 《重机行业整体复苏　2018年形势向好》，《企业管理实践与思考》2018年第5期，第22页。

“国家火炬计划”项目，拥有授权专利1000余项。[①] 先后获得省部级科技进步奖项98项；获政府鉴定科技成果113项，其中国际领先4项、国际先进6项、创造世界纪录1项。参与制定国际、国家、行业、地方、团体标准123项。

卫华集团自主研发了世界上首个“GIQ40双驱动交流变频港口轮胎起重机”，核心技术申报了2项发明专利和2项实用新型专利。此项目进行了国内外科技查新，为国内外首创。该项目的成功，为我国起重机的科学技术含量走在世界前列做出了贡献。[②]

集团主导产品广泛应用于机械、铁路、航天等行业，服务于西气东输、南水北调等数千家大型企业和国家重点工程，助力神舟系列飞船、长征系列火箭、天宫系列探测器成功飞天，并远销俄罗斯、泰国、马来西亚、澳大利亚等170多个国家和地区。

建工板块成立了卫华建工集团有限公司，下辖河南卫华防腐工程有限公司等5家子公司，先后承接了中铁各工程局、中化工各建设公司、中石油、中海油、北航天石化、宝冶集团、神华集团等大型企业的“高、精、尖”重点工程，并完成了建设郑州会展中心等项目。

（三）集团发展历程

卫华集团的发展历程可以分为四个阶段。1988—1995年属于创业阶段，1988年卫华集团创始人韩宪保筹集了20万元，在不足3亩地的手工作坊里，与6名工人开启了创业历程。到1995年，韩宪保基本建立了企业组织机构，确立了以“打过一次交道便是永远朋友”为核心的诚信经营理念。1996—2000年属于成长阶段。在韩宪保的带领下，卫华集团逐步走上规范化管理之路，注册了商标，拥有了品牌。公司提出了“创卫华国际品牌，兴中华民族工业”的企业使命。2001—2010年属于扩张跨越阶段。卫华集团起重机畅销全国，通用桥、门式起重机产销量实现全国第一。2004年，韩宪保主动打破家族式管理，引入俞有飞等一批高级职业经理人，实现了集团化管理。这一阶段，公司影响力也迅速增强，先后被评为“中国名牌产品”“中国驰名商标”“中国机械500强”企业，

---

① 潘慧琳：《民营企业要用待遇、感情、事业、文化留住人——访河南省人大代表，卫华集团创始人、党委书记韩宪保》，《决策探索》2019年第2期，第30页。

② 中国机械工程学会物流工程分会编：《物流工程三十年技术创新发展之道》，中国铁道出版社2010年版，第90页。

实现了跨越式发展。2011 年至今属于第四阶段,即战略升级阶段。公司明确了以“从高速发展向高质量发展转变”为总体战略发展方向,并继续加大研发力度,提高企业的核心竞争力。[1]

当前,卫华集团将瞄准起重机国际前沿技术,在“绿色化、智能化、定制化、网络化”方面,不断持续创新,为“卫华让世界轻松起来”的愿景而奋进。

四、新乡白鹭投资集团

(一)企业基本情况

新乡白鹭投资集团有限公司是我国生产纺织原料的大型国有独资企业,是新乡市最大的国有企业和唯一一家国有控股上市公司。始建于 1960 年,1995 年由新乡化纤厂改制为新乡白鹭化纤集团公司,2016 年公司名称变更为新乡白鹭投资集团有限公司。公司设有白鹭新材料研究院、博士后科研工作站、河南省化学纤维工程技术研究中心等 5 个研发平台。集团公司先后荣获“全国环保先进企业”“中国 500 家最大工业企业”“中国工业企业综合评价最优 500 家”“全国就业先进单位”“中国化纤行业竞争力前十强”“全国化纤行业优秀品牌贡献单位”“全国纺织技术创新示范企业”“中国化纤行业智能制造优秀企业”“中国化纤行业绿色制造优秀企业”等荣誉称号。

公司拥有新乡化纤股份有限公司、北京双鹭药业股份有限公司两家上市子公司和新乡市星鹭科技有限公司等多个子公司。公司主要产品有纤维素长丝、纤维素短纤维、氨纶纤维共三大系列 1000 多个品种,产品注册商标为“白鹭”牌。目前公司化学纤维年产能达到 20 万吨,其中纤维素长丝 6 万吨(全国排名第 1 位),纤维素短纤维 10 万吨(全国排名第 7 位),氨纶 4 万吨(全国排名第 4 位)。近年来,公司相继研制出了有色纤维、竹浆纤维、芦荟纤维等几十个品种的功能性纤维,申请国家专利 50 多项,被列为“河南省推进知识产权战略工程试点单位”。经过 60 多年的发展,公司在再生纤维素长丝方面做到了行业领先,生产规模全球第一,产品出口占市场总额的 1/3,特别是在细旦丝领域有很强的研发能力,市场认可度很高。氨纶进入了行业第一梯队,正向着功能化纤维领域迈进。

---

① 机械工业信息研究院编:《单项冠军》,机械工业出版社 2019 年版,第 176—179 页。

（二）公司科技研发情况

公司具有重视科技、重视研发的优良传统。早在1996年公司针对黏胶化纤生产工艺复杂，操作难度大等特点，吸收应用了当时国际上较为先进的核子计量和微机自动控制黄化生产两项新技术。[①] 如今，公司更是高度重视创新，在技术人才管理方面，公司建立了优秀技术人员和工人拔尖选聘机制，出台了科研人员技术创新奖励政策，从技术开发、工艺设计到生产制造、生活服务，每个环节都有完善的激励制度，使得工匠精神在企业生根、发芽、成长。同时，公司鼓励技术人员沉下心，潜心去搞好自己的工作，专注思维，不断继承和延续工匠精神的内涵，提升企业竞争实力；在技术和装备创新方面，公司积极改进生产工艺，优化流程结构，提升产品质量，降低了生产成本；在产品创新方面，公司将每年主营业务收入的3%以上用于项目研发和技术改造，近年来相继研制出了光致变色纤维、储能纤维、温变纤维、竹炭纤维、芦荟纤维等10多个品种的功能性纤维，先后申请国家专利60多项，被列为河南省推进知识产权战略工程试点单位，被评为国家级高新技术企业。管理、工艺、设备的不断创新，有效提升了公司的产品质量，大大增强了公司的综合实力。2020年，公司获评“河南省智能制造标杆企业”。

公司高度重视研发平台建设，先后筹建了“省级企业技术中心”（1999年）、“博士后科研工作站”（2003年）、“河南省化学纤维工程技术研究中心”（2006年）、“河南省再生纤维素纤维公共技术研发设计中心”（2015年）和“新乡市氨纶工程技术研究中心”（2016年）、“白鹭新材料研究院”（2021年）等科研平台。[②]

在产学研究方面，公司先后与中国纺织科学研究院、中国科学院过程工程研究所、中原工学院、天津工业大学、郑州中远氨纶公司、沈阳六〇六研究所、西南交通大学、华东理工大学、南开大学、河南师范大学、河南工业大学、河南工程学院等高校和科研单位建立了产学研合作研发同盟，一批科研产品在公司转化，为公司经济效益的提高起到了极大的促进作用。2020年，公司联合郑州中远和中原工学院开发的高效高品质超细氨纶关键技术和成套装备，获得了中国

① 吴长忠主编，中共新乡市委办公室、中共新乡市委党史研究室编：《牧野春潮：新乡改革开放20年》，河南大学出版社1998年版，第437页。

② 《白鹭新材料研究院在新乡化纤成立》https://www.sohu.com/a/444414219_99943841。

纺织工业联合会科技进步一等奖，被列入我国化纤工业“十四五”发展推广名录。①

新时代，公司将践行高质量发展理念，以三大改造为重点，以循环化利用为支撑，构建科学的能源管理系统，不断推动公司经济发展质量变革、效率变革，提高全要素生产率，开启新时代公司高质量发展新征程。

五、河南科隆集团

（一）企业基本情况

河南科隆集团创立于1993年，总部位于新乡，秉承“科隆兴科技、科技兴科隆”的发展观，科隆现已发展成为拥有新能源、制冷系统配套、环保智能装备三大产业的现代企业集团。科隆集团是中国民营企业制造业500强企业、国家级重点高新技术企业、国家级企业技术中心、国家“863”重大专项研发及产业化基地、国家信息化示范企业、国家级电源产业园骨干企业、河南省创新龙头企业、河南省优秀民营企业、河南省省长质量奖获奖企业，2013—2017年连续5年被评为中国电子信息百强企业。科隆集团共有员工8000余人，中、高级科技人员占30%以上，其中，享受国务院特殊津贴专家7人。集团还外聘了大批在国内外享有崇高声誉的技术权威、专家学者等担任高级技术顾问，并与中国科学院、清华大学、中南大学、郑州大学、北京有色金属研究总院等院所建立了长期的技术合作关系。

科隆集团拥有全球领先的新能源材料和高性能二次电池、电源系统研发生产基地，是全球最大的制冷配套产业研发生产基地，是国内唯一一家国家“863”节能与新能源汽车重大专项HEV用电池正极材料入选企业，生产的镍氢电池材料市场占有率国内第一。② 拥有国家级企业技术中心1个、省级工程技术研究中心4个、博士后科研工作站1个，拥有专利203项，其中实用专利160项、发明专利43项。主要产品蒸发器、冷凝器生产能力居全国同行业第一，产品质量、工艺装备全国领先，电源材料生产能力居全国同行业前列，电池生产能力居全国同行业前列。

---

① 郑逢善、孟凯歌：《超细氨纶技术创新发展研讨会在河南省新乡市召开》，《新乡日报》2020年12月14日。

② 王仲斌编著：《产业集聚看河南》，经济日报出版社2013年版，第135页。

（二）公司科技研发情况

2016年，科隆集团与河南工学院联合成立新乡市首家制造业企业的创客中心——科隆创客中心，并被认定为新乡市首批“创客空间”①。

2017年科隆集团被授予“国家知识产权局专利局专利审查协作河南中心审查员流动工作站”牌匾，并荣获“河南省知识产权示范企业”称号，是当年新乡市唯一一家获此殊荣的企业。2017年以来，科隆集团取得省市及国家级科技创新成果30余项并主持（参与）承担了“十三五”装备预研共用技术——“大容量锂离子电池及其安全监控技术项目”、“十三五”国家重点研发计划——先进轨道交通重点专项等重大科技项目。此外，科隆集团紧紧围绕郑洛新自主创新示范区中“新乡片区重点发展新能源动力电池及材料，打造新能源动力电池与材料创新中心”的要求，与清华大学共同进行高容量正极材料的研发与产业化，并申报了郑洛新自创区创新引领型产业集群专项，获得了千万元的财政资金支持。

2018年1月8日，科隆集团下属新太行电源股份有限公司提供主动力电源、辅助动力电源、应急救生电源的“蛟龙号载人潜水器研发与应用”项目，荣获国家科学技术奖五大奖项之一国家科学技术进步奖一等奖。②

2020年3月，依托科隆集团的新能源动力电池国家专业化众创空间，成功入选第三批国家专业化众创空间示范名单。③

六、华兰生物工程股份有限公司

（一）企业基本情况

华兰生物工程股份有限公司是一家从事血液制品、疫苗、基因工程药物的生产、研发和销售的国家高新技术企业，我国最大的血液制品、流感疫苗生产企业，上市公司。公司前身是华兰生物工程有限公司，成立于1992年，是全球第一支上市的甲型H1N1流感疫苗诞生地，国内首家通过血液制品GMP认证的企业，国内首家通过流感疫苗WHO预认证的企业。公司全面通过质量、环境、职业健康安全“ISO”管理体系认证，拥有多项自主知识产权，“华兰”商标被认定

---

① 杨占尧：《创新的精髓》，航空工业出版社2017年版，第217—218页。

② 中国科学技术协会主编：《学科发展报告 综合卷 2016—2017》，中国科学技术出版社2018年版，第354页。

③ 《新能源动力电池国家专业化众创空间荣获国家级奖项》http://www.hnkl.com.cn/news/34_293。

为中国驰名商标，主导产品以其生产规模、品种规格、市场占有率、品牌影响等优势，引领国内行业发展。

（二）“华兰”两字的由来及发展

董事长安康将企业取名为“华兰”，“华”代表中华，“兰”代表兰州。安康出生于1948年，父亲毕业于复旦大学，母亲毕业于南京国立女子师范大学，良好的家庭教育使得安康身上有着浓厚的家国情怀，故华兰生物名字中有一“华”字。安康在1989年来到甘肃兰州，在一家生物制品研究所任所长。在兰州，他的才华进一步得到施展，故华兰生物名字中有一“兰”字。

2005年，禽流感疫情暴发，华兰生物与中国军事医学科学院微生物流行病研究所共同承担了科技部重大科技攻关项目——人用高致病性禽流感疫苗，短短半年时间，完成了临床研究前的全部工作，引发社会关注。[①]

2009年4月25日，世界卫生组织宣布把墨西哥和美国发生的甲型H1N1流感疫情视为“国际关注的公共卫生事件”。华兰生物迅速做出反应，马上向世界卫生组织认可的实验室申请了毒株。5月中旬，华兰生物的甲型H1N1流感病毒裂解疫苗项目获得河南省科技厅立项。9月4日，华兰生物取得了国家药品食品监督管理局批准的疫苗生产批件，9月10日，疫苗正式开始人群接种。该疫苗成为全球首个正式用于人群接种的甲型H1N1流感疫苗。

2020年全国两会上，全国人大代表、华兰生物董事长安康掷地有声地说：“新冠疫苗研发，绝不能缺席。”[②]截止到2021年11月18日，华兰生物新冠疫苗已经处于临床试验阶段[③]，我们期待这家位于新乡的血制品企业，能够取得更大的成绩。

（三）企业科技研发情况

华兰生物立足血液制品业务，通过新建单采血浆站、积极发动宣传、提高现有浆站的采浆量等方式，巩固血液制品龙头地位；整合研发资源，集中优势开发疫苗新产品，通过WHO预认证推进流感病毒裂解疫苗、ACYW135群脑膜炎多

① 马世民、张代民主编：《洁净家园：河南省节能减排科技工程纪实》，河南人民出版社2009年版，第101页。

② 马千惠：《全国人大代表、华兰生物董事长安康再发声：研发不会缺席，会生产出新型疫苗》，《河南商报》2020年3月8日。

③ 《华兰生物：新冠疫苗正在开展临床试验》https://baijiahao.baidu.com/s?id=1716757224105523624&wfr=spider&for=pc。

糖疫苗走向国际市场，快速做大疫苗产业规模；潜心布局重组蛋白新领域，大力发展单克隆抗体药物、激素类药物，在研单抗产品上市后将打开公司的长远发展空间；扩大与国内外优势企业的战略合作，寻找重组兼并机会，增强公司的核心竞争力，逐渐形成以血液制品、疫苗、单克隆抗体及重组药物为核心的大生物产业格局。

第一，加强浆站管理，实现血液制品业务稳定增长，采浆量稳定增长，为公司血液制品业务的稳定发展奠定基础。

第二，提高血浆综合利用率，注重血液制品的产品结构调整，扩大市场急需产品的生产。公司血液制品共有 11 个品种 34 个规格，产品品种最全、血浆综合利用率居于行业前列，公司将不断开展血液制品的工艺优化，提高血浆的综合利用率，开展重组凝血因子Ⅶ、Ⅷ产品的开发。

第三，加强疫苗新产品的开发，丰富疫苗现有的产品线，并积极拓展海外市场。加快四价流感病毒裂解、H7N9 流感疫苗、冻干人用狂犬疫苗（Vero 细胞）和 A 群 C 群脑膜炎球菌多糖疫苗生产批件申报工作。

第四，加快单抗产品研发，培育新的利润增长点。世界范围内的单抗药物年销售额总计已突破千亿美元，单抗药物成为生物药物中利润增长最快的细分领域。华兰生物已建成我国最大的单克隆抗体项目研发、生产基地，首批研发的曲妥珠单抗、利妥昔单抗、贝伐单抗、阿达木单抗已经取得临床试验批件，正在开展Ⅰ期、Ⅲ期临床研究。其余多个重组蛋白药物正处在临床前研究阶段，已取得阶段性成果，将按计划报批，抢占全球技术创新竞争高地。

华兰生物的快速、持续发展，依赖于强大的科研投入。至今已突破了抗体药物研发过程中大规模表达和纯化的两大技术壁垒，建立了完整的质量分析体系，其中阿达木单抗、曲妥珠单抗、利妥昔单抗和贝伐单抗 4 个单抗已获得药物临床试验批件进入临床研究；四价流感疫苗、手足口病疫苗、人用狂犬病纯化疫苗（Vero 细胞）、13 价肺炎多糖结合疫苗、24 价肺炎多糖疫苗等疫苗产品和 10% 静注人免疫球蛋白、重组 Exendin-4-FC 融合蛋白注射液等多个血液制品及激素产品已取得阶段性成果。这些产品是未来公司业绩的增长点，产品一旦上市销售，不仅将拉动华兰的业绩增长，也将带动整个生物医药行业的发展。

七、河南新乡华星药厂

(一)企业基本情况

河南新乡华星药厂始建于1985年,属集体所有制企业,隶属于刘庄农工商总公司,占地66.7万平方米,现有职工3000多人,其中中、高级技术人员400多人。华星药厂位于新乡县七里营镇刘庄,交通十分便利。华星药厂为生物制药企业,自建厂以来,不断进行产品、规模双向拓展。[①]

(二)科技研发情况

华星药厂以临床用药需求为导向,依托高通量测序、基因组编辑、微流控芯片等先进技术,与中国科学院微生物研究所、中国人民解放军军事医学科学院等国内多家知名科研单位、高校联姻,组建河南新乡华星医药生物工程技术研发中心、河南绿园医药化学工程技术研发中心。两个研发中心现阶段的定位:一是对存量部分进行技术升级换代,通过技术进步、技术改造,提升其生命力和市场竞争力。二是开发专利保护即将到期的仿制药品,加大研发开发力度,再造流程,及时投放市场,造福人民。三是对增量部分,加快原始性技术创新进程,围绕生物化学一类新药搞研发,目前肝活素、辐抗肽、重组人白蛋白三个项目按规划路径进展顺利。三者交叉融合,齐行并进,形成良好有序的创新研发新局面。

(三)领路人史来贺、史世领

1985年,在史来贺的带领下,刘庄华星药厂建成投产,史来贺长子史世领当选第一任厂长。经过数十年的发展,华星药厂已发展成为能生产数十种原料药和成品药的外向型企业,是我国最大的肌苷生产厂家和国内最大的抗生素原料药生产基地之一。[②] 在史来贺看来,华星药厂是刘庄进军高技术产业的标志,是刘庄与时俱进、共同富裕道路的基石。

2003年史来贺病逝后,刘庄和华星药厂能否续写辉煌,成为人们心头一大疑问。之后,刘庄进行直选,史来贺的长子史世领以满票当选刘庄村党委书记。史世领意识到,刘庄经济要实现新的跨越,必须依靠科技创新,走绿色循环发展之路。为此,他们投入专项资金,设立了创新奖;他们与中国科学院微生物研究

---

① 袁丽萍:《从农民到代表农民》,中国财富出版社2017年版,第9页。

② 《红色中原》编写组编:《红色中原》,大象出版社2019年版,第191页。

所等单位合作,组建生物医药技术研究中心;他们引进国内外先进技术286项,使产业整体升级换代;他们自主研发16个高科技产品,出口几十个国家和地区。但是,近些年华星药厂带来的污染问题一直没有得到根本解决,多次被开环保罚单,一度被限产停产,华星药厂的转型之路任重而道远。

八、驼人集团

(一)企业基本情况

根据驼人集团官网信息,驼人集团始建于1993年。1994年生产出中国的第一支国产PVC气管插管。研制的气管导管,获得河南省技术成果荣誉,填补了国内气管导管生产的空白。[①] 集团以一次性医用高分子耗材为核心业务,大力发展电子医疗器械、外科用医疗器械和医用生物材料业务,稳健推进收购、合资、合作板块的拓展,实现医疗器械多模块的并举发展。驼人先后荣获国家高新技术企业、中国驰名商标、国家级质量标杆企业、扶残助残爱心企业等荣誉称号。

(二)企业科技研发情况

驼人集团在各级政府部门的关心和支持下,秉持"满足医学进步对涉及学科的高分子医疗器械产品/服务的需求"的使命,通过工艺革新,技术改造和高精尖设备投入,在医疗行业深耕细作,注重品质,专注创新,提质增效。另外,驼人重视一线医护工作者的临床基础研究创新,于2011年设立驼人医疗器械科技创新奖,首创产学研一体化项目。该项目获得科技部颁发的中华人民共和国社会力量设立科学技术奖登记证书,到2021年年底,该奖项共收集研发项目4000多个,促进成果转化80余项,累计投入资金2300余万元。2017年,集团总研发人员600余人,硕士研究生400人左右,外籍顾问专家10余人,研发面积将会达到20000平方米。产品涉及麻醉、疼痛、护理、检测、外科、血液透析、微创介入等学科,共50个系列,226种、1886个规格,成为中国医用高分子耗材行业领导企业。

科技创新作为企业持续发展的重要支撑力量,受到驼人集团高度重视。公司建有国家级医用高分子材料实验室、生物材料实验室、功能材料实验室、医电

---

① 徐勇:《"驼人"的世纪梦想》,《协商论坛》2012年第11期,第46—47页。

工程技术中心,实验室顺利通过CNAS(中国合格评定国家认可委员会)认证,其中医用高分子材料实验室被授予全国石油和化工行业医用导管高分子材料工程实验室。此外,公司与北京大学、华中科技大学、北京航空航天大学、北京化工大学、天津医科大学等院校合作建立联合研究中心,并设有博士后研发基地。集团取得自主知识产权产品300多项,其中发明专利45项,外观设计专利43项,实用新型专利210余项,国际专利2项。

集团被确定为中国医疗器械行业《一次性使用麻醉穿刺包》《一次性使用麻醉穿刺用针》《一次性使用麻醉过滤器》的执笔修订单位,先后成为全国医用输液器具标准化技术委员会成员单位和全国注射器(针)标准化技术委员会成员单位。[①]

驼人重视一线医护工作者的临床基础研究创新,首创产学研一体化项目,该项目获得科技部颁发的中华人民共和国社会力量设立科学技术奖登记证书,到2021年年底,该奖项共收集研发项目4000多个,产品转化100余项,转化实现创收近5亿元。同时集团承接国家"十二五"科技支撑计划"小口径人造血管"和"新型增塑剂的生物医用材料"等6个项目。

集团先后取得国家认定企业技术中心、全国石油和化工行业医用导管高分子材料工程实验室、河南省医用高分子制品工程技术研究中心、河南省医用高分子材料及制品工业公共技术研发设计中心、河南省医用高分子材料及制品工程实验室、河南省博士后科研基地等研发平台认证。

集团历来重视科研创新工作,每年投入销售收入的10%用来开展科研创新与研发工作,先后完成的重大科研创新项目有:

1. 新型增塑剂(不含DEHP)生物医用材料量产项目:驼人集团于2012年承接的国家"十二五"支撑计划"新型增塑剂医用生物材料"项目,是研究不含DEHP的新型聚氯乙烯材料,现已研究成功并顺利结题,项目投入765万余元,现已取得两个医疗器械产品注册证,有非常巨大的社会和经济效益。

2. 小口径人造血管:驼人集团于2012年承接的国家"十二五"支撑计划"小口径人造血管"项目,现已顺利结题,项目投入1680余万元,取得发明专利4项,发表SCI文章3篇,培养博士1名、硕士3名。

---

① 王春峰主编:《文化驼人》,河南人民出版社2016年版,第1—6页。

3. 血液透析项目：随着慢性肾炎、肾衰、尿毒症等肾病发病率的增加，血液透析类产品的需求不断加大。为了降低透析成本，响应国家关于解决老百姓“看病贵”问题的号召，集团于 2011 年做出重大决策，投入 1.2 亿元，引进德国全套自动化生产线，用于血液透析类产品的研发、生产。目前，公司产品已获得国家食品药品监督管理局认可，顺利取得 6 项产品注册证，产品成功上市。

4. 壳聚糖生物敷料项目：本项目于 2012 年立项，投入 1200 余万元，通过自主研发技术，采用化学合成法，开发几种分子量可控、易加工成型、降解速率可调的生物降解材料，广泛应用在高端医疗器械领域，实现可吸收医疗器械产品国产化，更好地替代进口产品。

5. APGAR 自动评分仪项目：临床用于新生儿 APGAR 自动评分，对客观数据进行记录、存储和输出。项目于 2017 年 11 月立项，投入 230 余万元，目前已申请专利 10 余项，开拓了新生儿 APGAR 自动评分新时代。

6. 远程监护无线镇痛泵系统：该项目于 2014 年立项，项目投入 1000 余万元。这一系统在镇痛泵产品基础上融入互联网技术，实现远程数据无线传输，实时随地监护注药状态和设备运行情况，精确控制镇痛，解决临床评价研究和数据收集等重大难题，实现护理工作信息化管理。

2021 年 3 月 12 日，驼人集团与华中科技大学共建“华驼”实验室合作协议在新乡长垣签订。这一合作旨在创新校企合作模式，实现优势互补，集聚创新要素，共建创新平台，推动医疗器械产业创新发展。[①] 这标志着驼人集团在产学研结合方面又迈出了坚实的一步。

九、佐今明药业集团

（一）企业基本情况

佐今明药业集团是集科研、制药、商业、高效农业、投资为一体的现代化药业集团公司。核心成员包括佐今明制药股份有限公司、佐今明医药有限责任公司、佐今明中药材科技发展有限责任公司、佐今明生态农业发展有限责任公司等。佐今明药业集团曾荣获“国家高新技术企业”“河南省中药十佳企业”“省市两级农业产业化重点龙头企业”等称号。

---

① 《“华驼”实验室成立了》http://www.tuoren.com/news/show/id/1599.html。

佐今明药业集团已全面通过 GAP、GMP、GSP 认证，拥有新乡高新技术开发区、原阳产业聚集区两个 GMP 生产基地，拥有封丘县全国道地金银花 GAP 种植基地，年综合生产能力 8 亿元。目前集团公司共有员工 1000 多人，其中专业技术人员 278 人，拥有一支由教授领军的高素质科研队伍。

佐今明制药以生产经营中成药为主，拥有一支作风顽强、成绩突出、享誉医药界的营销队伍。经过多年的市场运作，在国内树立了较高的“佐今明”和“佐儿”品牌知名度和美誉度，已开发了 20 多个省级市场，构建了全国性的网络布局，部分产品销售到北美、东南亚、非洲等地。主导产品“百咳静”系列已连续 3 年在全国同类产品销售排名中名列第一。

（二）企业科技研发情况

公司自改制以来始终坚持“科技创新”发展战略，为加快中药现代化和产业化进程，每年投入大量科研经费用于新产品开发和新技术引进，并获得国家、省、市等多个项目的基金支持。积极组建科研机构，先后建成“河南省企业技术中心”和“河南省现代中药制剂工程技术研究中心”。研究中心主要开展中药材栽培管理、新产品开发、新工艺和新技术应用、中药保健食品开发及产业化研究等领域工作，在业内具有较大的影响力和科研开发实力。研究中心以公司为依托，先后与沈阳药科大学、中国中医科学院、河南中医药大学、河南师范大学等国内多家知名研究院所开展合作，相继取得了七宝美髯口服液、益津降糖胶囊、百咳静颗粒、调经祛斑片、前列舒乐片 5 个新药证书，以及七宝美髯口服液、产妇安合剂、活血通脉片等 3 个中药保护品种。

公司近年来先后承担了包括国家火炬计划、河南省重大科技专项、河南省科技攻关、河南省高新技术产业化、新乡市重大科技专项、新乡市中小企业创新基金等在内的多项国家、省、市科技项目，完成 5 项技术成果转化，分别为“百咳静颗粒产业化”“前列舒乐片标准提升及产业化研究”“产妇安合剂标准提升及产业化研究”“万亩金银花规范化种植项目”“复方金银花颗粒产业化项目”，其中“万亩道地金银花分布式规范化种植基地项目”获得河南省支持自主创新和产业产品结构调整专项资金支持，“金银花资源评价及其指标体系建立和种质创新研究”荣获河南省教育厅科技成果一等奖和河南省科技进步三等奖。[①]

---

① 《走进佐今明》http://www.zjm100.com/col.jsp? id=104。

十、中兵通信科技股份有限公司

(一)企业基本情况

中兵通信科技股份有限公司前身是国营七六〇厂,是我国军用通信产品生产研发重要骨干企业之一,河南省内最大的综合性无线电整机制造企业,国家"一五"计划期间投资兴建的156个重点项目之一,党和国家领导人毛泽东、刘少奇、江泽民等曾亲临厂区视察。

企业筹建于1955年,1958年建成投产,原直属电子工业部,1984年以后下放至省、市管理。1997年12月,成立河南万象通信有限公司,2010年3月北方导航控制技术股份有限公司对万象公司增资重组,成立中兵通信科技有限公司,2015年12月公司整体变更为中兵通信科技股份有限公司[①],2016年6月公司在"新三板"挂牌上市。

公司通过GJB9001B质量管理体系认证、国家二级保密资格认证、武器装备承制单位资格认证和武器装备科研生产许可,拥有省级技术开发中心和博士后科研工作站,在新乡、北京、武汉等地建有研发机构,是国家高新技术企业、河南省创新示范企业。军用超短波地空通信和卫星通信为公司主导产品,其中超短波地空通信居行业主导地位,卫星通信居行业重要地位。

建厂60多年来,先后完成200余项国家重点工程项目,所研制生产的近5万台(套)超短波通信、卫星通信、微波通信、对空通信车等系列产品广泛应用于陆、海、空各军兵种,以及航空、航天、民航、航海、公安和森林防火等领域,曾在执行国庆阅兵庆典、运载火箭发射、"神舟"飞船发射、汶川特大地震救援等军事任务和国家重点工程建设中做出重要贡献。[②]

(二)科技研发情况

创新是引领发展的第一动力,公司十分重视创新驱动发展,积极号召并有效推动精益科研,努力提升企业的核心竞争力。公司与新乡市人民政府、中国兵器科学研究院合作,成功完成北京研发中心的建设并展开科研运作。中兵武汉研发中心研发改进的通信设备,成功开拓了新市场,实现了军贸市场的零突破。公司目前拥有的北京、武汉研发中心,必将形成对人才的虹吸效应,持续提

① 河南年鉴社编辑:《河南年鉴》,河南年鉴社2011年版,第238页。

② 《发展历程》http://www.zhongbingtongxin.com/custom/3。

升公司科研实力，为公司的科研发展提供不竭动力。公司通过产、学、研合作，与清华大学、北京理工大学、西安电子科技大学、总参 61 所、总参 63 所、空军装备研究院、海军装备研究院等国内著名院校及研究所进行多形式、多层次的技术合作和人才培养。

公司将结合兵器集团优势科技资源，大力引进尖端技术人才，积极展开各类研发合作项目，提高军用通信应用顶层设计和军用通信系统总体论证能力，为兵器集团军用通信产业发展提供支撑，着力提高军用通信产业自主创新能力，抢占产业发展制高点。

十一、河南心连心化肥有限公司

（一）企业基本情况

河南心连心化肥有限公司是一家集研发、生产、销售、服务于一体的大型肥料生产企业，始建于 1969 年，2003 年从国有企业改制为民营企业[①]，2009 年在香港上市，2019 年改制为股份有限公司，是中国单体规模最大、单位产品盈利能力最强的尿素企业。2015 年新疆基地建成投产，2017 年开始建设九江基地。2018 年，新疆三聚氰胺项目投产。[②]

心连心公司是国家高新技术企业，石油化工行业技术创新示范企业，河南省创新型试点企业，河南省节能减排科技创新示范企业。几年来授权专利 150 余项，其中发明专利 27 项，有效地保护了公司的核心技术，参与制定国标 3 项、行标 4 项，新技术的应用促进了公司节能减排水平的提高，2011—2020 年连续 10 年荣获“合成氨能效领跑者标杆企业”荣誉称号，2015 年获工信部“全国工业领域电力需求侧管理示范企业”荣誉称号。

（二）企业科技研发情况

心连心公司重视科研平台的建设，因为只有优质的平台才能更好地吸引行业高端人才。从 2008 年开始，心连心公司陆续建成河南省企业技术中心、河南省化肥生产系统节能工程技术研究中心、博士后科研基地、国家级检测中心、河南省院士工作站等多个科研平台。2015 年经中国氮肥协会同意，心连心公司开始建设中国氮肥工业（心连心）技术研究中心，中心建成后，心连心公司的科技

---

① 河南心连心公司志编纂委员会编：《河南心连心公司志》，新华出版社 2009 年版。

② 《公司概览》https://www.hnxlx.com.cn/About/index/cid/45.html#45。

创新水平得到了进一步的提升。2016 年,心连心公司技术中心被认定为国家企业技术中心,完善的科研机构为心连心公司的科技创新工作打下了坚实的基础。目前,心连心已建成了国内首套具有自主知识产权的高纯车用尿素生产线。①

在产品创新上,心连心公司通过研发高效肥,提升了产品的附加值,提高了农业生产效率,降低了农业生产投入,增加了农民收益,为农民打造优质农产品提供了支撑,并从市场需求出发,开展了多个肥料系列的研究,使公司产品"差异化"得以成功实现。

公司还提出"增产施肥、经济施肥、环保施肥"理念,依靠科技创新,通过化肥缓控失技术、提质增效技术提高化肥利用率,通过高效施肥技术探索,实现测土配方精准施肥,达到农业节本增效,环保可持续,促进粮食增产、农民增收和生态环境安全。

截止到 2021 年,心连心集团在全国建立了 120 多家高效农业服务中心,测土化验室 23 家,配备了由 200 多名高校人才组成的服务队伍,开展从免费测土化验到专家配方、精准施肥、种植指导、飞防服务等活动,形成"测、配、产、供、施"一体化,通过对当地土壤和作物的深入研究,为农户提供精准服务和解决方案。

十二、河南孟电集团

(一)企业基本情况

河南孟电集团系"全国乡镇企业大型企业""全面质量管理达标企业""全国诚信守法乡镇企业",还是河南省委、省政府命名的"文明单位""优秀民营企业"。

集团前身是 1987 年创建的仅有一台 0.6 万千瓦机组的孟庄火电厂,历经 30 余年的艰苦奋斗,科学发展,现已成为以热力公司为母公司,由水泥、房地产、污水处理等分公司组成的企业集团,有员工 3000 余人,占地面积 1500 余亩,固定资产 60 亿元,资信等级 AAA 级。目前,企业的主要产品是电力和水泥。

---

① 《心连心——打造中国最受尊重的化肥企业集团》https://www.hnxlx.com.cn/News/content/cid/63/id/2456。

近年来，孟电集团勇于承担社会责任，积极回报社会，投入公益事业资金达4.2亿多元，集团党委荣获"全国先进基层党组织"荣誉称号，孟电集团荣获"全国乡镇企业大型企业""全面质量管理达标企业""全国诚信守法乡镇企业""河南省优秀民营企业"等荣誉称号。2009年12月24日，中共新乡市委作出了开展向河南孟电集团学习活动的决定。集团创始人范清荣获得"全国劳动模范""全国五一劳动奖章"等多项殊荣，是第十二届全国人大代表，2013年被评为第四届全国道德模范。①

（二）父子劳模范清荣、范海涛

范清荣，河南孟电集团创始人，"全国劳动模范"；范海涛，河南孟电集团现任总经理，"全国劳动模范""全国五一劳动奖章"获得者。父亲范清荣是老典型，儿子范海涛是新典型，他们都是新乡先进群体的代表性人物。

1987年，为解决孟庄镇企业电力奇缺的问题，范清荣在一片空旷的田野上建立了孟庄火电厂，这是后来孟电集团的前身。之后，孟电集团不断发展壮大，成为新乡市家喻户晓的企业。范清荣以其卓越的贡献，在2000年被评为"全国劳动模范"。

2002年，范海涛进入孟电集团担任总经理，历经企业改制、壮大。2008年，时任河南孟电集团党委书记的范海涛接过父母手里的接力棒成为河南孟电集团董事长，同时担任南李庄村党支部书记。

2007年，国务院在全国开展"上大压小、节能减排"活动，拆除一批能耗高、污染重的小火电项目。河南拆除小火电主会场设在孟电集团。当年10月26日，随着连声巨响，孟电集团8台小火电机组的6座冷水塔和3座烟囱轰然倒地。20年的心血付之东流，集团损失10亿元。爆破拆除前夜，范海涛和集团干部、职工来到8台机组前，转了一圈又一圈，非常不舍。但是，范海涛认为今天的"破"是为了明天的"立"，阵痛是为了更好更快地发展。孟电集团现已成为以热力公司为母公司，由水泥、房地产、污水处理、新型建材等分公司组成的企业集团。南李庄也从一个贫穷落后村变为邻里和睦、乡风文明、人心向党的全国文明村。

范海涛秉承优良家风，用行动诠释民营企业家的社会责任，他的事迹得到

① 杨永福主编：《响誉中原》，河南人民出版社2012年版，第500—501页。

了党和政府的大力肯定，先后获得一系列荣誉称号。2006 年 4 月，范海涛同志荣获“全国五一劳动奖章”；2008 年 8 月，范海涛同志当选“感动中原十大年度人物”；2010 年 4 月，范海涛同志被国务院授予“全国劳动模范”称号；2012 年 8 月，范海涛同志荣登“中国好人榜”，当选敬业奉献好人；2013 年 1 月，范海涛同志当选第十二届全国人大代表；2013 年 9 月，范海涛同志当选第四届“全国道德模范”。2020 年 1 月，范海涛代表河南孟电集团捐款 500 万元，资助新乡辉县抗击新冠肺炎疫情。2020 年 3 月，河南省委组织部通报表扬了第三批在疫情防控工作中表现突出的共产党员，范海涛名列其中。

（三）企业科技研发情况

孟电集团始终坚持走转型升级、提质发展的道路。2019 年 9 月 3 日，孟电集团与中科院金属研究所强强联手，共同开展“塑性加工先进技术研究院”项目。[①] 2019 年 9 月 25 日，孟电集团与郑州大学、河南科技学院达成全面战略合作，共建“新乡先进制造研究院”。

十三、河南新飞电器有限公司

（一）企业基本情况

河南新飞电器有限公司是以冰箱、冷柜、空调、洗衣机为主导产品的白色家电企业，曾是中国最大的绿色冰箱生产基地之一。自 1984 年建立以来，经过三十多年的发展，新飞已拥有 2 个中国名牌产品，产品远销全球多个国家和地区。新飞曾连续 6 年上榜中国最具有价值品牌 500 强。作为河南省、新乡市的重点企业之一，多年来得到了各级政府的大力支持和厚爱。当年，一句“广告做得好，不如新飞冰箱好”火遍大江南北，新飞冰箱也曾经被誉为“冰箱之王”。新世纪初，内外部环境变化等影响，给新飞公司的经营带来了巨大的阻碍与挑战。

（二）企业发展沿革

新飞的前身福民铁工厂是由张锡贞、张锡琪、张锡武兄弟三人于 1949 年 6 月合伙开办的私营小厂。1958 年 5 月，由公私合营福民铁工厂抽出 300 名职工和部分资金筹建了地方国营新乡农业机械修造厂。同年 7 月，与新乡市电动机

---

① 《孟电集团与中科院金属所强强联手，共同打造“塑性加工先进技术研究院”项目》http://www.hnmdjt.com/h-nd-182.html#_np=106_461。

制造厂合并为新乡电机厂。[1] 1983年,接任这家小厂的刘炳银为了在困境中求生存,选择了上马白色家用电器项目作为企业的转型之路。新飞电器于1984年在新乡正式诞生。1986年至1996年,经过二十多年的发展,新飞公司进入了快速发展期,新飞牌电冰箱已成为中国公认的名牌产品。1996年以来连续8年产销电冰箱突破100万台,各项主要经济指标均位居中国电冰箱行业前列。2002年9月,新飞冰箱、新飞冷柜又被认定为"中国名牌产品",成为全国屈指可数、中原唯一的拥有两个"中国名牌产品"的家电企业。2002年,新飞冰箱的产销总量跃居中国冰箱行业前两强,扣除出口因素,仅国内市场占有率就高达18.88%以上。2018年4月13日,丰隆亚洲发布公告明确宣布从新飞公司撤资。2018年6月29日,河南新飞电器/家电/制冷器具有限公司100%股权成功拍卖,被国有企业安徽康佳电器科技有限公司以4.55亿元成功竞拍。

十四、河南美乐电子有限公司

(一)企业基本情况

河南美乐前身是国营七六〇厂,于1984年开始生产"美乐"牌彩色电视机,是全国较早生产并销售大屏幕彩电的企业之一,也是当时全国电子百强企业。美乐彩电曾以"千锤百炼,美乐彩电"享誉中原大地,在20世纪90年代曾火爆一时,位列全国彩电品牌第10位,获第二届北京国际博览会金奖,并成为新乡市及河南省政府重点保护品牌,也是河南家电行业曾经的名片。美乐彩电在中原、东北、华北等地拥有着良好的市场基础,有较高的市场占有率与较好的品牌美誉度。党和国家领导人曾多次来美乐视察和指导工作。

(二)企业生产经营情况

20世纪90年代后期,由于种种原因,企业经营陷入亏损状态,负债总额达到近5亿元,企业已严重资不抵债,濒临破产的边缘。1999年9月,企业被安彩集团整体兼并,更名为河南安彩集团美乐电子有限责任公司。被兼并以后,安美公司调整了领导班子,企业逐步扭转亏损局面,并走向良性发展轨道,2005年,安美公司实现收入20827万元,利税总额6535万元,净利润3783万元。企业完全依靠自身力量,已累计偿还银行货款2.36亿元,偿还历史遗留外欠货款

---

[1] 中共河南省委组织部编:《中国共产党河南省组织史资料(第二卷)》,中共党史出版社2003年版,第732页。

和职工集资款2260万元,另用715万元处理其他企业的历史遗留问题。截至2006年5月底,安美公司账面资产总额63269.6万元,账面负债总额41998.15万元,账面净资产21271.45万元。[①] 2006年10月从安彩集团划转新乡市管理,更名为河南燎原电子股份有限公司。

十五、河南环宇集团

河南环宇集团作为中国二次电池产业的开拓者,创立于1982年,最先打破国外产品独霸市场的局面,最早规模化生产球镍,最早规模化生产磷酸铁锂,最早规模化生产电动车及储能用安全型大容量软包装锂离子电池,最早在公交车上大规模使用磷酸铁锂大容量安全型软包装电池,为大巴的纯电动路线起到了开路先锋的作用。也因此成为中国电子企业100强、河南民营科技企业50强、河南省明星民营企业、河南省100强企业,从而使新乡市成为国家十大电池出口基地、国内电池生产基地。[②]

河南环宇集团始终将科技创新作为企业发展的驱动力,不仅电池及材料和零配件质量领先于行业,新产品也一直领先于行业,不仅设立了集团的研发中心,还建设了河南省新型二次电池工程技术中心,建设了博士后工作站,集团的电池及材料检测中心还是河南省进出口检验检疫中心,中心配备着行业内领先的大型成套检测化验设备,不但使集团的各类产品通过了各种认证,也使集团的生产环境通过了各类认证。集团还取得了30多项专利,其中包括多项发明专利,并在大型专利之争中取得了专利,为国内同行业生产电动车及储能用锂离子电池打开了知识产权通道。

河南环宇集团目前拥有6个工业园,其中在新乡有5个工业园,4个在用,1个在建,占地面积约600亩,建筑面积近30万平方米,拥有完善的配套基础设施和生活设施。工业园内还自建有4个经环保主管部门批复建设且经认证达标的工业废水集中处理站,实现了厂区花园化建设,为各产业的持续发展打下了良好的基础。

---

① 胡庆华:《安彩美乐电子有限公司改制总体方案研究》,对外经济贸易大学硕士学位论文,2007年。

② 蔡永礼主编,河南省企业调查队编:《河南企业年鉴2003》,中国统计出版社2003年版,第387页。

当前,新乡市正在全面贯彻新发展理念,坚定不移走高质量发展之路。把郑新一体化作为推动新乡市高质量发展的突破口、动力源、引爆点,打造一体化空间布局,构建协同化产业体系。积极构建现代产业体系,把传统产业改造升级、新兴产业重点培育、未来产业谋篇布局贯通起来,加快建设先进制造业强市。

第三章　当代新乡的农业与科技

农业兴,基础牢,任何时候农业的基础地位不容动摇。新乡市是农业大省中的农业大市之一,也是20世纪全国、全省的农业高产地区之一。新中国成立以来,虽然新乡的农业发展经历了坎坷,但总体上一直处于先进水平,尤其是小麦、水稻生产,以优质高产而享誉全国。20世纪70年代,新乡与烟台、石家庄一起被誉为全国农业的"三驾马车"。1978年以来,新乡农业走上了快速发展的道路,农民生活水平日益提高。进入21世纪,新乡农业生产走向高产高效、产业化经营的趋势。2020年,新乡市政府提出加快推进新乡农业高质量发展,建设现代农业强市的新目标。[①] 所有这些伟大农业生产成就的取得,既与国家农业政策的支持密切相关,也与农业科学技术的进步紧密相连。

第一节　当代新乡农业概述

新乡农业的发展既具有优越的自然条件、交通条件,也拥有农业科研、教学单位的大力支持。1949年以来,新乡农业经历了恢复发展、曲折发展、快速发展、跨越式发展四个阶段,取得了令世人瞩目的成就。种植业生产,作为新乡农业最重要的组成部分,在本地区国民经济发展中占有显著的地位,为振兴全市经济做出了较大贡献。同时,在新乡农业发展的过程中,一些名优新特农产品脱颖而出,例如原阳大米、封丘树莓、延津小麦。

---

① 新乡市人民政府:《新乡市人民政府关于加快建设现代化经济体系推动经济高质量发展的实施意见》,《新乡市人民政府公报》2019年第5期,第15—27页。

一、新乡农业的基本情况

新乡市地域广阔，水利资源丰富，气候适宜，交通便利，农业科研基础良好，具有发展农业生产的优越自然条件和社会条件。新乡市是全省乃至全国的粮、棉集中产区之一，是全国重要的商品粮基地和优质小麦生产基地，被评为“全国粮食生产先进市”。

新乡市地处黄河中下游冲积平原，属于黄河和海河两大流域。地形以平原为主，平原占总面积的78%，此外有高山、丘陵、洼地。平原地带为黄河冲积平原和太行山山前倾斜平原，土层深厚，土壤肥沃，土壤类型主要为黏土、沙壤土、壤土和沙土。[①] 地势北高南低，自然资源丰富，为农业生产提供了有利条件。

新乡市属于暖温带大陆性季风气候，四季分明，雨热同季。年平均温度约14℃，气候温暖，降水集中，年平均降水量约573毫米。冬季寒冷少雪，春季干旱多风，夏季炎热多雨，秋季少雨日照足，冬夏温差较大。高温期与多雨期同步，有利于农作物生长。

新乡市是豫北地区首批国家公路运输枢纽城市之一。京广高铁及京广、新月、新菏等铁路，京港澳、大广、长济、原焦等高速和107国道贯穿新乡。近年来，新乡市围绕脱贫攻坚与乡村振兴等农村发展重大战略，加快推进“美丽农村路”创建活动，新改建了一批农村公路。至2020年，新乡农村公路总里程达到了9800公里。[②] 便捷的交通为农业生产资料及农副产品的购销流通提供了极为有利的条件。

新乡市具有坚实的农业技术推广服务体系。多家市级、省级、国家级农业研究院，如新乡市农科院、河南省农科院、中科院、中国农科院均在新乡设立了农业示范试验基地。此外，还有驻新的河南师范大学、河南科技学院、中国农业科学院农田灌溉研究所等农业教学、科研单位的大力支持。科技创新为新乡市成为全省的农业高产区奠定了坚实的基础。

近年来，新乡市继续深入推进农业供给侧结构性改革，在农业发展中践行大农业、大生态、大融合的科学理念。以“布局区域化、经营规模化、生产标准

---

① 新乡市人民政府：《新乡市人民政府关于加快建设现代化经济体系推动经济高质量发展的实施意见》，《新乡市人民政府公报》2019年第5期，第15—27页。

② 陈卓：《农村公路变成“幸福跑道”》，《新乡日报》2020年1月14日。

化、发展产业化"为重点，突出"一乡一业、一村一品"，推动沿黄区域、太行山区域、黄河故道区域、太行山前平原区域的农业高质量发展，建设现代高效农业，保障粮食安全。力争至2025年，实现农业强市的目标。[①]

二、新乡农业的发展历程

伴随着品种更新、栽培技术改进、水利设施的完善、农业机械化的发展、农业科学研究的进步、国家经济体制的改革，新乡农业走过了坎坷的发展道路。总的来说，当代新乡农业发展可以大致划分为四个时期。

第一是恢复发展时期(1949—1956年)。新乡市1949年5月5日和平解放，当时农业生产面临着严重困难，农业生产水平低下，产量低而不稳，1949年的粮食亩产仅38公斤。1949—1952年，全市的土地改革顺利完成，基本生产资料回到了广大贫困农民的手中，极大提高了生产主动性和积极性。为了解决劳力、农具、牲畜不足的困难，各地先后成立了互助组；1954年各县大批互助组转为初级农业合作社，1955年各地掀起初级社转为高级社的高潮。到1956年，全市基本上实现了合作化，完成了社会主义改造，为农业生产发展奠定了基础。

这一时期，各级政府大力支持兴修水利，发展农业机械。1951年人民胜利渠总干渠的建设对新乡发展引黄事业起到了很大的促进作用。1952年10月31日毛主席视察了人民胜利渠，并亲手摇开了渠首1孔闸门，滚滚黄河水进入总干渠。1955年辉县有了第一部立式柴油机水泵，1956年郊区(今牧野区)西牧村北建成第一座电力抽水站。这一时期是新乡市农业发展史上较好的时期之一。但总体来说，生产条件还很落后，自然灾害比较频繁，抵御灾害的能力还很低，生产力水平仍然处于恢复和缓慢发展的低水平阶段。

第二是曲折发展时期(1957—1978年)。1957年新乡地区胜利完成了第一个五年计划的农业生产任务，广大农村呈现出一派朝气蓬勃的景象。1958年，在农业合作社的基础上组建了人民公社，人民公社化运动盲目追求形式上的轰轰烈烈，生产管理过分集中，经营方式单一，严重挫伤了农民的生产积极性。同时，在全国范围"大跃进"的影响下，再加上1959—1961年连续三年的自然灾害，农业生产元气大伤，广大农民群众的生活十分困难。1960—1963年粮食生

---

① 新乡市人民政府：《新乡市人民政府关于加快建设现代化经济体系推动经济高质量发展的实施意见》，《新乡市人民政府公报》2019年第5期，第15—27页。

产处于新中国成立以来的低谷时期。到1965年粮食作物生产突破困境，走上了正常轨道。正当农业生产呈现可喜势头之际，爆发了长达十年之久的“文化大革命”。但广大农村基层干部和群众吸取了1959—1961年三年困难时期的经验教训，在动乱年代仍然坚持农业基本建设。全区广大干部群众大兴农田水利建设，大大增强了抵御灾害的能力。

进入20世纪70年代后，新乡地区各市、县都先后建立了化肥厂，为农作物增产提供了物资条件。各地大力开展养猪积肥、造肥运动，对培肥地力、促进农作物稳产起到了积极作用。随着生产条件的改善，旱作改水稻面积迅速扩大，改变了背河洼不毛之地的贫困面貌；间作套种面积较快扩大，实现了小麦、玉米双增产。在极其困难的这10年间，粮食总产稳步上升。

第三是快速发展时期（1978—2000年）。1978年中共十一届三中全会后，中共中央作出了加快农业发展的正确决定，对农村经济进行了全面系统的改革。新乡市认真贯彻了中共中央关于农村改革的各项方针、政策，全面推行了不同形式的农业联产承包责任制。到1984年年底，实行联产承包责任制的村庄达到了95%以上，极大地激发了农民群众的生产积极性，全市农业进入了一个快速发展时期。

1978—1984年，全市农业发展突出“以粮为纲”，解决了人们的温饱问题，1984年粮食总产量180万吨，创历史最高水平。20世纪80年代中后期，农业发展“决不放松粮食生产，积极发展多种经营”，大力发展经济作物，力争使多数乡村由温饱型向小康型转变。到20世纪90年代，农业丰收，多数农产品出现了结构性过剩，价格下滑。全市农业开始调整作物内部的品种结构，农业工作以“优质、市场畅销、高效农业、农民增收”为主题。新乡市政府提出了优化种植业结构，促进农民增收的农业发展思路，力争使多数乡村由小康型向富裕型转变。1999年，粮食亩产由1978年的176公斤提高到396公斤，全市粮食生产水平实现了由中产到高产的历史性转变。

第四是跨越式发展时期（2000年至今）。进入21世纪，全市农业生产呈现高产高效、产业化经营的趋势。高标准良田建设、农业产业化发展、农产品质量安全、生态农业、品牌农业、高端农业、农科教一体化的发展以及新型职业农民的培养成为农业发展的重点。

高标准粮田建设，有效改善了农业基本生产条件，提升了农业抵御自然灾害的能力,再加上配套服务的跟进,全市粮食综合生产能力提升,持续稳产增产。2004 年以来,全市粮食产量实现了持续增产,2014 年跃上 70 亿斤台阶;同年,“新乡小麦产业集团”成功注册,“新乡小麦”农产品地理标志成功注册。2018 年,新乡农业产业部门提出了“强基础、提质量、保生态、增效益”的发展思路,深入推进农业供给侧结构性改革,提升发展质量,促进产业兴旺。同时,农业合作社也呈现出高质量发展的势头,对促进农民增收,助推脱贫攻坚和加快乡村振兴等做出了新贡献。2020 年,新乡市人民政府把卫辉市达之冉果树种植专业合作社等 77 家合作社认定为市级示范社,并进行了广泛宣传。

三、新乡农业的主要种植业

种植业是大农业最重要的组成部分,曾经是农业的主体。随着农村其他各业的发展,种植业的相对比重逐渐降低,但仍然是农业的基础部分。新乡市的种植业主要包括粮食作物、经济作物等作物的生产。1949 年以来,新乡市的种植业生产取得了巨大成就,在国民经济中占有显著的地位。种植业的发展既为人民生活提供了丰富的农产品,又为城市发展和国家建设提供了重要原料,为振兴全市经济做出了较大贡献。

(一)粮食作物

小麦、玉米、水稻、大豆、薯类、谷子及多种杂粮等是新乡市的主要粮食作物,也是种植业的主体。2020 年,随着全球新冠肺炎疫情的蔓延,粮食安全问题更加突出,新乡市在扎实做好疫情防控工作的同时,积极引导群众科学开展农业生产,确保小麦、玉米等主要粮食作物的春播面积保持稳定,加强农资监管,守牢耕地保护红线,加强粮食生产核心区建设,确保年粮食产量稳定在 90 亿斤以上。

1. 小麦

新乡解放之前,由于地力贫瘠,病害严重,小麦种植面积不大,产量不高。1949 年以后,农村实行了土地改革,通过选用良种和采用先进栽培技术,小麦产量逐步提高。至 1985 年,全市小麦种植面积近 386 万亩,单产达 227 公斤,总产达 87.5 万吨。

1986 年以来常年种植面积 400 万亩,以产量高、面积大、品质优良、蛋白质含量高而闻名全国,新乡市成为河南省重要的小麦主产区和商品粮产区之一。

20 世纪 90 年代后，新乡市提出了“发展优质强筋小麦为突破口，促进粮食优质化”的新思路。2000 年，新乡市被河南省确定为优质专用小麦生产基地市。2011 年，小麦亩均单产突破 1000 斤。2018 年，全市小麦播种面积 545 万亩，其中“新麦 26”等强筋优质小麦占约 112 万亩，全市共建立种子繁育田 80 多万亩，为做强新乡优质小麦产业打下了较好的基础。当前，新乡市仍然重点发展优质小麦，提出了至 2025 年优质小麦发展到 150 万亩的新目标。

2. 玉米

新中国成立初期，玉米主要用作口粮，由于当时生产条件落后，玉米的种植面积和产量均不占优势。随着生产条件的改善、优良品种的推广和应用，玉米单产有了大幅度提高。1978 年，玉米面积占秋粮种植面积的一半多，产量占秋粮产量的近 62%，创历史最高水平。1986 年以来，常年种植面积在 180 万亩左右，其产量仅次于小麦。由于玉米杂交种的推广，化肥施用量的增加，农田基本水利设施的改善，玉米单产稳步增加，至 1995 年单产由 1986 年的 205 公斤提高到 379 公斤。

自 20 世纪 80 年代以来，玉米的主要用途逐步由食用转变为饲料和工业原料。1996—1997 年，畜牧业快速发展，玉米价格上涨，种植效益较高。1996 年玉米种植面积增加到 220 多万亩。2000 年全市播种面积约 203 万亩，单产平均 373 公斤，总产近 76 万吨。2019 年，新乡市政府要求扩大饲用玉米和鲜食玉米的种植，大力推进玉米秸秆饲料化利用，以提高玉米的经济效益。

3. 水稻

水稻产量次于小麦和玉米。水稻生产在 20 世纪 60 年代以前主要分布在辉县百泉一带，由于受水量限制，种植面积较小，有 2 万多亩。20 世纪 60 年代后期引黄稻改成功，新乡发展为新型稻区——沿黄粳稻区，种植面积逐年扩大，1990 年种植面积达到 50 万亩。

由于光照充足，日夜温差大，新乡的粳稻产量高、品质好，享誉省内外，尤其是原阳大米在全国都享有一定的声誉，畅销全国各地。至 2000 年，全市的水稻种植面积上升到 80 万亩，单产 504 公斤，成为粮食作物中经济效益最好的作物。当前，新乡市重点发展优质绿色水稻，力争至 2025 年，全市优质水稻种植面积达到 30 万亩，稻渔综合种养水稻面积发展到 3 万亩。

4. 大豆

1949 年，全市大豆种植面积约为 88 万亩，总产量近 2.5 万吨，单产平均 28

公斤。虽然单产较低,但由于用途广泛,既能作粮食用,又能作油料用,且蛋白质含量高,种植面积在一段时期内比较稳定。

大豆种植区域主要分布在原阳、延津、封丘、长垣四县,其中尤以长垣最多。随着经济作物种植面积的增加,大豆种植面积逐年减少,1992 年下降到 32.6 万亩,是历年种植面积最少的一年。由于大豆高产新品种的推广及其配套栽培技术的应用,单产呈逐年上升的趋势。1992 年全市大豆平均单产首次突破 100 公斤。1997 至 2000 年全市大豆种植面积趋于平稳,面积基本保持在 40 万亩左右,总产在 5.8 万吨左右。近年来,大豆生产仍然相对稳定,2018 年,新乡市政府实施粮食生产功能区和重要农产品生产保护区工作方案,为大豆划定了 26 万亩的生产保护区,以实现信息化和精准化管理。

5. 其他杂粮

新乡市种植的杂粮有大麦、谷子、红薯、高粱、绿豆等。杂粮的种植面积主要由市场需求来调节。其中有些作物在历史上曾占有重要的地位,例如新中国成立初期,大麦曾在夏粮生产中占有一定的地位,谷子面积仅次于玉米,居秋粮第 2 位。由于市场需求的变化,这些杂粮目前仅是零星种植。

(二)经济作物

新乡市经济作物主要有棉花、油料、水果、蔬菜、花卉、食用菌、中药材等。

1. 棉花

棉花在新乡种植历史悠久,在经济作物中面积最大。新乡市棉花产量大,质量好,产地集中。新乡县和获嘉县是棉花集中产地。新乡县被国家定为优质商品棉基地县。

新中国成立前,由于品种不良,栽培技术落后,棉花单产很低。1949 年全市棉花种植面积约 48 万亩,总产 3700 吨,单产仅有 7.8 公斤。随着新乡市纺织工业的发展,棉花种植面积迅速扩大,单产大幅度提高。1984 年棉花种植面积近 127 万亩,总产 7.6 万吨,单产 60 公斤,一定程度上增加了农民的收入。随着国家的宏观调控,棉花种植面积大幅度下降。1986 年棉花种植面积减少至约 66 万亩,总产为 3.5 万吨。随后几年,新乡市棉花种植面积逐年上升,到 20 世纪 90 年代初期,棉花种植面积上升到 120 万亩。1996 年以后,由于市场因素的变化及棉铃虫灾害的影响,棉花种植面积逐渐减少,2000 年棉花种植面积减少到 40 万—50 万亩。近年来,棉花种植面积减少的趋势更加明显,2019 年,棉花种植面积约 1.6 万亩。

2. 油料

油料是新乡市主要经济作物，地位仅次于棉花。主要品种包括花生、油菜和芝麻。油料作物总的种植面积由 1986 年的 55 万亩左右增加至 2000 年的约 129 万亩。总的趋势是油菜、芝麻种植面积逐年减少，花生种植面积大幅度增加。2000 年，油菜、芝麻种植面积降低到 9 万亩左右，花生种植面积约 120 万亩。花生产区集中在沿黄河沙区、黄河故道区以及太行山前丘陵沙区。至 2019 年，油料种植面积 117 万亩左右，油料产量约 34 万吨。当前，新乡市以延津、原阳、封丘、长垣、卫辉等县市为主，重点发展绿色优质花生，提出了至 2025 年优质花生发展到 140 万亩的目标。

3. 水果

1949 年水果总产为 8000 多吨。新中国成立后，党和政府先后在各县区建立了园艺场和技术推广体系，大力扶持水果生产。1986 年，新乡市果树种植面积为 7.7 万亩左右，其中苹果种植面积占总面积的 49%，其他主要水果品种有葡萄、桃树、梨树、柿树、枣树等，水果总产量 2.5 万吨。

1996 年果树种植面积上升至近 27 万亩，苹果种植面积增幅最大。由于苹果的盲目发展，其价格持续走低，效益明显降低，出现毁树复耕现象，苹果种植面积下降，桃、葡萄、杏、枣等都有不同程度增加。到 2014 年全市水果种植面积达 30 万亩，总产 51 万吨。当前，新乡市围绕郑新融合，充分发挥黄河滩区的光热资源优势，大力发展水果种植，建设了一批水果生态观光园，既丰富了早熟水果的种类，又提高了当地生态带的观赏性。新乡市提出了至 2025 年水果发展到 32 万亩的目标。

4. 蔬菜

1985 年以前，全市蔬菜种植面积仅有近 3 万亩，总产量约 10 万吨。菜田主要分布在郊区（今牧野区）、北站区（今凤泉区），所生产蔬菜主要用来保障市区居民的日常消费。1986—1988 年全市按照“统一规划、合理布局、相对集中、高产高效”的原则，在近郊县（市）区建成近 6 万亩的蔬菜基地，年产量约 23 万多吨。至 1997 年，远郊和各县（市）蔬菜基地达到 50 多万亩。

2000 年，新乡市栽培的蔬菜品种已有 11 类 200 多个品种，全市蔬菜种植面积发展到 72 万亩，总产量 250 万吨，蔬菜外销量大约 130 万吨。传统的名优产品有封丘县的芹菜、延津县的菠菜、北站区的张门大葱、辉县的露头青萝卜、郊区丰乐里的青茄等。2019 年全市蔬菜种植面积 81 万多亩，蔬菜产量 308 万吨左右。2019 年，新乡市提出至 2025 年蔬菜发展到 100 万亩的新目标。

四、新乡农业的名优特新产品

新乡农业发展历史悠久，地域生态各异，物产丰富，地方名优特新产品数不胜数。

（一）原阳大米

原阳大米依托黄河“悬河”积淤种植，实行黄河水自流灌溉。土质肥沃而无污染，土壤结构完好，再加上太行山口昼夜温差大的气候特点，成就了原阳大米的优秀品质。[①] 所产大米具有营养丰富、晶莹剔透、清香味爽、软筋香甜的特色，深受消费者和市场的宠爱。

原阳县水稻种植的历史可追溯 4000 年之久。自古以来，先民们就认识到原阳这方厚土是种植水稻的风水宝地。20 世纪 60 年代末，原武公社进行“引黄稻改”试验，70 年代在全县推广水稻种植。改革开放以来，原阳人民兴修水利，引黄灌溉，洗碱治水，翻淤压沙，种稻面积逐年扩大，科技含量和产量逐年提高。1994 年，原阳大米获全国优质农产品展销会金奖，被《人民日报》称为“中国第一米”。2000 年，种植面积达到了 30 多万亩，占全县农作物种植面积的 70%。2004 年全县优质水稻种植面积已达 40 万亩。

20 世纪 90 年代，原阳稻米产业的雏形已基本形成，以发展优质无公害水稻种植为突破口，以稻米加工转化升级为主要措施，稻谷的加工业迅速发展，形成了以“原黄米业公司”和“珍玉米业公司”为龙头的多家大米加工工业，辐射带动了 3 万多户农民。1999 年 11 月，原阳县第一家群众合作经济组织“原黄牌”大米销售协会成立，原阳大米行销全国。流通带动了水稻生产，增加了农民的收入。

20 世纪 90 年代至 21 世纪初，是原阳大米的辉煌时代，曾多次荣获国家级金奖，声誉久盛天下。但近年来，由于各种原因，原阳大米不复当年的辉煌。

（二）延津小麦

“全国小麦看河南，河南小麦看新乡，新乡小麦看延津。”在延津当地，还有

---

① 原阳县地方史志编纂委员会：《原阳县志（1986—2000）》，中州古籍出版社 2010 年版，第 133 页。

一种说法,"延津小麦看司寨,司寨小麦看平陵"。平陵种植优质小麦始于1998年,当年平陵村推广种植了5000多亩优质强筋小麦,农民喜获丰收。第二年,优质小麦就开始在本乡及周边乡镇大面积种植。经过20多年的不懈努力,延津县小麦常年种植面积达到100多万亩,先后被授予"中国优质小麦产业化示范基地"等多项荣誉。① 延津小麦质优、绿色、有机,曾经创造了多项"全国第一","延津强筋小麦"的区域品牌享誉全国。

"中国第一麦"的品牌形成后,延津县深入推进小麦供给侧改革,加大科技投入,多措并举,提升发展质量。一是搭平台,组建了以新良公司、金粒麦业、嘉合公司、金粒面业为核心公司的新乡小麦产业集团,以提高小麦产业的综合效益。二是展形象,高质量举办新乡小麦产业博览会,展示了延津县优质强筋小麦生产基地建设、优质种子培育、面粉及面制品发展、品牌创建和农业合作社发展等方面的内容,进一步扩大了延津小麦的品牌效应。茅台集团、郎酒等多家企业闻香而来,与延津小麦产业建立了长期的合作关系,为当地农民提供了更加广阔的就业平台。

2020年,延津国家级小麦现代农业产业园正式步入实施阶段。产业园具有小麦种植、加工、研发、物流、综合服务等多项功能,为延津小麦提供了更加宽广的发展平台。

(三)延津胡萝卜

胡萝卜为延津地方特产,种植历史悠久,发源地为小潭乡小吴村,明朝万历年间曾被选为贡品而名扬天下。因为地理条件优越,延津胡萝卜不仅个大色鲜,而且口感脆甜,被誉为"小人参"。经县、乡两级政府多年扶持开发,种植面积由1985年的800亩,发展到1995年的3000亩,2000年种植面积发展到1万亩,种植区域扩大到10余村,并建立了小潭胡萝卜专业批发市场,产品远销湖北、广东、海南、山东等地。"延津胡萝卜"在农业部2012中国农业品牌发展推进会上被评为"2011年度最具影响力中国农产品区域公用品牌"。为实现规模化种植,新乡以延津县小潭乡为主建立万亩胡萝卜基地。2020年,仅小吴村就种植胡萝卜2200多亩,产品远销海内外,带动了群众发家致富。②

---

① 刘先明:《延津国家级小麦现代农业产业园建设步入实施阶段》,《新乡日报》,2020年3月18日。

② 翟京元:《头雁展翅　群雁齐追》,《新乡日报》,2020年7月1日。

（四）封丘金银花

封丘县金银花种植历史悠久，至今已有1500多年，荣获“中国金银花之乡”的美誉。悠久的历史、优越的自然地理条件，再加上科学的管理，造就了封丘金银花独特的卓越品质。封丘金银花畅销国内外，为中药现代化和人类的健康做出了巨大贡献。

封丘金银花花蕾精长肥厚，色泽艳丽，药用疗效和保健价值很高。20世纪80年代，国家医药公司确定封丘县为金银花生产基地，90年代封丘县成为金陵药业、哈药二厂、竹林众生等国内知名大型制药企业的药源基地。2002年，封丘金银花实现了五个全国之最——人工种植面积最大，单位面积产量最高，管理技术最好，品质最优，经济效益最佳。①

20世纪80年代中期，由于市场原因，金银花种植面积锐减至2000亩。1991年，河南省金银花生产会议在封丘召开，决议扩大金银花生产基地建设。1992年，全县开始大规模种植金银花。封丘县制定了一系列优惠政策，并加大科技投入，聘请中科院封丘农业生态试验站、河南农业大学等多家单位的专家对金银花的种植管理、烘烤加工进行指导。至1999年，全县金银花种植面积达7万余亩，大大增加了农民收入。金银花生产基本上形成了龙头公司连基地、基地连农户的产业化格局。近年来，封丘县大力打造封丘金银花品牌，扩大封丘金银花的品牌效应。封丘道地金银花常年种植面积达10万亩，变成了农民增收致富的幸福之花。

（五）封丘树莓

树莓，又称覆盆子，是当今风靡世界的第三代水果中的佼佼者，欧美称之为“红宝石”“癌症的克星”“生命之果”。树莓，全身皆可入药，是一种重要的药材，药用价值发展潜力巨大。由于具有众多保健功能，树莓产品长期风靡欧美。

封丘气候、土质十分适合树莓的生长。2002年封丘开始种植树莓。2005年，封丘县青堆树莓专业合作社成立，至2009年，树莓年产值600余万元，树莓种植面积1800余亩，生产树莓360余吨。青堆树莓专业合作社实现跨地区发展，社员辐射封丘、长垣两县十余乡镇，树莓苗木销售与技术推广至8个省，扩大了封丘树莓以及河南树莓产业在全国的知名度。合作社所出产的树莓，果实

---

① 封丘县地方史志编纂委员会：《封丘县志（1986—2002）》，中州古籍出版社2010年版，第253页。

大、口感好、产量高、无污染，生产成本低。为了做大做强树莓产业化经济，合作社在树莓鲜果的基础上，与中国树莓课题组签署技术依托协议，生产有树莓冻果、树莓冻干果、树莓饮料等一系列树莓深加工产品，形成了由单一种植转向加工的产业化链条。2007 年，注册了“津思味”商标，产品远销我国 30 多个大中城市。

封丘在国家扶贫政策支持下大力发展树莓产业，形成了树莓果木培育、基地种植、果品深加工、储运销售、产品研发、出口创汇、生态旅游等完整集群产业。2014 年，中国经济林学会正式确定封丘县为“中国树莓之乡”。2015 年以来，封丘县每年举行树莓节，扩大品牌的影响力。2016 年，封丘县树莓种植面积达到 6 万亩，成为全国树莓种植第一大县和河南省最大的树莓无公害生产基地，也是全国唯一的冻干果和树莓饮料加工基地，为促进封丘乡村振兴做出了积极贡献。目前，树莓种植专业合作社已有近 20 家，封丘树莓合作社社员亩均增收 8000 多元，树莓真正成了农民的“致富果”。

（六）辉县山楂

山楂是辉县山区常见的一种果树，当地村民都叫它“山里红”。辉县山楂果实浑圆，色泽艳丽、鲜红，鲜食口感好，药用价值高，有“豫北红”的称号。

辉县山楂种植始于清朝康熙年间，已有 350 多年栽培历史。后庄乡小井村有一棵生长了 270 余年的山楂树。相传清康熙年间，此树由山东采码芽接，周围群众凡接山楂树都来此采码，故称之为“山楂爷”。该树老而不衰，在果农的科学管理下，枝叶茂盛，平均年产山楂 250 多斤。河南科技学院的韩德全教授对辉县山楂多有研究，韩教授的《山楂志资料》对这棵“山楂爷”作了记录，并拍下了珍贵的照片。1984—1988 年在全面调查研究的基础上，韩教授以辉县为基点，对太行山区山楂资源进行了系列开发研究，1990 年韩德全等发表了《河南省太行山区山楂资源开发利用研究》，对当地的山楂生产做出了积极贡献。

20 世纪 70 年代，辉县市大力发展山楂种植，经济效益明显。山楂种植不仅成为当地村民的致富之路，还给辉县市赢得了很多荣誉，辉县市成为全国五大山楂产地之一。① 20 世纪 80 年代，辉县山楂制品企业纷纷上马，但由于不注重产品的质量和品牌的效应，“辉县山楂”的声誉受到很大影响，失去了市场的青

① 郭书武：《乡村振兴山楂红》，《新乡日报》，2020 年 11 月 9 日。

睐。曾经给农民带来致富希望的山楂,并没有给村民带来富裕的生活。人们对山楂种植的热情越来越低。

2019 年,乡村振兴战略实施以来,辉县市下决心重新打造辉县山楂的品牌,以带动山区村民脱贫致富,振兴乡村经济。山楂加工厂、山楂种植基地、山楂特色小镇将在辉县乡村振兴中大展身手。

(七)卫辉卫红花

红花在卫辉市有着悠久的栽培历史,历史上卫辉府的红花、怀庆府的菊花、彰德府的棉花被誉为"豫北三花"。卫辉市的红花被誉为"卫红花",因为良好的药用功效而成为道地的中药材。"卫红花"是河南省历史悠久的名优特产,荣获"2012 最具影响力中国农产品区域公用品牌",在全国市场乃至国际市场上享有盛誉。

2009 年,卫辉市鑫福林卫红花种植合作社成立,经过十多年的发展,已成为国家级专业农民合作社,大大增加了当地村民的经济收入。目前卫红花的种植面积已达 2000 亩。为保护开发"卫红花",卫辉市的卫红花种植专业合作社与河南省高校中药材工程技术保育及研究中心、河南科技学院生命科技学院、新乡医学院药学院进行紧密合作,通过产、学、研相结合,加快了品种优化改良,实行了无公害化种植和标准化管理,大大提高了"卫红花"的质量和产量,促进了当地农民增收。

(八)辉县香稻

辉县香稻是辉县市的特产,当地作为待客珍品。辉县香稻其米呈短椭圆形,色泽乳白,具有浓香味,质糯性,最适煮粥和做糕点、酿酒。辉县香稻,是我国水稻名贵品种之一,在豫北太行山一带,泉水灌溉稻区,香稻种植历史悠久。靠近百泉河的楼根、八盘磨、西王庄、三小营、中小营等村,泉水环绕,土地肥沃,很早就是香稻的集中产区。后来辉县香稻逐渐扩大到豫北各县种植。

关于香稻的起源无考,在辉县仅有一个相关的神话。很久以前的一个秋天,一群金雁飞越百泉上空,一只被击伤的雁跌落下来,被一位善良的农民救起,经其精心治疗,这只孤雁重返蓝天。次年春,此雁口衔一棵金色稻种返来,交给这位农民栽培,收获后做成饭,奇香四溢,群众赞叹不已,遂给其起名叫"香稻"。

(九)辉县冀屯食用菌

冀屯食用菌种植起步于 2000 年,至 2002 年全镇食用菌大棚发展到 8000 多个，食用菌产业初具规模，并在北京、郑州等城市打开了销售市场。2015 年，全镇抓住辉县市委、市政府对发展食用菌生产提供贴息贷款的有利机遇，加大了高档菇种植比例，新建改建双孢菇立体种植大棚 1200 多座，全镇双孢菇总产 5000吨以上。近年来，冀屯镇已发展出 10 多个食用菌生产专业村，生产品种有平菇、双孢菇、杏鲍菇、木耳等 11 个品种，形成“产、供、销、加”一体化的产业化格局。经过 20 多年的发展，冀屯食用菌产业从无到有，从有到逐步完善。冀屯镇已成为全国最大的食用菌生产基地。截至 2021 年，冀屯镇拥有食用菌大棚 12000 个，年产值 10 亿元，大大增加了当地农民的经济收入，为村民找到了致富的好门路。[①]

第二节　科技兴农——当代新乡的农业成就

新中国成立以来，新乡广大干部和群众平整土地，培肥地力，兴修水利，引黄灌溉，科学栽培，经过 70 多年的努力，农业生产能力和抗灾能力明显提高，农业产量实现了由低产到中产、由中产变高产、由高产到优质的转变。这些辉煌的成就，一方面得益于党和政府带领全市人民大搞农田基本建设，改善了生产条件；另一方面得益于农业科技成果的大面积推广应用。科技是农业发展中最活跃的因素，科技进步是农业发展的根本出路。

一、农业机械化水平大幅度提高

1954 年，全市只有 1 台拖拉机；1963 年，各县先后建立了拖拉机站，有大中型拖拉机 279 台，农业机械国有国营。1979 年以来，全市农业机械大幅度增加。农村实行家庭联产承包责任制后，原来集体所有的大中型农机无法适应农业发展的需要，20 世纪 80 年代初，农业机械形成了国家、集体、个人多种经营形式并存的新格局。广大农民竞相购买农业机械，农业机械化迅速发展。到 1986 年年底，全市各类拖拉机发展到 2. 9 万多台，收获机械 1. 5 万多台，排灌机械近 10 万台，农产品加工机械 2. 6 万多台。

---

① 李虎成：《冀屯之问》，《河南日报》，2021 年 3 月 15 日。

20 世纪 80 年代,为了提高农业机械的利用率和农田作业的机械化水平,新乡市各级农机管理部门进一步完善农机化服务组织,以促进农机作业的组织化管理。1986—1991 年,全市各级各类农机服务组织已初步形成县为龙头、乡为骨干、村为基础的服务网,重点是提高小麦生产全过程机械化水平和推广机械化深翻、播种、收获、秸秆还田等农机化新技术。1994 年全市农机管理部门组织全市的小麦联合收割机由小麦早熟地区逐渐向晚熟地区流动作业,同时从外地引进机具参加新乡市的小麦收获。2000 年,全市主要农作物综合机械化水平稳定在 80% 左右。市农机局加强了农机化管理、技术和作业服务人才队伍建设,充分利用“阳光工程”培训项目,积极做好农机培训工作。

进入 21 世纪,农业机械和农业机械管理迅速发展,农机安全管理以及农机教育培训得到加强,农机购置补贴政策得到落实。2016 年年末,全市拖拉机约 21.5 万台,旋耕机约 1.1 万台,联合收割机 9000 多台,播种机 8.3 万多台,排灌动力机械 5.3 万多台。2017 年以来,新乡市大力推进农业物资装备现代化,继续实施农机购置补贴政策,在机械化薄弱环节加大投入,以实现主要农作物生产全程机械化。农业机械化、智能化步伐进一步加快,花生摘果机、秸秆压缩机、玉米联合收割机等走进千家万户,各村基本实现机耕、机耙、机播、机收一体化机械作业。

二、农田水利基本建设成就显著

新中国成立前,新乡水利设施很少,旱、涝、碱灾害严重。1949 年以来,新乡市一直把农田水利基本建设作为夺取农业丰收的重要措施来抓,积极开展以“兴利除害、发展生产”为宗旨的农田水利建设,平原地区兴修水利,大力发展引黄灌溉和机井灌溉,山区发展库灌。

新乡打井灌溉历史悠久。新中国成立前,全市仅有人工开挖的大口水井 2 万多眼,井灌面积仅有 18 万亩。到 1987 年年底,全市已有机井近 6 万眼,平原区基本达到 300 亩一井,灌溉面积约 250 万亩,井灌成为农业灌溉的主要设施。至 2004 年,全市机井达 8 万余眼。多年来,新乡市一直坚持打井和维护原有机井,仅 2015 年就完成新打和修复机井 1219 眼。

新乡市境内河、过境河较多,可利用的地表水较丰富,渠灌也是农田灌溉的重要方式。共产主义渠是人工开挖的一条兼有济卫、灌溉、防洪作用的大型引黄灌溉渠。引黄人民胜利渠是新中国成立后黄河下游建设的第一个大型引黄灌溉工程。此后,又相继建起了武嘉、堤南等8处引黄灌渠,有效灌溉面积1289万多亩。截至2004年,全市引黄闸门18处。

经过几十年的发展,全市灌溉面积稳步增加。1949年,全市有29万亩水浇地,只占当时耕地的4%。到1986年年底,全市已有灌溉面积约464万亩,约占全市现有耕地的79%。此后,新乡市连年开展省"红旗渠精神杯"和市"大禹杯"竞赛活动,重点解决引黄和打井配套,集中治理天然文岩渠、共产主义渠、卫河等骨干渠道,开展节水灌溉工程、防洪除涝、山区小流域治理和人畜吃水工程建设。2000年,全市有效灌溉面积达495万亩,占耕地面积的87%;旱涝保收田面积424万亩,占耕地面积的75.2%,实现农业人口人均一亩旱涝保收田。初步建成了兴利和除害相结合,大中小型相配套,天上水、地面水、地下水综合运用的水利工程体系,保证了农业生产的稳步发展。

进入21世纪,农田水利基本建设稳步发展,每年都投入大量资金进行灌区建设、水库水闸除险加固、引黄调蓄工程建设、小农水重点县建设、防汛抗旱工作以及安全饮水工程建设。2019年,新乡市政府发布了整改已建高标准农田水利设施的通知,重点加强农田灌溉机井、泵站、小型集雨设施、硬化灌排渠、桥涵闸、塘堰坝等水利设施的建设。同年,新乡市政府提出了关于提升水利设施保障能力的意见,要求全面落实河长制,实施河道治理工程,重点推进西霞院水利枢纽输水及灌区工程等一批项目的建设。

三、农业基本实现电气化

1952—1962年新乡各地采用汽车发动机、柴油机和水力发电,装机容量小、供电范围小,供电可靠性差。1962—1975年采用国家投资、地方筹资和社队集资的办法,相继建成了一些35千伏输变电工程及配套工程,县办工业、农副产品加工和农村居民逐步用上了电。

1975年以来,农电事业迅速发展,农村电网结构更加趋于经济、合理。1986年年底,全市已有151个乡镇,70多万农户通了电,全市拥有农电人员9709人,其中农民电工6601人,农电管理水平逐步提高,具有良好的供电条件,收到了较好的社会、经济效益。1998年至2000年,郊区和北站区及8个县(市)的电业局利用国家贷款进行大规模的第一期农村电网建设与改造工程,农村供电条件进一步改善。至2017年年末,农村用电量(含长垣)达64.8亿千瓦/时,年增长5.3%。当前,各县供电公司根据本地特色农业产业发展情况及用电需求,进一步优化全市电网配置,加快配电网升级改造,不断提高电网供电可靠性。

四、农用化学工业品的应用

农用化学工业品包括化学肥料、化学农药、化学除草剂、塑料薄膜等。它们对提高农作物产量和农业劳动生产率有着非常显著的作用。其应用变化情况反映了农业科学技术的进步。

1952年,新乡市农村开始使用化学肥料。1953年,全市施用量36.8万公斤,1986年高达4.73亿公斤。此后,化学肥料施用量逐年递增。化学农药在病虫害的防治上见效快、成本低、效果显著。1953年,新乡市开始使用化学农药,当年使用量3781公斤,1986年,增加到270多万公斤,防治面积1800万亩次。随着水稻种植面积的扩大和旱种技术的推广,化学除草已成为重要的增产措施之一。1979—1986年,稻田化学除草累计180万亩,化学除草剂的使用大大提高了经济效益。

随着农业科技的发展,人们对农用化学工业品具有了更加全面的认识。2015年,农业农村部在全国组织开展了"到2020年农药使用量零增长行动",新乡市大力推进农药减量控害,积极探索出高效、产品安全、资源节约、环境友好的现代农业发展之路。全市农药使用量逐年降低,农药利用率逐步提高,有力保障了粮食安全、农产品质量安全和农业生态环境。近几年来,新乡市深入推进化肥、农药零增长行动,进行有机肥代替化肥的试点活动,加大生物、物理防控技术及环境友好型农药和高效施药机械的推广力度,同时健全化肥农药行业生产监管系统和产品追溯系统,以发展绿色农业。2020年,全省化肥减量增效技术培训暨现场观摩会在新乡市召开,将进一步助力新乡农业丰产丰收和农业生态环境的保护。

农用塑料薄膜可以增加热量和抵抗自然灾害的侵袭,从而获得农业生产的高产出和高效益。1986年全市共有塑料大棚685个,占地约523亩,亩均产值达5000元以上,经济效益比一般种植方式高10余倍。2016年年末,全市温室占地面积约6467亩,大棚占地面积3.8万多亩。塑料薄膜农业正以其高产出、高效益的优点,强烈吸引着广大农民的兴趣。近年来,新乡市推广结构合理、采光科学的三代日光温室和性能优良的新型塑料大棚，以提高经济效益。

五、农业科学技术的普及

只有依靠科技进步才能提高农产品的质量和效益，新乡市一直重视农业科普和新技术的推广应用。1986 年年底，全市拥有各类农业技术干部 1999 人，各类乡村级农业服务站 8337 个，服务人员 2.5 万多名，基本形成了以科研、教学和主管业务部门为中心的科技服务网站，为农业生产做出了巨大贡献。

从 1986 年开始，新乡市大规模开展“农业科技承包”“农业科普月”“农业科普之春”等活动，并组织实施农业科技“电波入户”“百村科技示范”等工程，动员组织农业科技、科研、教学等部门的专家、教授、科技人员深入乡村，送科技下乡，科技普及已成经常化、制度化。1986—2000 年，全市共举办各类培训班 3 万多期，印发科技资料 1000 多万份；大量农业新技术、新知识在农村得到应用和传播，农业科技在农业生产中的贡献率上升到 40%。

1986 年市农业环境保护监测站成立，负责全市农村能源的管理、科研、技术推广和农业环境保护、监测、科研及污染的防治治理、生态农业建设等。至 2000 年，全市农村累计推广节柴节煤灶 72.15 万户，占全市总农户的 81%。沼气建设从单一解决生活燃料为目的向综合利用、促进农业可持续发展、增加农民收入方向转变，集中解决养殖场畜禽粪便污染，建设中小型能源环保工程。秸秆气化集中供气技术为秸秆再次利用找到一条新途径。2000 年年底，全市共建秸秆气化集中供气工程 5 处，供气户数 1460 户，供气量 268 万多立方米，利用秸秆量约 1343 吨。2000 年亚洲开发银行官员先后两次到新乡市考察，对新乡市秸秆气化试点给予高度评价。

基层农技推广、质量检测、良种繁育、植物保护、沃土工程、农民培训、农业信息、沼气服务等农业服务体系进一步完善。随着科技兴农行动的持续推进，科技对于农业发展的支撑作用进一步巩固。2015 年，全市建成基层区域农技站 61 个，建立良种繁育基地 80 万亩，选育并通过国定和省审定的农作物品种 6 个，完成测土配方施肥面积 697 万亩次，培育新型职业农民 2331 人，举办各类技术培训班 550 多期，科技下乡 360 多场。近年来，新乡市创新农业科技服务体系，以农业科技助推新乡乡村振兴。

六、农业结构逐步优化

在很长一段时间内,农业坚持执行“以粮为纲”的方针,农业生产结构单一。中共十一届三中全会以来,在“决不放松粮食生产,积极开展多种经营”的指导下,新乡市对农业产业结构进行了积极稳妥的调整。1986 年,粮食作物和经济作物的比重发生了很大变化,经济作物面积约 123 万亩,比 1978 年增长约 39%。20 世纪 90 年代初期,全市主要开展农业综合高产开发,确保粮棉油稳定增长,农业生产由追求产量增长向高产、优质、低耗、高效的目标转变。

20 世纪 90 年代中期以来,市委、市政府调整农业发展重点,对农作物进行“一优双高”开发,引进与推广优质农作物新品种,使传统的“粮食—经济作物”向“粮食—经济作物—饲料作物”三元结构转变,提高农作物的综合效益和利用率;发挥区域比较优势,以市场为导向,实施以发展优质强筋小麦为重点的粮食优质化工程;在原阳县、封丘县、长垣县发展优质水稻 80 万亩,生产的大米享誉国内外。1998 年,《新乡市农业结构调整工作的意见》指出,淘汰低质劣质产品,适当压缩大宗粮食作物面积,扩大优质品种在农业中的比重,扩大高效经济作物在种植业中的比重。2000 年,全市发展优质高效经济作物种植面积 280 万亩,农业种植业总产值达到 73.64 亿元,比 1996 年增长 20.2%,粮食与经济作物种植比例由 20 世纪 80 年代的 80∶20 调整到 70∶30。

至 2011 年,蔬菜、花卉和食用菌等特色高效经济作物种植面积达 350 万亩,其中获嘉县的鲜切花基地建设被时任省长郭庚茂称为农业结构调整的成功典范;凤泉区大块镇积极推进农业结构调整,目前已形成亚华园林苗木花卉基地、云乡源农业合作社等 10 多家苗木基地。2015 年全市经济作物面积 290 万亩,产量 360 万吨,粮经比达到 65∶35。近年来,新乡市以建设现代农业为载体,借助科教优势、区位优势,强力推动农业产业结构调整,都市生态农业已呈现一定规模,特色高效农业也取得明显进展。农业生产结构不断优化,从平面布局转向了立体架构,产业结构基本适应市场需求,新乡市力争至 2025 年将粮经饲结构调整到 59∶39∶2。

七、农业综合生产能力显著提高

新中国成立初期,新乡农业“靠天吃饭”,广大农民缺少农用物资和生产技术，不仅缺乏化肥、农药、排灌设备，甚至土犁、土井等简单的农机具和设备也不齐全，抗御灾害的能力很低，产量低而不稳。新乡市广大干部群众坚持大兴水利建设，改良土壤，建设旱涝保收田；大力开展养猪积肥、造肥活动；改革耕作栽培制度，推广粮食作物的增产经验；实行科学种田，推广应用新技术。经过20多年的坎坷发展，至1975年农业生产条件有了明显改善，抗御灾害的能力显著增强。

1978年，随着党中央对经济体制的一系列改革和对农业科学技术的高度重视，全市的农业进入了一个快速发展的时期。20世纪90年代中期以后，全市农业产品相对过剩，价格下滑，效益降低。优化种植业结构，促进农民增收成为农业发展的新思路。进入21世纪，全市农业全面步入高质、高效、产业化经营阶段。全市加快转变农业发展方式，提高农业物质技术装备水平，建设现代农业，加强农业的基础地位。坚持不懈推进科技兴农，初步构建了以国家、省、市三级农业科研研究所和国内知名龙头企业为支撑的现代发展体系。

近年来，新乡粮食“质”“量”齐升，全市粮食综合生产能力不断提高，实现了土地增效、农业增产和农民增收。2015年，高标准粮田惠及全市所辖各个县市，为30多万农户带来了实惠，畜牧生产能力逐步提高，新乡市粮食总产达到了近73亿斤。2020年，为了有效应对新冠肺炎疫情的影响，确保全面建成小康社会圆满收官，新乡市政府强调指出，为了继续提升农业综合生产能力，始终扛稳粮食安全重任，要抓好春季农业生产，推动布局区域化、产品绿色化、生产标准化、经营规模化、农业产业化、营销品牌化、服务社会化。

八、农民收入不断增加，农民生活逐步改善

中共十一届三中全会以后，新乡农业进入一个快速、高效的发展时期，全市农村经济快速健康发展，农民生活水平日益提高。1986年全市农民人均纯收入达401元。20世纪90年代后期，农产品价格不断下跌，乡镇企业面临激烈的市场竞争，农民收入增长幅度趋缓，甚至下降。全市调整农业结构，采取多种措施促进农民增收，至2000年农民收入增长下滑的趋势得到遏制，农民人均纯收入达到2165元，比1986年增加1764元[1]。2006年以来，新乡市强力统一规划，并

---

① 新乡市地方史志编纂委员会：《新乡市志：1986—2000》，中州古籍出版社2008年版，第356—357页。

强力推进新农村建设、县域经济发展、新乡都市区建设，成效明显，大幅改善了农民的生活水平。至2010年，农村实现了县县通高速，村村通油路的目标，农民负担进一步减轻，新型农村合作医疗得到普及，新型农村养老保险制度改革继续推进。至2014年，全市农民人均纯收入突破万元大关，增长10.3%，连续11年快速增长，增幅连续5年超过城镇居民，工资性收入占到农民收入的55%。近年来，随着精准扶贫和乡村振兴战略的实施，农村生活环境、精神文化生活都有了大幅度的提高。

九、农村扶贫开发成效显著

新乡市有组织、有计划地开展扶贫开发是从1986年开始的。至1993年年底，省定贫困乡由50个减少到16个，贫困乡人均纯收入由1986年的150元增加到316元，农村贫困人口由115万人减少到36万人。1994年，市政府制定了《新乡市1994—2000年扶贫攻坚计划》，各有关县(市)同时制定扶贫攻坚计划。社会各界采取不同形式参加扶贫攻坚战，1994—2000年，基本解决36万贫困人口的温饱问题。

进入21世纪，精准扶贫提上日程。2014年新乡市部署了贫困人口建档立卡工作，最终确定农村贫困人口7.2万户，27万多人，贫困村876个，重点贫困村445个。其中封丘县是国家扶贫开发重点县，原阳县是省定扶贫开发重点县。近年来，“党建扶贫”创新模式在封丘县精准扶贫工作中成效明显，扶贫工作队和当地党员干部在黄河滩区搬迁建设上，积极探索，帮助滩区贫困户脱贫致富，解决了存在多年的黄河滩区贫困难题。

2017年，新乡市委、市政府坚决贯彻落实党中央、国务院，省委、省政府脱贫攻坚决策部署，坚持精准扶贫、精准脱贫，强化责任落实、政策落实、工作落实，扶真贫，真扶贫，圆满完成了年度目标任务。近年来，新乡市政府继续巩固原阳县、封丘县脱贫致富成果，重点防止返贫，持续推进精准扶贫。新乡市政府提出，到2020年农村贫困人口实现动态脱贫，贫困地区人均可支配收入增幅高于全省平均水平，基本公共服务主要指标达到全省平均水平。[①]

---

① 新乡市人民政府:《新乡市人民政府关于加快建设现代化经济体系推动经济高质量发展的实施意见》,《新乡市人民政府公报》2019年第5期,第15—27页。

十、乡村振兴取得明显成效

根据中共十九大提出的“乡村振兴”战略，新乡市努力探索乡村振兴的“新乡路径”，统筹推进乡村产业振兴、人才振兴、文化振兴、组织振兴。2017 年以来，新乡市围绕农民和土地的关系，深入推进农村五项改革：农村集体产权制度改革、宅基地改革、土地利用综合改革、承包地“三权分置”改革和集体经营性建设用地入市改革。[①] 新乡市各级书记多次召开关于农村五项改革推进乡村振兴的现场会，讨论深化农村五项改革的具体问题。为了深化农村五项改革，新乡市实施了“五个一批”工程，为乡村振兴选出优秀的村党支部书记。

新乡市农村五项重点改革为广阔的牧野大地带来了新的发展机遇，为广大的乡村注入了活力。在辉县市，首宗集体建设用地成功入市；长垣市云寨村宅基地改革取得突破，普通的村庄建成了“花香云寨”；卫辉市唐庄镇田窑村利用改革盘活土地，新建了民宿楼，改善了乡村的居住环境；多年欠账的获嘉县照镜镇东彰仪村通过集体产权制度改革，不仅还上了多年的债务，还利用土地流转增加了村集体的收益，建起了蔬菜基地。这些村子的改变是牧野大地上乡村振兴的缩影。

至 2019 年，新乡市形成了农村三块地改革“长垣模式”、集体产权制度改革“获嘉样板”、红分制管理“冀屯典型”等，涌现出丁栾镇官路西村、照镜镇东彰仪村、翟坡镇东大阳村等一批充满活力的示范乡村。农村环境显著改善，99%的村庄建立了卫生长效保洁机制，完成 16. 6 万户农村无害化卫生厕所；全市农村集体产权制度改革任务提前完成；乡村治理能力不断提升，创建文明村镇 900 多个，全市 49 个乡镇 90 个行政村成为积分管理试点，有效破解了“政府干、群众看”的问题。2020 年，新乡市加快补齐发展短板，建立乡村振兴专项资金，加大对农村集体经济组织的扶持力度，出台应对疫情的“三农”专项扶持政策，使农民生活更加富裕。

---

① 马丙宇：《新乡市农村五项改革改出乡村振兴新活力》，《河南日报》（农村版），2020 年 7 月 7 日。

第三节　当代新乡的农业科技研究

人多地少、人增地减，人均资源少是新乡市农业发展面临的突出矛盾，而社会发展对农产品的需求不断增长的趋势是不可逆转的。这就决定了农业的可持续发展离不开科技进步。农业科技的进步提高了土地产出率、资源利用率、劳动生产率，提高了农业集约化水平。新中国成立以来，由于党和政府的重视，新乡市农业科学技术研究取得了显著成绩。农业科技研究涵盖农作物新品种的选育和推广、农业栽培新技术的推广应用、土壤肥料研究、植物保护研究等多个方面。

一、新乡市农业科技研究的主要单位

新乡市农业科技支撑力量比较雄厚，汇集了新乡市农科院、中国农科院农田灌溉研究所、中国农科院新乡综合试验基地、中科院封丘农业生态实验站、河南省农科院现代农业科技试验示范基地、河南师范大学、河南科技学院等10多所国家、省、市、县级涉农科研院所、院校，具有强大的研发推广实力，构成了新乡市得天独厚的农业科技研发、立体支撑优势。

（一）新乡市农业科学院

新乡市农业科学院是新乡市人民政府直属的全市唯一的农业科研事业单位，主要承担农作物新品种的培育和各种农业新技术的研究、试验、示范及推广工作。全院现有职工298人，其中享受国务院特殊津贴的专家6名，省、市优秀专家和技术带头人17名。下设8个行政管理处（室）和小麦、玉米、秋粮、蔬菜、现代农业、经济作物、植物保护、植物营养与资源环境、生物技术、食用菌、农业经济与信息、农副产品加工等12个专业研究所和1个综合试验站。

改革开放以来，广大科技人员励精图治，锐意创新，大胆进行了科研体制的改革，坚持农业科技面向农村经济发展的方向不动摇，按照有所为有所不为的原则，调整科研方向，面向市场选课题，突出优势搞科研，科研工作连创新高。选育出的新品种一经推出，便受到农民的广泛欢迎和市场的认可，有力地推动了农村经济的发展。

新乡市农科院始终定位于服务当地、当前农业生产，为新乡和全省乃至全国农业生产做出了突出贡献，科研成果累累，创造了多项全国、全省第一，创造了数百亿元的社会效益。自 1978 年全国科学大会以来，共获得科研成果 300 多项，其中国家级成果 5 项，省、部级 125 项，市级 170 项，育成农作物新品种 113 个。在“十五”全国地市级以上农林科研单位综合实力评估中，晋级全国百强院所，居河南省地市级农业科研机构首位。

(二)中国农业科学院农田灌溉研究所

中国农业科学院农田灌溉研究所于 1959 年成立于北京，1963 年迁到新乡市。现有在职职工 158 人。主要从事农田灌溉排水领域的应用基础研究和技术开发，研究方向主要包括灌溉技术与设备、排水技术与设备、作物—水关系及水分高效利用技术、农业水资源合理利用与水环境保护、农田生态系统物质和能量循环规律及高效利用技术等。建所以来，获得科技成果奖励 164 项，其中国家级奖励 12 项，省部级奖励 90 余项。建有农业水土工程学科博士、硕士学位授权点和农业水土工程博士后流动工作站。

(三)中国农业科学院新乡综合试验基地

中国农业科学院新乡综合试验基地，简称新乡基地，是由中国农业科学院和新乡县人民政府共同建立的。新乡基地是以农业科研创新和科技服务“三农”为基本功能定位，立足新乡、面向河南、辐射黄淮海区域的国家综合试验示范基地。基地总规模一万余亩，其中建设用地 212 亩，农业用地 1 万亩。

新乡基地开展作物新品种培育与高效种植、林果新品种培育与高效种植、植物保护、资源环境、设施农业、中低产田改造、区域综合治理等方面的科学研究、试验示范、成果转化推广等工作。现已有植物保护研究所、作物科学研究所、郑州果树研究所、环境与可持续发展研究所、蔬菜花卉研究所、农田灌溉研究所等 6 个研究所进驻基地内。新乡基地为新乡地区提升粮食综合生产能力、发展现代农业和繁荣农村经济有不可估量的作用。

(四)河南省农科院现代农业科技试验示范基地

河南省农业科学院现代农业科技试验示范基地，简称平原示范区基地，位于黄河北岸新乡市平原示范区境内，占地 5756 亩。平原示范区基地是一座多功能的综合试验基地，包括农业科学试验区、农业高新技术产业项目区、现代农业展示区三大部分。平原示范区基地的建设为我省植物保护、生物农业、农业栽培、农副产品加工、节水农业、生态农业、农作物育种、无公害生产等农业科学技术研究、科普和展示提供了全新的平台，同时也为新乡现代农业的持续发展提供了有力支撑。

（五）河南科技学院生命科技学院

河南科技学院生命科技学院的前身是建于1949年的农学系，是该校成立最早的院系之一。该院分设三个系：农学、生物工程、生物技术。学院现有教职工125人。生命科技学院建有多个省级实验室，如“河南省棉麦分子生态与种质创新重点实验室”“棉花基因工程育种与有害生物防控河南省工程实验室”；同时还设有多个省级科研平台，如“河南省杂交小麦工程技术研究中心”、河南省棉花遗传改良与害虫防治院士工作站。

生命科技学院在教学成果、人才培养、农业科学研究等多个方面都取得了丰硕的成果，为社会输送各类农业技术人才11000多名，培育小麦、棉花等农作物新品种70多个，多次获得国家级和省级科技成果奖和教学成果奖，涌现出了以茹振钢教授为代表的一大批农业科研专家。该院注重产学研的高度融合，积极推进科技成果转化，多次开展农业技术人员培训，促进该院的新技术、新成果走向新乡、河南省乃至全国的田间地头，为地方社会经济发展做出了积极贡献，为河南省粮食安全和国家粮食安全做出了重大贡献。

（六）河南师范大学生命科学学院

河南师范大学生命科学学院的前身是始建于1923年的原中州大学理科和创建于1951年的平原师范学院生物系，是我国高等院校中最早成立的生物学系之一。学院拥有生物科学、生物技术、生态学、生物工程、食品质量与安全等5个本科专业；拥有生物学、生态学2个一级学科硕士学位授权点，以及学科教学（生物）、生物与医药、农艺与种业、食品加工与质量安全4个专业硕士学位授权点；具有生物学一级学科博士学位授权点、生物学博士后流动站和生物学河南省A类特色骨干学科，环境与生态学进入ESI全球前1%，生物学、生态学一级学科为省级重点学科。

该院拥有小麦研究团队、植物生长发育机理及调控团队、河南省道地药材保育及利用创新型科技团队等8个科研团队。小麦研究团队建立于20世纪70年代初，由石惠恩教授和李春喜教授创建，是河南省小麦高、稳、优、低研究推广协作组的骨干成员。该团队遵循“立足河南，突出特色，深化基础，侧重应用”的宗旨,重点围绕小麦生理生态问题开展科学研究,微观与宏观并重,理论服务于实践,先后承担了多项国家级课题和项目,获得国家科技进步二等奖 1 项、国家重大攻关先进个人奖 2 项、河南省科技进步奖等奖项 37 项。

(七)中国科学院封丘农业生态实验站

20 世纪 50 年代中期,根据国务院的指示,中国科学院组成了由著名土壤学家熊毅和席承藩二位院士领导的土壤调查队,对华北平原的土壤进行了全面调查。20 世纪 60 年代初,根据周恩来总理的指示,中国科学院组织了由多学科人员组成的研究队伍进军华北平原治盐治碱。中国科学院南京土壤研究所在位于黄河北岸的封丘县建立了试验研究基地,对盐碱土的改良和治理进行了长期的定位研究。1983 年 5 月,根据国家区域发展需要,经中国科学院批准,在原有的基础上建立中国科学院封丘农业生态实验站,简称封丘站。

封丘站以黄淮海地区为工作范围,为黄淮海地区的农业发展提供理论、技术和示范,加强与河南省各级政府的合作,将封丘模式向全省示范推广,取得了包括"井灌井排"治理盐碱的理论与实践、调控水肥盐改造中低产田的理论与技术体系以及黄淮海平原农业综合开发的模式研究与示范等一批重要科技成果,为中原经济区建设特别是农业的高效和可持续发展提供了重要的现代农业技术支撑。

(八)原阳县农业科学研究所

原阳县农业科学研究所是县级农科所的代表。原阳县农科所是县政府直属事业单位之一,成立于 1976 年 8 月,现有职工 50 人,科技人员 25 人,试验田 150 亩。原阳县农科所主要职责是开展农业研究,促进农业科技发展,组织参与制定农业科技及农村经济发展中长期规划、计划,农业科技重大项目评估论证,农业新品种培育研制,农业科技服务。

二、主要农作物品种的选育与推广

(一)玉米新品种的研究与推广

新乡市是玉米主要产区,新乡市农业科学院玉米研究所是新乡进行玉米研究的主力军。玉米研究所积极开展玉米杂交优势利用的理论和应用研究工作,在玉米新品种培育上取得了丰硕成果。其中"新双 1 号"曾普及全国,是全国栽培面积最大的双交种;"新单 1 号"是中国在生产上大面积直接利用的第一个单交种,“新双 1 号”和“新单 1 号”带领了全国玉米品种的两次更新。[①] 1990 年,国家农作物品种审定委员会审定通过的“GS 豫玉 5 号”,累计推广面积 3000 万亩以上,经济效益显著,推动全省玉米育种水平又上一个新台阶。在玉米高产栽培技术上,研究总结夏玉米早播增产技术、玉米移栽和速效肥施用技术等,在科研和生产上均有重大意义。

进入 21 世纪以来,玉米研究所通过玉米育种材料的引进、改良和创新,丰富了玉米育种的基因库,加快了新品种的选育速度,培育出多个优良的自交系新品种,玉米成为市农科院科研和转化创收的支柱产业。2000—2013 年先后育成“新单 22”“新单 23”“新单 26”等省级以上审定的新单系列玉米新品种 10 个,实现了早、中、晚熟,高密与中密的配套推广。这些品种在试验中表现优异,在生产上大面积推广种植,取得了显著的社会经济效益。其中“新单 22”“新单 23”的育成与推广,开创了河南省科企联姻、强强联合的科技成果开发与推广之路。2018 年,由新乡市农科院承担的河南省重大专项玉米新品种研究项目,在科技创新方面有了新的突破。其中,“新单 68”和“新单 58”凸显了新单系列品种的优势和生产上的巨大潜力,这两个品种能满足生产上大面积机收作业,对今后玉米生产有很大的促进作用。

（二）小麦新品种的研究与推广

新中国成立初期,新乡市农业科学研究院的小麦研究紧密联系当时当地生产实际,深入农村调查,开展农家小麦品种评选,同时开展栽培技术上的单因素研究,成效显著。郭循谦等从农家品种中评选出来的“平原 50 麦”,闻名全国。20 世纪 50 年代,杂交育种开始起步,60 年代末,培育成功全省第一个自选的半矮秆小麦品种——“矮红白”。20 世纪 60—70 年代主要进行小麦栽培技术研究,基本解决了小麦高产和倒伏的矛盾。20 世纪 80 年代的育种材料,仍按多穗性、大穗性兼容并蓄处理,选出了冬性多穗类型的“百泉 3199”和春性类型的“5809”“5833”。

20 世纪 90 年代,小麦育种的条件得到改善,超高产优质小麦品种“新麦 9 号”选育成功,是小麦研究所在育种上的一次突破。此后,市农科院小麦育种进入快速发展阶段。2000 年后,国家加大对农业科研项目的支持。新乡市农科院

---

① 新乡市农业科学院志编纂委员会:《新乡市农业科学院志:1949—2009》,中州古籍出版社 2009 年版,第 73—74 页。

承担了多项省级、国家级项目,研究经费充足,科研条件得到了很大改善。2000—2009年几乎每年都有新品种育成,先后育成9个不同类型的新品种,新麦系列品种成为河南小麦生产应用的四大系列品种之一。[①] 这一阶段,小麦研究所的育种目标由高产抗病向优质强筋、早熟转变。2007年育成的"新麦26号"超强筋小麦新品种,是小麦研究所在育种上的第二次突破。

小麦新品种选育是市农科院的重点和优势课题。至2017年,先后育成小麦新品种19个,其中"新麦18号"获河南省科技进步一等奖,4个品种被农业农村部推介为全国小麦主导品种,"十五"以来,新麦系列品种在黄淮麦区累计种植面积1.5亿亩,增产优质小麦48亿公斤,创社会经济效益75亿元,为河南省乃至黄淮麦区小麦生产做出了较大的贡献。2018年,市农科院小麦育种又有新突破,"新麦39"通过2018年的省级审定。近年来,市农科院小麦团队对小麦优质、超高产育种原理和方法等进行了许多探索和创新,除"新麦39"以外,还研发了"新科麦169""新麦32""新麦36"三个新品种。这些品种的培育及审定,将进一步优化新乡市小麦生产中的品种结构,丰富新乡市优质专用小麦的生产类型,为新乡市现代农业发展及保障粮食安全生产做出积极贡献。

河南科技学院具有小麦育种的深厚底蕴。为了给小麦育种提供优越的科研条件,学校先后建设了小麦育种中心科研大楼、人工气候室、智能温室以及全国首个小麦根系走廊,并搭建了河南省杂交小麦研究中心、河南省杂交小麦重点实验室等科研平台。同时,学校培养了科研能力强大的团队,如小麦育种科研团队、小麦高光效育种与杂种优势利用创新团队、作物遗传育种团队。学校大力支持本校科研团队与其他科研院所、有关企业合作,开展协同创新,联合进行科技项目攻关研究并推进成果的及时转化,从而大大加快了育种进程,提高了育种效率。

小麦育种科研团队,是农业农村部优秀科研创新团队,连续培育出百农系列小麦品种。其中黄正光教授培育的小麦品种"百农3217"于1983年获国家发明二等奖;茹振钢教授培育的小麦新品种"百农矮抗58"于2013年获国家科技进步一等奖;欧行奇教授育成的"百农207"是近年来黄淮麦区表现最出色、发展势头最好的新一代小麦主导品种。2019年,茹振钢教授育成的"百农4199"

---

① 《新乡市农业科学院志》编纂委员会:《新乡市农业科学院志:1949—2009》,中州古籍出版社2009年版,第97页。

的系列观摩会、推广研讨会在南阳、驻马店、新乡等多地召开,“百农 4199”的高产、优质以及其面粉白、风味好的优良特性,深受种业和农民欢迎。

小麦高光效育种与杂种优势利用创新团队,是河南省科研创新团队,主要研究方向为:小麦高光效育种和小麦 BNS 不育系育性转换分析生物学机理研究。2017 年,河南科技学院承担的“强优势 BNS 型杂交小麦组培与规模化高效制种技术研究”取得重大成果[①],攻克了我国黄淮麦区急需不育系及杂交小麦品种的难题。新型杂交小麦在修武、济源、新乡大面积种植中增产明显,这对于大幅度提高黄淮麦区的小麦产量、增强杂交小麦种业竞争力具有重要意义。

(三)水稻新品种的研究与推广

新乡市农业科学院的水稻科研人员坚持围绕水稻生产中存在的技术问题,采取专业研究与群众生产相结合、试验示范与推广相结合的方法,在水稻品种的评选、选育和配套高产栽培技术等方面进行研究,并将研究成果加以推广。

品种方面,20 世纪 50 年代先后评选鉴定推广了“8 号”稻、“金锦 9 号”等品种,60—80 年代先后育成并推广了“新稻 2 号”“竹单 5 号”“新稻 68 - 11”和新香糯等品种。其中 1968 年育成的“新稻 68 - 11”在沿黄稻区当家长达 20 余年,在发展河南省沿黄水稻生产,提高稻米品质,增加社会经济效益等方面起了很大的作用。20 世纪 90 年代以来,先后育成并审定、推广了“豫粳 6 号”“新稻 10 号”“新稻 18 号”“新稻 19 号”“新稻 25 号”等品种。其中,“豫粳 6 号”育成后迅速普及应用,是黄淮稻区常规粳稻育种的重大突破,1995 年获中国农业科技博览会新品种和优质米两项金奖。[②] 新乡市农科院育成的品种在沿黄乃至黄淮稻区水稻生产上始终发挥着主导作用,使得新乡的水稻育种长期保持在河南省乃至黄淮稻区的领先地位。

河南师范大学生命科学学院与新乡市农业科学院联合选育的粳型常规水稻品种“玉稻 518”,2015 年经第三届国家农作物品种审定委员会审定通过。“玉稻 518”是水稻远缘分子育种的典型代表。根据河南师范大学姬生栋老师的介绍,远缘分子育种是运用生物远缘大分子转移技术,采取种质细胞原位导入的方法,将玉米裸露的 DNA 片段导入水稻,使其发生有利于提高抗性和产量

① 尹江勇:《我省杂交小麦研究取得重大突破》,《河南日报》,2017 年 7 月 4 日。

② 新乡市农业科学院志编纂委员会:《新乡市农业科学院志:1949—2009》,中州古籍出版社 2009 年版,第 137—138 页。

的变异。[①]“玉稻518”作为河南省水稻品种试验的参试品种，其产量连续3年在我省水稻品种试验中排名第一。经过多年栽培示范，“玉稻518”已成了抗病高产优质的粳稻品种。

在水稻栽培方面，开展了沿黄背河洼区引黄稻改、低产变高产、高产更高产的配套技术研究，取得了一系列成果，被稻区群众广泛采用。通过品种、稻改、栽培的研究和成果推广，沿黄稻区水稻面积由1949年的4万多亩发展到180万亩，亩产由150公斤左右提高到500公斤左右。

（四）棉花品种的选育与推广

新中国成立初期，新乡地区的棉花生产非常落后，全市平均亩产仅有8公斤。为了迅速发展棉花生产，新乡市农业科学研究所的经济作物研究室在20世纪50年代，把棉花栽培技术列为重点研究项目，解决棉花由低产到高产的关键技术问题。通过优中选优，系统选育出“百泉481”等3个棉花新品种。20世纪60年代，对春棉营养钵育苗移栽，地膜覆盖栽培技术等进行研究。结合高产棉区群众植棉经验，总结出一套亩产皮棉100公斤以上的“促控促”高产栽培模式。同时对粮棉间作套种方式、品种搭配等进行试验，为粮棉双高产提供科学依据。

种植抗病品种是防治棉花枯萎病经济有效的措施。20世纪70年代初，棉花生产迅速发展，但抗病品种无法满足生产的需求。1972年，中国农科院植保所与新乡县小冀公社王屯大队合作，进行抗病棉花品种的培育。[②] 1978年，培育出了高品质、丰产、抗枯萎病的“86-1号”，并在长江流域、黄河流域广泛推广，表现优异。1985年，棉花新品种“86-1号”获得国家发明二等奖。

从20世纪70年代始，新乡市农业科学研究所把棉花新品种选育作为重点研究项目，先后培育出“豫棉1号”“新棉291”等品种。其中，1983年选育与推广的“新棉1号”是我省第一个适宜麦棉两熟种植的中早熟品种，享誉黄河两岸、大江南北，是河南省当家品种，成为黄河流域和长江中下游棉区的主要推广品种，1985年获得农牧渔业科技进步三等奖。20世纪80至90年代，开展了夏

---

① 姬生栋等：《国审水稻新品种玉稻518的选育与栽培技术》，《种子》2016年第8期，第103—105页。

② 马存：《棉花抗枯萎病、高产新品种“86-1号”的选育》，《中国农业科学》1986年第3期，第31—36页。

播棉花新品种选育工作,先后选育“豫棉5号”“豫棉7号”等短季棉新品种。其中,1989年审定通过的“豫棉5号”是河南省第一个夏棉品种,填补了自育夏播棉花新品种的空白。1992年“豫棉5号”棉花新品种选育与推广,获河南省科技进步三等奖。2003年以来,采用生物育种和传统育种相结合的方法,进行棉花新品种选育工作,培育出常规棉转基因抗虫新品种“新科棉1号”“新科棉5号”,培育杂交棉转基因抗虫新品种“新科棉2号”“新科棉3号”“新科棉6号”。

河南科技学院的棉花育种与分子生物学创新团队为河南省科研创新团队,取得了一系列研究成果,例如,建立了高效胚胎发生与植株再生体系;进行了转基因抗除草剂研究及品种培育,培育了11个棉花优良品种,并在生产上推广应用。其中,2006年通过审定的高产优质早熟短季杂交棉花新品种“百棉3号”,纤维色泽洁白,外观品质好,棉纤维内在品质优良,手感有弹性,为优质专用纤维品种,增产潜力大。2008年获河南省科技进步一等奖。

(五)白菜品种的选育与推广

新乡市农科院白菜研究所成立于20世纪70年代,现由全国知名大白菜育种专家原连庄同志任所长,历经3代育种工作者的不懈努力,取得了显著成绩。先后培育出了大白菜新品种15个,申请品种保护5个、获得品种权2个、审定(鉴定)7个;获得河南省科技进步二等奖3项、三等奖1项,市级成果8项,承担科技项目6项,发表科研论文30余篇。

白菜研究所拥有一支具有丰富育种经验的高水平科研队伍和覆盖全国的种子营销网络,培育出的大白菜新品种累计推广面积450万亩左右,创社会效益10亿余元。以“小包23”为代表的叠抱品种在中原地区占主导地位,以“新早56”“新早58”为代表的早熟品种属国内领先水平,“新科”牌大白菜被授予河南省名牌农产品称号。近年来,又选育出一批橘红心、娃娃菜、小白菜、青梗菜、菜薹、南瓜等新品系,已在省内外逐步推广应用。

(六)食用菌品种的选育与推广

新乡市农科院食用菌研究所开始于20世纪70年代末。经过几十年的发展,无论是研究深度还是试验设备均居同行前列,成为豫北乃至全省的食用菌菌种主要供应单位,2009年成为新乡市科技局命名的“新乡市食用菌工程技术研究中心”,2010年成为河南省现代农业产业技术体系首批食用菌综合试验站。

食用菌研究所在食用菌优良菌种选育、高产高效栽培新技术、病虫害综合防治、栽培原料资源开发和利用等方面进行了较为系统、全面的研究与推广。2000年以来,研究内容转向珍贵食用菌品种栽培、利用秸秆栽培草腐菌研究。白灵菇、杏鲍菇、茶树菇、双孢蘑菇、鸡腿菇、木耳的制种规模成倍增加。育出的“新科”牌菌种在生产中深受广大菇农欢迎。其中,白灵菇菇体细嫩、洁白无瑕、开如灵芝、食如鲍鱼、味道鲜美、营养丰富。白灵菇含有17种氨基酸和多种维生素、无机盐,是一种营养保健价值极高的食用菌。新乡市农业科学院食用菌研究所育成有白灵菇“新科1号”“新科4号”“新科5号”“新科6号”。尤其是白灵菇“新科6号”菌丝生长速度快、生物学效率高,商品性状好,符合市场需求,是当地白灵菇工厂化生产的首选菌株。

在搞好食用菌科研的同时,积极深入农村普及和推广食用菌生产技术,送科技下乡,服务于菇农生产,食用菌科技人员受到省、市政府多次表彰。1998年,在辉县冀屯乡推广玉米芯栽培平菇技术,经过多年的努力,建成了全国最大的平菇生产基地,帮助近万户农民脱贫致富,共增加农民直接经济收入10余亿元。2000年以来,在新乡县、原阳县、长垣县、延津县和辉县市的20多个乡镇推广“夏香菇种植技术”,形成了豫北地区最大的夏香菇种植基地,每年直接增加农民经济收入近亿元。

三、植物保护研究

新乡市农业科学院的植物保护研究工作,围绕当时当地农业生产实际,开展农作物病虫害发生规律及防治技术研究,先后对粟灰螟、粟穗螟、棉铃虫、玉米螟、小麦吸浆虫、黏虫等22种虫害,以及玉米病毒病、小麦锈病、红薯黑斑病、水稻纹枯病等12种病害开展研究。同时进行多项农药应用研究,其中由张李龙、雷晓天等研究开发的2甲4氯节本增收环保新工艺,对环境的污染明显降低,吨生产成本降低1500元,获省科技进步二等奖。

进入21世纪以来,根据农业生产和开发的需要,为了解决农药残留高、主要农作物病虫害产生抗性问题,根据两种单剂农药混配提高协同毒力指数的原理,开展复配农药研究,特别是复配除草剂研制及应用研究,促进了黄淮流域利用除草剂防治田间杂草技术的推广。其中研配成的禾阔双除稻茬麦田除草剂,经原阳、获嘉、开封等地较大面积示范应用,表现良好,2005—2008年累计示范推广面积40万亩,成为沿黄稻区防治麦田杂草的主要除草剂品种。此外,还进行了生物防治、化学防治等方面的研究。

植保研究共开展项目或课题40余项,获科技成果35项,发表论文26篇,撰写论著2部,取得了若干个杀菌剂原药专利。其中主持的麦田杂草防治技术集成研究与示范课题,对不同生态类型区冬小麦麦田正确使用除草剂,提高防治效果,降低成本具有重大的指导意义,已累计推广亿亩以上,产生了巨大的社会经济效益。此项研究2008年获省科技进步二等奖。2004—2008年共完成省药检所安排的114个农药新品种的田间药效试验,对这些农药新品种的施用剂量和技术进行了验证,为农药登记和大面积推广应用提供了依据。2014年,新络合物2-巯基苯并噻唑锰锌获得国家发明专利授权,该络合物对链格孢引起的病害尤其是苹果链格孢病菌有良好的防治效果。该专利于2016年获得美国专利局授权,于2018年获得欧洲专利局授权。

近年来,新乡市积极开展病虫害统防统治和绿色防控集成技术推广;建立防控示范区,扩大统防统治面积;推广杀虫灯、性诱剂、有色粘板、以虫治虫、植物病原菌等绿色防控关键措施,加大高效、低毒、低残留化学农药以及生物农药、物理诱杀等新农药、新技术的试验、示范及推广力度。至2020年,全市共建立了21个小麦病虫综合防控示范区。示范区内采取农业防治、生物防治等措施,开展病虫害统防统治和绿色防控,辐射带动周边群众进行小麦病虫害综合防控。①

四、土壤肥料研究

新乡市的土壤研究,大体分为两个方面的内容:一是盐碱地改良利用,二是土壤普查及成果在农业生产上的应用。根据新乡地区盐碱地形成的根本原因,以高占夫为负责人的课题组经试验研究和调查,总结了改良盐碱地的多种方法,如水洗盐压碱,试种水稻,深翻压盐。1958年新乡市农业科学院土肥组参与了全国第一次土壤普查工作,对新乡地区的地貌和土壤质地分布规律做普查。根据普查结果,做了种植绿肥、磷肥试验,间作套种,盐碱地改良利用等工作。

新乡市农业科学院的郭振静参与了1979年的第二次土壤普查,1989年全

① 范洪峰:《今年小麦病虫害风险较大 农技人员紧盯防治保丰产》,《新乡日报》2020年3月27日。

市第二次土壤普查工作完成,历时10年有余。在这一过程中,编绘了《新乡市土壤图》《新乡市土地利用分区图》《新乡市土地利用现状图》以及各种土壤养分含量分布图,撰写了《新乡土壤》《新乡市土种志》,整理了《新乡市第二次土壤普查成果应用资料专题报告汇编》。其中《新乡土壤》详细阐述了全市土壤的形成、分类、分布、形态特征、理化性状、改良利用、土地资源管理和保护,为促进农业发展提供了科学依据,填补了新乡市土壤科学的空白。

肥料研究方面,主要从事绿肥、氮肥、磷肥、钾肥、微肥、复混肥试验研究。在磷肥方面,主要从事磷肥肥效与土壤肥力、作物种类、施磷方法的关系,以及磷肥后效的研究。在确定磷肥肥效和相应施肥技术后,撰写论文和科普文章大力宣传。施磷面积迅速扩大,并带动了全区小磷肥厂的快速兴起。1978年"磷肥肥效研究"获省政府重大科技成果奖。1982年与河南省农牧厅合作的"磷肥试验示范研究"获省政府科技成果二等奖。

2007年,全省耕地土壤肥力与墒情检测研讨培训会在新乡召开。[1] 新乡市农业局总结了新乡土壤肥力与墒情检测工作的管理、技术、成果,对促进新乡市农田节水及土壤墒情检测具有重要的意义。2015年,新乡市农牧局在连续多年取土化验、试验的基础上,成功构建了新乡市测土配方施肥数据库,联合郑州大学共同开发出新乡市测土配方施肥专家系统,填补了新乡市在土壤肥料信息技术化的空白,为新乡市耕地地力信息化奠定了坚实基础。

---

① 慕兰:《全省耕地土壤肥力与墒情检测研讨培训会在新乡召开》,《河南农业》2007年第11期,第32页。

第四章　当代新乡的交通通信与科技

新乡地处中原腹地，自古就是交通要冲，有“南通十省，北拱神京”之称。如今，作为豫北地区重要的中心城市，新乡是豫北地区唯一的国家级交通运输枢纽城市，中原城市群交通北枢纽，可谓是“连贯南北，承东接西”。京广铁路、新月铁路、新菏铁路、京广高铁，以及正在建设与规划建设的济郑高铁、郑新城际铁路、新焦城际铁路、新开城际铁路等在新乡纵横交会。107 国道，京港澳、大广、菏宝及正在建设的新晋、鹤辉、兰原、濮卫、沿太行山、安罗、长修等多条高速公路穿境而过。新乡距离新郑国际机场车程 50 分钟，乘高铁 19 分钟可达郑州，2 个半小时可达北京、西安、武汉，4 小时可达上海，7 小时可达广州、深圳。便捷的交通是新乡的比较优势，它不仅是新乡科技发展的重要体现，同时也成为带动新乡经济社会高速发展的重要支撑力量。新乡正在努力建设辐射豫北、连接全国的区域性综合交通物流枢纽。

第一节　新乡的铁路与运输

新中国成立以后，新乡的铁路运输飞速发展，京广、新焦铁路先后于 1956 年、1983 年扩建为复线。1960 年竣工通车的太焦铁路与 1985 年年底竣工通车的新菏铁路，沟通了晋煤外运的通道，使山西煤炭可直接运至山东黄海岸边的石臼港（日照）。1963 年 4 月 1 日，郑州铁路局所属的新乡铁路分局成立。1987 年 3 月 20 日，新乡铁路分局撤销，并入郑州铁路分局。2013 年 3 月 17 日，中国铁路总公司成立，新乡铁路归中国铁路总公司所属的郑州铁路局管辖。2017 年 11 月，郑州铁路局完成公司制改革工商变更登记，中国铁路郑州局集团有限公司正式挂牌成立,新乡铁路归中国铁路郑州局集团有限公司管辖。截至2020年年底,新乡市铁路营业里程354公里,其中高铁79公里。

一、多条铁路交会于新乡

我国南北交通大动脉京广铁路和太石铁路(含新月铁路、新菏铁路等)在新乡交会,此外,还有京广高铁、济郑高铁(在建)、新焦城际铁路(规划)、郑新城际铁路(规划)纵横交会,形成郑州"米"字形高铁枢纽的北部中心。新乡境内有新乡火车站、新乡东站两大火车站。此外,还有京广铁路卫辉站,即将通车的济郑高铁新乡南站、卫辉南站等火车站。

(一)京广铁路

全长2302公里的京广(北京—广州)铁路于1957年全线建成。该铁路原分为北南两段。北段从首都北京到湖北汉口,1949年以前曾称"卢汉铁路""平汉铁路",后称"京汉铁路",于1897年4月动工。1904年12月彰德(今安阳)到新乡潞王坟(现称新乡北站)通车。1905年3月,潞王坟至黄河北岸的詹店(在焦作武陟,现称焦作东站)通车。是年11月15日,京汉铁路郑州黄河大桥竣工,1906年4月京汉铁路全线正式通车。南段从湖北武昌到广东广州,称为"粤汉铁路",于1900年7月动工,1936年4月建成通车。1957年,在武汉长江大桥建成通车后,"京汉铁路"和"粤汉铁路"两条铁路接轨,并改名为京广铁路。

京广铁路连接五省一市,是国家铁路南北交通大动脉,也是中国铁路运输最为繁忙的主要干线,具有极其重要的战略地位,是我国铁路网的中轴。新乡处于京广铁路北段,是黄河的北桥头堡,战略地位十分重要,加之在新乡交会的道清铁路及卫河,使新乡在近代以来逐步成为豫北地区的交通枢纽与经济中心。至今京广铁路在新乡的对外交通中仍处于重要地位。

(二)新月铁路

新月铁路(新乡—博爱县月山站)位于河南西北部,起自新乡站,东连京广线和新菏线,向西经新乡西、获嘉、狮子营、修武、焦作等站,至博爱县月山车站,最后与太(原)焦(作)、侯(马)月(山)和焦(作)柳(州)三线连接,全长79.817公里。新月线、新菏线,贯通东西,是山西、豫北能源基地连接华东沿海工业区的主要通道,连接太焦线、焦柳线和侯月线,是晋煤南运、西煤东运的重要通道之一。

新月铁路的前身可以追溯到20世纪初建成的道清铁路。1902年7月道清铁路开工建设,1905年1月31日建成通车。随后的数十年间,这条铁路可谓命运多舛。抗日战争胜利后,与新乡接轨的游家坟支线被拆除,保留了新乡至李封矿区的一段线路,改称新焦支线。1949年5月新乡解放后,新焦支线迅速抢修通车,1953年后又对线路、车站进行了改建和扩建。

随着经济的快速发展,1981年,为缓解运量与运能间的矛盾,国家决定增建新乡至焦作第二线,并对既有线路进行改造,4年后复线工程基本完成。随着运送的货物量不断增加,新月铁路扩能改造势在必行,2003年6月,新月铁路正式实现电气化,自此翻开了崭新的一页。

(三)新菏铁路

新菏铁路(新乡—山东菏泽)于1985年建成通车。路经新乡县、延津县、封丘县、长垣县、山东东明县等,在新乡境内设有龙泉村、塔铺、延津、封丘、长垣等站,以货物运输为主,客流量较少。新菏铁路与山东境内的兖日铁路一起构成了西部煤炭外运南通道的重要部分,在我国铁路网中具有重要地位和作用。位于新乡县境内的横跨新焦、京广铁路及公路的新菏铁路特大立交桥,总计443孔,长3969.26米,气势宏伟。21世纪初,新菏铁路实施了全线电气化改造。

(四)京广高铁

京广高速铁路,又称京广客运专线,自北京西站至广州南站,全长2298公里,共设37个车站,设计最高时速350公里,运营时速为300公里,是中国《中长期铁路网规划》中“八纵八横”高速铁路的重要“一纵”,呈南北走向,被誉为世界上运营里程最长的高速铁路。

京广高铁武广段于2005年6月23日动工建设,京广高铁京石武段于2008年10月15日动工建设。2009年12月26日,京广高铁武广段开通运营;2012年9月28日,京广高铁郑武段开通运营;2012年12月26日京广高铁京郑段开通,标志着京广高铁全线开通运营。京广高铁辐射带动作用强,把环渤海经济圈、中原城市群、武汉城市圈、长株潭城市群、珠三角经济圈等经济区紧密联系在一起,并从根本上缓解了京广铁路运输紧张的状况。

京广高铁在新乡境内依次经过卫辉市、牧野区、红旗区、高新区、新乡县、原阳县,长79公里,在新乡市区东部设有新乡东站。

(五)济郑高铁

郑济高速铁路,又称郑济客运专线,简称济郑高铁,由郑州东站经由新乡东站至济南西站,线路全长380公里,设计时速350公里。

2016年,历时3年,成功争取济郑高铁从新乡东站引出,新乡市所有的诉求——黄河特大桥"一桥四线、公铁两用"、在新乡境内设立3个站以及新焦线预留接口等设想全部实现,河南"米"字形铁路北枢纽地位在新乡得以真正确立。济郑高铁河南境内共设7站,其中,新乡境内设3站,即新乡东站、新建卫辉南站和平原新区站(当时的暂定名,现定名为新乡南站)。新乡段长83.24公里,总投资113.8亿元,由南至北依次途经新乡市平原新区(平原城乡一体化示范区)、原阳县、新乡县、高新区、红旗区、牧野区、卫辉市7个县(市)、区的17个乡镇。2016年10月29日,济郑高铁先期施工段在卫辉市李源屯镇正式开工建设。2017年7月26日,黄河特大桥主桥标段施工单位进场,标志着济郑高铁全线开工建设。2021年11月,济郑高铁濮阳至郑州段进入全面静态验收阶段。2022年5月,济郑高铁濮郑段计划建成通车。

济郑高铁是河南省"米"字形铁路网的重要组成部分,是中原城市群通向山东半岛城市群乃至环渤海经济圈的快速铁路通道,对于进一步激活新乡沿线区域经济活力、深度融入郑州大都市区、助力中原城市群建设、完善国家高铁网络结构具有重要的战略意义。

(六)新乡地方铁路

地方铁路曾经是新乡一道独特的风景线。新乡的地方铁路包括两大部分,即人们习称的"北铁"和"南铁"。所谓北铁指的是下河线,隶属于新乡市地方铁路管理处;而南铁指的是新封铁路,后来延伸扩展为新长铁路,隶属于新乡市铁路处。

新乡的地方铁路始建于1958年,先以土法上马试建简易地方铁路。1960年新乡专署从全区工农业生产和人民生活需要出发,开始修建由新乡至延津的铁路,后修至封丘、长垣,全长112.2公里。1966年由新长地方铁路台头站出轨修至原阳县。1973年由新长地方铁路台头站出轨与新辉地方铁路接轨通往共山,并在封丘站出轨修至清河集,为黄河防洪专用线。共山地方铁路通往辉县吴村煤矿,与1964年修建的方庄煤矿至修武县地方铁路相连。同时,1965年竣工通车的济源县至沁阳县地方铁路与克井煤矿相连。1969年修建了由济沁地方铁路梨林站出轨至孟县(今孟州市)的地方铁路,由沁阳至温县的地方铁路,使境内形成东以新乡为中心,西以济源为中心的地方铁路运输网络。1972年,国家交通部和国家基本建设委员会还联合在新乡召开了"全国交通建设现场会议",总结推广新乡地区的交通建设经验。至1985年,全新乡地区有地方铁路11条,计369.83公里,并在新乡修建与国家铁路相连接的换装线,营运里程居全国各地市之首。1999年,有着近40年历史的新长窄轨铁路拆除,自此新长窄轨铁路留在了历史的记忆之中。

新乡市区的地方铁路于1958年开工,1963年建成,总长8.5公里,全部为准轨铁路,在下河线设有货场,所辖760厂、755厂、134厂、市钢厂、市酒精厂等几家专用线。1958年8月,毛泽东主席视察新乡时,专列曾停靠七六〇厂铁路专用线。20世纪90年代以后,由于公路交通运输的飞速发展,地方铁路的货源逐年减少,目前基本停运。

二、新乡的铁路运输

(一)新乡火车站

新乡火车站位于新乡市平原路西段,始建于1905年。早期有新乡县站、游家坟站和新乡新站3个火车站。新乡站距离北京站619公里,距离广州站1685公里,隶属中国铁路郑州局集团有限公司管辖,为一等站,途经线路为京广铁路、新月铁路和新石铁路。

1958年5月1日,新乡站新客场正式启用。1995年1月8日,新乡站新站房正式对外运营,主体站房主要包括售票厅、候车厅和贵宾厅三大部分,以及进站天桥一座,出站地道一个。据20世纪90年代统计:"新乡区段站年完成客货工作量大,在郑州分局管内均排列第二:办理车数郑州北第一,新乡站第二;客运量郑州站第一,新乡站第二;零担中转郑州东第一,新乡站第二。"[①]2008年,新乡站实施了改建工程。2018年,新乡站广场进行了改造。目前,新乡站建筑面积为14000平方米,站场规模为5台10线,可以直通全国绝大部分省会城市和直辖市。

(二)新乡东站

高铁新乡东站于2012年12月26日正式启用,位于荣校东路东端,107国

---

① 张阳明:《新乡火车站旧貌换新颜》,《铁道知识》1996年第5期,第4—5页。

道以东，京港澳高速以西附近，车站性质定位为始发站。济郑高铁济南方向也是从新乡东站引出。新乡东站是河南省郑州市以北的重要车站，设 5 条到发线，2 条正线，2 座岛式站台（5 台面），有多条公交线路（9 路、24 路、56 路、57 路、66 路、69 路等）通往市区。

随着济郑高铁从新乡东站引出的建设，新乡东站正在进行扩建，规划建设 10 台 23 线，包括郑安城际、新焦城际、新开城际等。而新乡东站西广场也在规划建设地下停车场项目，整个工程完工后，对于提升新乡城市面貌、改善路网交通具有积极影响。待济郑高铁通车后，高铁新乡东站将形成 6 台 15 线的高铁网。根据新乡东站扩建项目在路网中的地位和作用，预计远景输送乘客能力达到单向每年 3000 万人，新乡东站将成为一个大型枢纽站。

（三）“中亚班列新乡号”首发

2018 年 3 月 28 日，“中亚班列新乡号”开通，标志着新乡构筑全方位国际贸易大通道迈出了第一步，对新乡融入“一带一路”，提升对外开放水平，加快物流业发展具有重要意义。

新乡中亚班列首发站——塔铺站位于国家新乡经济技术开发区，国内最大的综合物流服务提供商中国外运股份有限公司为运营商，中铁集装箱运输有限公司为承运人。依托现代公铁物流园，新乡经开区着力打造集仓储服务、物流配送、信息服务于一体的，豫北地区规模最大的、功能最完备的国际综合物流平台和多式联运物流枢纽中心，推动新乡物流业发展再上台阶。新乡中亚班列的服务范围主要覆盖河南及山东西部、河北南部等。班列自塔铺站接轨新菏铁路，途经陕西、甘肃、新疆等地，并过境至哈萨克斯坦等 5 个中亚国家。①

（四）从中亚班列到中欧班列新乡号再到铁海联运

2018 年 4 月 27 日，经省政府口岸办同意，新乡中亚班列规范为中欧班列（新乡号），同郑州中欧班列错位发展，互为补充。新乡现代公铁物流园负责人表示，中欧班列（新乡号）货源充足。经开区有关负责人表示，将加大基础设施建设力度，推进口岸建设，尽快实现班列“重去重回”，让新乡乃至豫北百姓品尝到中亚地区的牛羊肉等优质生活食品。

2020 年 5 月 20 日，在位于新乡经开区的公铁物流港，满载着汽车配件、机

① 《中亚班列新乡号打通中原国际贸易新通道》，《河南日报》2018 年 3 月 30 日。

械设备等“河南造”产品的中欧班列（新乡号），再次缓缓开出，加速驶向国际市场。这些货物经国铁新石线，一天后到达青岛黄岛港，海运出口最终到达美国底特律。这是中欧班列（新乡号）“海上丝路”铁海国际联运首列班列，第一次采用“铁路＋海运”混合联动运输方式出口货物，是河南省新打通的又一个进出口通道。①

2021年1月27日，中欧班列（新乡号）由临时发车改为固定发车之后开出首列班车。中欧班列（新乡号）成为国家图定班列的正式成员，是河南省在郑州中欧班列之后的第二条图定班列。中欧班列（新乡号）今后将融入“四路”（空中丝绸之路、陆上丝绸之路、网上丝绸之路、海上丝绸之路）协同联动发展，提升豫北区域辐射带动能力，拉动整个豫北地区的进出口贸易增长，对新乡市对外开放平台建设提质增效起到重要推动作用。②

（五）“新日韩”铁海联运国际班列开行

2018年12月28日，满载中州铝业氢氧化铝的“新（乡）日（本）韩（国）”铁海联运国际班列从新乡市西工区出发，将经过30小时的铁路运输至青岛黄岛后，再海运至韩国釜山港。这一国际班列成为继当年成功开行中欧班列之后，新乡开通的第二条国际班列。“新日韩”铁海联运国际班列每列40节车厢，初期每周对开一列。该班列运输的橡胶、纸浆、汽车零部件、氢氧化铝、化学纤维等货物将从获嘉狮子营车站运输至青岛黄岛，初期先海运至日本、韩国等地，下一步有望运输至马来西亚、印尼以及欧洲。

新乡是中原城市群及“十”字核心区的重要城市以及国家公路运输枢纽城市，西工区是新焦济豫北工业走廊的产业带动区，拥有两条专用铁路和12股道铁路编组站，具有较好的区位和铁路运输优势。“新日韩”铁海联运国际班列的开通，将与新乡经开区中欧班列（新乡号）联手实现“西联东进”，西至中亚5国，东至日韩，形成贯通东西的国际物流大通道，带动新乡市外向型经济的发展，推动河南至中亚与东北亚国际间的货物流通，促进沿海与内陆口岸联动发展，实现全方位互联互通。③

---

① 《新乡铁海国际联运班列首发》，《河南日报》2020年5月21日。
② 《中欧班列（新乡号）图定班列首发》，《新乡日报》2021年1月28日。
③ 《新乡开行“新日韩”铁海联运国际班列》，《河南日报》2018年12月29日。

第二节　新乡的公路建设与运输

新中国成立以后，新乡的公路经历了由恢复到扩建、由低级到高级的发展过程。1953年年底以前，公路建设以恢复为主，因陋就简，先求土路通车。1954年后，以养护为主，逐步将土路面改建为砖、石路面。1958年，贯彻执行“依靠地方、依靠群众、普及与提高”的方针，面向山区、面向农村、面向工矿区，全区公路建设突飞猛进。1966年3月，新乡至百泉25公里公路由泥结砾石路面改建为渣油沥青路面，开创了地区公路建设由低级向高级过渡的新纪元，成为新乡历史上第一条柏油路。1989年12月，国道107线新乡至郑州一级公路建成通车，结束了河南省没有高等级公路的历史；1994年10月，全市153个乡（镇）实现了通油路，在全省率先实现了乡乡通油路的目标；1997年11月，（北）京—珠（海）高速公路安（阳）—新（乡）段建成通车，实现了新乡高速公路零的突破。截至2020年年底，新乡市高速公路通车里程达到268.4公里。

一、新乡境内的国道与高速公路

经新乡市境内的国道干线有3条，分别是京珠高速、107线、106线，其中京珠高速公路于1994年动工兴建（现名为京港澳高速，编号G4），107线、106线由国家交通部分别于1982年和1983年划定，是国家主干线公路网的重要组成部分。

（一）107国道

107国道系北京至深圳公路，1983年国家交通部划定此线。由卫辉市沧河桥进入新乡境内，经卫辉市进入新乡县、原阳县、郑州黄河公路大桥辖区计81公里，其中一级公路47公里、二级公路34公里。它的养护与管理，分属新乡市高等级公路管理处和新乡市公路管理局两个单位。

全省第一条高等级公路。1989年12月1日，107国道新乡至郑州段高等级公路建成通车。它具有空前的大规模、大投入、高标准、高质量、短工期等显著特点，结束了河南省没有高等级公路的历史。该段是107国道跨越黄河的咽喉要道，全长56.82公里。

全省最长和最大跨径的预应力空心板桥。1989 年 12 月 2 日,107 国道纵跨卫河、共产主义渠和京广铁路的牧野特大桥竣工。全长 1335.42 米,为 27 孔跨径 30 米,26 孔跨径 20 米预应力钢筋混凝土空心板桥。

随着经济社会的飞速发展,107 国道的交通量不断增大。2017 年,新乡启动了 107 国道东移改线工程,该工程项目起于卫辉市上乐村镇黄甫村北新乡市与鹤壁市交界处,止于原阳县阳阿乡,与官渡黄河大桥北引线相接,全长 52.539 公里。新 107 国道和老 107 国道相距 18 公里,建成通车后,对拉大新乡城市框架、缓解新乡市东区及大东区交通压力、改善区域交通环境、减少城区大气和噪声等环境污染、带动周边区域经济和旅游产业发展、促进经济社会发展具有重要意义。2021 年 10 月 1 日,新乡境内新 107 国道(卫辉后河至原阳阳阿段)正式通车试运营。

(二)曾经过境的 106 国道和新增国道

国道 106 线系北京至广州公路,自北向南纵贯新乡市区东部,1982 年定为国道 106 线,新乡辖区内路段长 47.3 公里,经长垣县境 21.5 公里、封丘县境 24.8 公里,至开封黄河公路大桥出境。该路段 1972 年以前为三级公路设计标准,直到 1987 年完成了开封黄河公路大桥后将该线改建提高为二级公路,由新乡市公路局负责养护管理工作。后来 106 国道改线东移山东菏泽境内,不再经过新乡境内。

根据 2013 年公布的《国家公路网规划(2013—2030 年)》普通国道网路线方案表,途经新乡境内的国道又增加了 4 条,分别是:G230,吉林通化—武汉,通武线;G234,兴隆—阳江,兴阳线;G327,连云港—固原,连固线;G342,日照—陕西凤县,日凤线。加上原有的 G107,共有 5 条国道通过新乡境内。

目前新乡境内已通车高速公路实际里程已达 200 多公里,主要有以下几条高速公路。

(三)京港澳高速

京港澳高速公路(原称京珠高速),于 2004 年建成通车,新乡境内里程 82 公里。中国国家高速公路网编号为 G4。

京珠高速公路系北京至珠海高速公路。京珠高速公路安新段北起豫冀交界的安阳市灵芝村,南至新长立交桥,连接安阳、鹤壁、新乡 3 市 11 个县、市、区,是全国南北大动脉京珠国道主干线的重要组成部分。

作为现今京港澳高速的组成部分,安新高速公路自 1994 年开工兴建,1997

年 11 月 28 日竣工通车，结束了新乡境内没有高速公路的历史。安新高速全长 127.7 公里，匝道全长 42.3 公里，设计为双向 4 车道。全线境内有特大桥 1 座、大桥 15 座、互通式立交桥 9 座、中小桥涵洞 459 座，服务区 2 处。在新乡市境内公路里程 37.6 公里，由沧河北桥至新长立交桥南桥台，其中拥有卫共特大桥 1 座、大桥 3 座、互通式立交桥 4 座。

（四）菏宝高速（长济高速）

菏（泽）宝（鸡）高速公路是 2013 年印发的《国家公路网规划（2013—2030 年）》中新增的一条国家高速公路，是国家 G35 济（南）广（州）高速的联络线，中国国家高速公路网编号为 G3511。起点在山东省菏泽市，经过山东、河南、山西、陕西 4 省，终点在陕西省宝鸡市。

菏宝高速在河南省境内即长（垣）济（源）高速公路（河南省高速编号 S28），最早的规划称济（源）东（明）高速公路，起于东明黄河公路大桥，经长垣县、滑县、延津县、凤泉区、获嘉县、修武县、武陟县、博爱县、沁阳市，止于济源市邵原镇西阳河（豫晋界）。长济高速公路于 2007 年建成通车，双向 4 车道，新乡境内里程 92.5 公里，有获嘉、辉县、新乡西、新乡东、新乡经开区、延津、长垣等出口，获嘉、延津等服务区及凤泉停车区。2019 年 8 月 26 日，东明黄河高速公路大桥正式通车运行，菏宝高速全线贯通。

（五）大广高速和原焦高速

大庆至广州高速公路，是新乡市东部地区南北方向的重要通道。2007 年建成通车，双向 4 车道，新乡境内里程 45 公里，途经长垣市和封丘县。中国国家高速公路网编号为 G45。

原阳至焦作高速公路，向西北继续通往山西晋城，也称晋新高速，是晋东南地区进入中原地区的重要快速通道。2004 年建成通车，双向 4 车道，新乡境内里程 12.8 公里。

（六）在建高速公路

新乡境内除以上已经通车的高速公路外，还有几条正在建设和规划建设的高速公路。如新晋高速（块村营至营盘段）（其中平原段已于 2021 年年底建成）、鹤辉高速、沿太行高速（新乡段）、濮卫高速（新乡段）、安罗高速（原阳至郑州段、原阳至豫冀省界段）、沿黄高速（原阳至封丘段）、长修高速（封丘至修武段）等。

其中,新晋高速块村营至营盘(豫晋界)段项目起点衔接菏宝高速,终点对接山西高(平)陵(川)高速,全长69.754公里。整个项目跨越平原微丘区、重丘区、深山区3个地貌单元,尤其深山区段地形起伏极大,普通展线方式难以满足需求,需采取螺旋隧道群的方式进行展线,减小纵坡、克服高差,9桥9隧相连。螺旋隧道群位于南太行山腹地,从新庄互通至王莽岭隧道直线距离7公里,高差780米,隧道群用28公里沿太行山蜿蜒螺旋两圈半。此隧道群9座隧道分别是:南湖隧道、韩口隧道、白楝树隧道、蒿坪隧道、柳园隧道、轿顶山隧道、南马鞍隧道、王莽岭隧道等。其中,螺旋隧道群首圈螺旋的第二个隧道——韩口隧道海拔高度在784至893米之间,进出口最大相对高差109.342米,仅次于世界第一的云南建元高速咪的村螺旋隧道(高差118.14米);隧道左线设计半径为730米的圆曲线,右线设计半径为700米的圆曲线,转弯半径仅次于世界最小转弯半径,即雅泸高速公路干海子双螺旋隧道的半径(半径600米);长度指标比当前吉尼斯世界纪录保持者——延崇高速金家庄隧道(长4228米)要长229米。2022年这里就会诞生全世界最长的小半径、大高差螺旋隧道——韩口隧道。[①]

二、新乡的省道及县乡公路

新乡境内共有国、省道路22条,"七横十三纵一连接一辐射",总里程1384公里。其中,国道5条,346公里;省道17条,1038公里。规划后路网新增国道、省道432公里,覆盖了新乡市全部乡镇和产业集聚区,实现了县有国道,乡通干线,为经济社会发展奠定了基础。新乡干线公路承东启西,连南贯北,三季有花,四季常绿,宽阔平坦,行车能力显著提高,服务水平明显提升,为新乡经济社会发展发挥了较好的先行和保障作用。新乡市公路管理局负责新乡境内国、省干线公路建设、养护和管理工作。近年来,先后获得"全国文明单位"、全国"交通运输文化建设优秀单位"、河南省交通系统最高奖励——"好路杯突出贡献奖"等荣誉。

(一)新乡的省道及县乡公路概况

省道干线公路承载着主要骨干公路网的作用,也是新乡市极为重要的公路交通动脉。新乡市所管辖的省道有郑滑线、郑常线、新汲线、新济线、新孟线、新范线、新长线、辉焦线、新原线共9条,全长485.9公里。

---

① 《河南将建成世界最长的小半径、大高差螺旋隧道预计2022年全线通车》http://hn.cnr.cn/hnpdgb/yw/20210531/t20210531_525499841.html。

1985年后，新乡市的县级公路基本上普及了渣油沥青路面。1994年，全市153个乡(镇)全部通了公路，新乡县、获嘉县、延津县、郊区和北站区实现了村村通油路的夙愿。1991年前，县乡公路归属市公路局管理，1991年12月新乡市县乡公路管理处正式成立。截至2000年年底，全市辖县道40条，总里程997.224公里，其中：二级路156.44公里，三级路193.99公里，四级路549.624公里。乡道85条，总里程1015.395公里，其中：二级路21.106公里，三级路84.675公里，四级路687.457公里。村道88条，总里程4177.876公里。重要县道有观洪线、焦韦线、新王线、卫吴线等。

1966年后，山区人民向太行山进军，辉县组织愚公移山专业队先后凿通"愚公""向阳""胜利""友谊"等隧道34处，计12038米。在新乡太行山区的省道、县乡列养公路中，有12处公路隧道，累计总长度4933米。主要公路隧道有胜利洞、九大洞、愚公洞、五一洞、石岭隧道、向阳隧道、占城一号隧道、十大洞、藏龙洞、卧虎洞、三郊口洞、雁翅洞等。

此外，郭亮挂壁公路也是新乡市县乡道路的一道亮丽的风景。郭亮挂壁公路又称郭亮洞、郭亮隧道、郭亮村绝壁长廊，是辉县市沙窑乡郭亮村的一条挂壁公路，始建于1972年，1977年完工，全部由郭亮村村民独立手工完成，被称为"世界最险要十条路"之一。20世纪90年代初，郭亮村开发旅游项目，现已成为国家4A级景区南太行万仙山的重要景点之一，闻名全国。

(二)区县篇——以辉县市公路为例

辉县市公路通车里程已达2035.3公里，在编公路共419条，其中国道2条，71.37公里；省道6条，288.86公里；县道24条，283.878公里；乡道76条，594.17公里；村道311条，797.051公里。全市共有三家出租汽车公司，384辆出租车，每年运营里程4000余万公里，运送人次550余万次；拥有营运客车203辆，开辟客运线路62条，通车里程达到750公里，行政村通车率达98.5%，基本形成了网状辐射、连接内外、四通八达的城乡客运网络化格局，很好地改善了群众的生产和生活条件。

三、新乡的公路运输

新乡境内道路纵横交错，107国道、京港澳高速、菏宝高速、大广高速等穿境而过，从而形成了四通八达的公路交通运输网。新乡拥有多个公路客运站，如新乡客运总站、新乡客运东站、新乡客运南站、新乡客运北站、新乡高铁客运站等。

(一)新乡客运总站

新乡客运总站位于新乡市卫滨区自由街155号,人民路与自由路交会处,隶属于新乡市新运交通运输有限公司。始建于1949年,1984年新站落成,1988年8月向社会开放,并于同年被交通部评定为一级汽车站。总站现占地面积26万平方米,其中,建筑面积5000平方米,站前广场面积2248平方米,站内停车场面积18000多平方米,发车位32个。

目前,新乡客运总站拥有营运线路167条,其中跨省线路65条,跨区线路66条,区间线路36条,营运客车682部,营运里程6.5万公里,日均发班车1100个班次,日均运送旅客1.5万人次,线路辐射晋、冀、豫、鲁、京、津等13个省市、83个地市及192个县(市),是豫北地区最大的一级公路客运站。

自1984年以来,新乡客运总站先后8次(14年)被交通部授予全国"文明车站"称号,连续20年被省交通运输厅授予"文明车站"光荣称号,获2011年度万里杯——首届全国旅客最满意汽车客运站以及全国交通运输客运行业优质服务示范车站,2014年被省交通运输协会评为"河南省客运先进单位"。2015年被省交通厅、省公安厅、省社会治安综合治理办三家联合授予"平安汽车站"的荣誉称号。

(二)新乡市汽车东站

新乡市汽车东站成立于1988年,位于新飞大道与金穗大道交会处,是国有全民所有制企业,社会二级客运站。该汽车站占地61.537亩,站前广场4000余平方米,候车厅1200平方米,1500平方米的办公楼及各种辅助设施,营业房面积3200平方米,停、发车场13300平方米,可静态泊车200余台;现开通有郑州、开封、焦作、长垣、封丘、延津、道口、浚县等省内线路,设计日发班车500班,日发送旅客10000人次。现日发班次320余班,日发送旅客3000—4000人次。

汽车东站是市区物流、客流、信息流高度集中地段,优越的地理位置,便利的交通条件,为方便旅客集散、换乘、车辆出入创造了得天独厚的环境,成为客运行业的黄金宝地,更成为商贸、旅游、城乡交流的重要枢纽和桥梁。

据了解,新乡汽车东站新址定在新东产业聚集区。汽车东站东迁之后,原址的交通格局将大幅优化,人流、物流、车流压力减轻,对外交通与城市内部交通拥堵的状况也会有所改善。

（三）新乡的公共交通

1958 年，根据新乡城市经济发展、工农业生产和人民生活需要，新乡市搬运公司购置 3 部“伊克罗斯”牌大客车，筹建了“公共汽车组”，并于 9 月 1 日正式运营，开创了新乡有史以来的城市客运服务工作。但当时仅有 2 条线路，22 名职工，运营线路总长 11.8 公里。

随着城市建设和社会经济的发展，新乡公交也逐渐壮大，经营规模和服务范围逐步扩大，企业名称也由 1958 年的“公共汽车组”到 1959 年的“新乡市公共汽车站”、1969 年的“新乡市公共汽车公司”、1985 年的“新乡市公共交通公司”、1996 年 5 月“新乡市公共交通总公司”。先后隶属于新乡市交通局、新乡市城乡建设局、新乡市公用事业局、新乡市建设委员会、新乡市交通运输局。

经过 60 多年的发展，新乡市公共交通总公司现有员工 2500 余人，运营线路 70 余条，线路总长度 960 余公里，年运营里程 4800 余万公里，经营范围覆盖新乡市区及新乡县域各乡镇，年客运量约 1.3 亿人次，使公交真正成为城市流动的风景线。2013 年年底，新乡市成功申报国家“公交都市”，成为全国 280 余个地级市中 3 个成功申报城市中的一员，大力推进了新乡市公交事业跨越式发展。

近年来，新乡市委、市政府不断加大对公交的投入力度，推动了公交事业的发展。其中，新能源公交车应用推广，公交空调车大幅度增加，不仅为乘客提供了安全舒适的乘车环境，也为新乡市建设成绿色、环保、低碳、美丽的文明城市增添了光彩。

（四）新乡出租车的发展变迁

1985 年 4 月，国务院发布了国发〔1985〕59 号文件，对出租汽车发展实行“多家经营，统一规划，统一管理”的方针。此后，全国各地掀起了大办出租汽车的高潮。当时新乡市公交公司、出租汽车公司有少量出租汽车上街经营，标志着新乡市城市出租汽车的诞生。1988 年 7 月，成立新乡市城市客运管理办公室，归属市城建局领导；1990 年 9 月，更名为新乡市城市客运管理处。从此，新乡市出租汽车行业走上了统一管理的轨道。当时全市已有出租汽车 200 多辆，主要车型有菲亚特 125、126 和波罗乃兹、拉达、白茹、达契亚等。

经过 30 多年的发展，现在全市拥有出租汽车企业 24 家，其中市区 9 家；出租汽车2886台,其中市区1768台(全部安装4G监控设备,其中130辆为电动示范运营出租汽车);全市出租汽车从业人员6058人。出租车不仅是城市公共交通的重要组成部分,更是城市流动的风景、醒目的名片和文明的窗口。

第三节 新乡的桥梁、水运、空运、管道运输及通信

桥梁是连接道路的纽带,也是确保道路畅通的重要设施。新乡境内河渠纵横,重峦叠嶂,丘谷沟壑遍布,为使道路通畅,勤劳的新乡人民,有开路、架桥、凿洞的优良传统。自古以来,新乡人民还充分利用了水运的便捷,卫河通航可达天津。新中国成立以来,特别是改革开放以来,新乡的空运、管道运输与通信也得到了长足的发展。

一、新乡的桥梁

我们中华民族的母亲河黄河孕育了灿烂的中华文明,却也曾以天险阻断南北交通。近代以来,一座座由钢铁铸成的黄河大桥,承载着南来北往的人车物流,并见证了时代的变迁。新乡南临170公里黄河河段,黄河流经原阳、封丘、长垣三县(市),上接焦作武陟,下连濮阳,拥有9座已建、在建的黄河大桥。这些桥梁有的成为全国之最,有的甚至创下世界之最,具有较高的科技含量。

(一)郑州黄河公路大桥

郑州黄河公路大桥又称花园口黄河大桥、二号桥,北起原阳县刘庵村,南抵郑州市花园口。大桥于1986年9月30日正式建成通车,全长5549.86米,在当时号称"亚洲第一大公路桥",亚洲最长的公路大桥,邓小平为大桥题写了桥名。该桥宽18.5米,高15米。大桥下部构造有138座4层楼高的巨型墩台。整个桥体的坚固程度,可保证300年一遇的特大洪峰顺利通过,可抵御7级地震。

在此之前,在河南省上至洛阳、下至豫鲁省界的400多公里黄河河道上,没有一座公路桥梁。1970年,黄河老铁路桥被改作公路桥用,仅供汽车单向交替行驶,车多路窄,经常造成拥堵。郑州黄河公路大桥的建成,方便了南来北往的车辆,使新乡到郑州的里程比走老桥缩短13公里。

(二)刘江黄河大桥

刘江黄河大桥原名郑州黄河高速公路特大桥、四号桥,北端位于新乡市蒋

庄,南端位于郑州市惠济区,距上游郑州黄河公路大桥约 13 公里,于 2006 年 10 月建成通车。该桥是京港澳高速公路的重要组成部分,全长 9848.16 米,双向 8 车道,设计时速 120 公里,是黄河上第一座钢管拱形特大桥,也是目前黄河上最长、最宽阔的高速公路特大桥。

(三)郑新黄河大桥

郑新黄河大桥原名郑州黄河公铁两用特大桥、五号桥,北岸位于原阳县韩董庄,南岸位于郑州市惠济区申庄,距上游郑州黄河公路大桥约 7 公里,京广高铁与 107 国道共用此桥。公路桥总长 11800 米,铁路桥长 15000 米,公铁合建段长度为 9180 米,为六塔斜拉桥型。大桥于 2010 年 9 月 30 日建成通车,使得京广高铁在 2012 年 12 月 26 日顺利通车,将新乡与郑州两地的通行时间缩短到了 19 分钟,新乡由此正式步入了高铁时代。

该桥创造了四项“世界之最”:一是它是世界上第一座高铁和公路混合特大桥;二是桥上高铁时速可达 350 公里,创下世界特大型桥梁通行速度的新纪录;三是钢梁结构在世界桥梁建设中系最先采用;四是运用了“多点同步顶推”技术,在顶推最大跨度、总长度和总重量方面均创“世界之最”。

(四)官渡黄河大桥

官渡黄河大桥原名中牟东彰黄河大桥、八号桥,北端位于原阳县大宾镇,南端位于中牟县万滩镇,距上游郑州黄河公路大桥约 28 公里,是 107 国道新乡—长葛段改线取直后跨越黄河的一级公路大桥,全长 7377 米,双向 8 车道,设计时速 100 公里。2019 年 10 月 16 日,官渡黄河大桥正式通车,是目前河南境内干线公路最宽的黄河大桥,号称“黄河第一跨”。

东汉末年曹操与袁绍之间的官渡之战,是中国历史上以少胜多的经典战役。该桥距离官渡古战场很近,故以此命名来弘扬中原历史文化。官渡之战为曹操统一北方奠定了坚实基础,而在区域融合发展的今天,官渡古战场旁的官渡黄河大桥,把该区域的三座城市——郑州、新乡和开封联系得更加紧密,也为我国中部地区增添了一座南北交通大通道。

(五)济郑高铁黄河特大桥

济郑高铁黄河特大桥位于京港澳高速黄河大桥(即刘江黄河大桥)下游 3.5 公里处,是济郑高铁控制性工程,全长 34.3 公里,其中主桥全长 2016 米,总投资 75.2 亿元。该桥为公铁两用、三桥合一桥梁,下层铁路桥面上游侧为设计时速350公里的济郑高铁，下游侧为设计时速160公里的郑新市域铁路，上层为32.5米宽、双向6车道、设计时速100公里的郑新快速公路。2020年5月19日，建设者克服新冠肺炎疫情影响，使济郑高铁黄河特大桥钢桁梁顺利合龙，为济郑高铁建设发挥了积极的助推作用。

据悉，该桥主桥设计时速350公里，是我国长度最长、跨度最大、设计时速最高的无砟轨道钢混叠合连续钢桁梁桥，全桥钢梁总重为7.28万吨，相当于近两个北京“鸟巢”(国家体育场)的重量，具有工程规模大、施工难度大、安全风险高、环保水保要求高的特点。

(六)开封黄河公路大桥

开封黄河公路大桥位于开封市以东约20公里处，北岸为封丘县曹岗乡，大桥宽18.5米，全长4445.09米。大桥南北引道总长10.2公里，全桥有108孔。该桥于1989年12月建成通车，杨尚昆为大桥题写了桥名。

该大桥所在处为黄河下游河道“悬河”河段。黄河冲出峡谷进入平原之后，由于河道平坦，水流变缓，泥沙大量淤积，致使河床不断抬高，年复一年，形成了高出地面的“悬河”。现在的黄河河床，一般比黄河大堤以外的地面高出3—5米，最高的达15米，在该大桥处，黄河河床已高出开封市区地面七八米。

(七)开封黄河高速公路特大桥

开封黄河大桥(开封黄河高速公路特大桥)为G45大(庆)广(州)高速跨越黄河的特大桥，于2006年11月28日建成通车，全长7858米，主桥长1010米，桥宽37.4米。

据相关介绍，开封黄河大桥的建设在五个方面创下了全国第一：一是桥的长度及其七座塔的桥式和八桥跨的连续数量，国内第一，世界第二；二是在国内第一次采用了从日本引进的环氧填充型钢绞线斜拉索体系，作为主桥斜拉索；三是国内第一次在主桥鞍座部分采用耐老化、高强度的HDPE分丝管结构；四是支撑桥塔的支座第一次采用万吨抗震球形支座；五是国内第一次在50米T梁安装时采用双固定墩结构。

(八)长东黄河大桥

1985年竣工的新菏铁路长东黄河大桥，长10.28公里，时为亚洲最长桥。1998年4月至1999年9月，新菏铁路复线长东黄河大桥竣工通车。先后建成的新乡至菏泽铁路双线跨越黄河特大桥。左岸为河南省长垣县赵堤镇东赵堤村，右岸为山东省东明县沙窝乡杨寨村。大桥的建成，使新菏铁路西通新焦、太焦铁路，东接兖菏、兖石铁路，成了山西省煤炭外运抵达黄海之滨石臼港（日照）的重要通道，也打通了新乡的东大门和出海口。

（九）东明黄河公路大桥

2019 年 8 月 26 日，东明黄河公路大桥建成通车运营，也标志着菏宝高速的全线通车。大桥东起山东省菏泽市东明县，由日东高速（日照至东明）引出，西至长垣市赵堤镇，接长济高速（长垣至济源）。项目路线全长 23.5 公里，其中主桥长 15.206 公里，为现有黄河公路第一长桥。项目共设特大桥 1 座，大桥 2 座，中桥 2 座，互通式立交 2 座，分离式立交 5 座，桥梁和路基宽度 28 米，建设标准为双向 4 车道高速公路标准，设计时速 120 公里。大桥通车运营后，菏宝高速成为豫北地区出海路程最短、最便捷的高速公路通道。焦作、新乡等地到山东沿海各地行程将比原来缩短一个半小时，极大地节约了出行成本。

二、新乡的水运

新乡水运起源较早，境内有黄河、卫河等主要河道。隋唐大运河重要组成部分永济渠即从新乡通过。明清时期的卫河漕运也发挥了重要作用。

新中国成立以后，人民政府重视航运事业，发放贷款扶植船民从事水上运输，新乡航运业也有过短暂的辉煌。1961 年卫河木帆船发展到 1951 艘、载重 40858 吨，拖船 38 艘，繁华的卫河曾展现过“码头人接踵、河中船儿忙”的景象，通航可达天津。1963 年豫北连降暴雨，山洪倾泻，平地起舟楫，卫河航运处组织 2842 人，出动木帆船 398 艘、机动船 3 艘，投入抗洪抢险，贡献卓著，受到交通部、河南省人民政府表彰。后因引黄济卫，河床淤塞，虽几经疏浚，未能根治。1969 年，因上游水枯，撤销了新乡航运管理处，改在汲县（今卫辉市）设站经营，但水源仍无保证。1979 年，航运业务全部终止。①

20 世纪七八十年代，新乡人民利用地理优势修筑水库、建设园林式水上游乐场，沿黄一带群众则利用船只在黄河上渡来渡往，方便生产和生活。虽然这些设施和建设在服务农业、旅游业和生活上起到了积极的作用，但也存在着不少安全因素。为此，1988 年 1 月正式成立了新乡市港航监督所，主要职责是对

① 参见《新乡地区交通志》，《新乡交通志》编纂委员会：《新乡交通志》，人民交通出版社 1993 年版，第 264 页。

辖区内的各类船舶的经营资格审核并发证,实施安全监督检查,对船舶进行定期检查签证,开展驾驶员和船员的考试发证等工作。

港监所对多处边远山区、库湖河道的涣散船只进行登记造册、喷涂号码、核发证件,为经营单位办理经营许可证,协助船舶经营单位和个人建立安全管理规章制度,确保渡运安全。船舶经营违法、违纪、违章现象大大减少,一个规范化、法制化、条理化的水上安全管理体系已经形成。鉴于港航监督的特殊地位和职能的重要性,为了适应未来水上安全监督管理工作的需要,新乡市港航监督所已经市政府同意,于2002年更名为新乡市地方海事局。

三、新乡的空运

(一)新乡的机场

新乡飞机场始建于1934年,1938年至1945年被日本侵略军占领。1949年新乡解放后,新乡飞机场归属人民解放军,除执行军事飞行任务外,在社会主义建设、抢险救灾、救护等方面均做出了巨大贡献。1958年8月,由于黄河特大洪峰导致郑州黄河铁路大桥被冲断1孔,新乡至郑州临时开通民航一个月。1985年7月至11月,新乡机场曾开通至郑州机场的民航航班。如今,新乡飞机场已经成为我国第一流的直升机训练基地。①

此外,新乡还正在修建或规划修建一批通用机场。长垣机场、新乡唐庄机场已在"十三五"期间批准建设。其中,新乡唐庄通用机场坐落于卫辉市唐庄镇西山森林公园园区内,西靠太行余脉唐公山,毗邻国家南水北调工程、万亩桃花园基地及太行山风景区,机场占地面积100余亩,机库面积800平方米,机场一期跑道长800米,宽20米。二期改建工作完成后跑道长1200米,可作为轻型运动飞机、小型运输机、R22/R44/直升机等机型的起降、转场场地。

(二)空中生命通道——直升机参与交通事故救援演练

据大河新乡网报道,2018年年初的一天,长济高速延津服务区发生"重大交通事故",造成一名女子"身受重伤",而周围道路出现大量"车辆拥堵",任何车辆都无法进入现场实施救援,情况十分"危急"。此时,一架直升机搭载着医护人员从天而降,第一时间将"伤者"转移并救治。而上述情景就是新乡市重大交

① 参见《新乡市交通志》,《新乡交通志》编纂委员会:《新乡交通志》,人民交通出版社1993年版,第148—152页。

通事故应急救援演练现场的一幕，而这也是直升机首次参与到新乡市交通事故救援演练行动中来。直升机参与实战演练，检验了交通管理方面的应急、指挥、处置等工作水平，有利于提高新乡市在人员疏散、伤员搜救、交通恢复等方面的总体协调能力。

四、新乡的管道运输

管道运输具有运量大、速度快、费用低等优势，与铁路、公路、航空、水运一起，构成了当今社会的五大运输方式。

管道运输在新乡是一种新型运输方式，出现于20世纪80年代。随着濮阳中原油田的发现和洛阳炼油厂的建立，1984年，国家石油管道局设立新乡输油公司，兴建石油输送管道工程，名为中洛输油管道线。东起中原油田，途经辖区汲县（今卫辉市）、新乡县、获嘉县、武陟县、温县、孟县（今孟州市），西止于吉利（今属洛阳市孟津区）洛阳炼油厂，全长283公里，年输油量200万吨。从1985年1月建成投产，到2021年5月中洛输油管道线已经连续输油9000余万吨。

五、新乡的通信发展——以新乡移动为例

中国移动通信集团河南有限公司新乡分公司（以下简称新乡移动）于1999年10月26日正式挂牌成立，主营基础移动语音业务。新乡移动通信网络覆盖了新乡市区和八县（市）的所有宾馆酒店、大型商场、重点乡镇、高速公路、铁路干线及主要旅游景区。新乡移动的营业网点遍布城乡，为市里的重大活动、突发事件及防汛抢险提供应急移动通信保障。

2016年，新乡市全面启动了“宽带新乡”行动计划，将宽带网络作为新乡市战略性公共基础设施。随着光纤的普及，越来越多的人享受到互联网带来的便利，农村也从通电、通电视信号的时代走向了“光网时代”。2018年1月，新乡市3500多个行政村全部实现了光纤入村，基站累计达到9800个，光纤宽带用户达到140万户，移动用户规模达到620万户，为农村电商发展起到了技术上的支撑。

2019年1月22日18时15分，新乡市第一个5G基站在新中大道移动营业厅建成开通，标志着新乡5G时代的序幕正式拉开。截至2019年11月底，新乡移动已全面完成第一期400多个5G网络一期工程建设，正在实现新乡市区内

5G网络连续覆盖。截至2021年11月,新乡移动在全市开通了1900余座5G基站,实现了市、县城区和热门景区全覆盖,以及大部分乡镇、重点自然村的覆盖。

第四节 新乡交通通信科技研究与交通规划

新中国成立以来的70多年,新乡交通设计研究取得了令人瞩目的成绩。中国电子科技集团公司第22研究所的电波环境特性观测和研究在全国具有举足轻重的地位。近年来,新乡经济社会发展取得了较大成绩,为了进一步推动经济社会高质量发展,加快郑新一体化发展,新乡制定了相应的交通发展规划,全力打造大交通格局。

一、新乡的交通设计研究

新中国成立以后的新乡交通科技工作,虽然曾经遇到过来自"左"的、右的干扰,广大科技人员学习、实践、再学习、再实践,坚持领导干部、科技人员、工人三结合的方法,精心设计、精心施工,创造出累累硕果。如1961年新乡专署交通局在修建王庄公路桥时,试验成功桥墩灌注桩新技术,后在全区推广应用。1968年,新乡地区公路总段与西安公路学院(今长安大学)在新原公路涝河上共同研制修建的扁壳型拱桥,1972年试验成功。1978在全国科技大会上获重大科技奖。

辉县愚公移山专业队在多年的实践中,总结出了一整套打洞技术经验,尤其在选线定位、打眼放炮、塌方处理、安全生产、人员组织等方面积累了非常宝贵的经验。在西安公路学院的帮助下,由辉县愚公移山专业队主编、土专家石宝庆执笔,编写了技术性书籍——《我们是怎样修筑公路隧道的》,于1973年11月由人民交通出版社出版。通过此书的宣传,愚公移山专业队的实践经验得到了广泛传播,对全国各地的山区公路建设起到了很大的指导和推动作用。①

中共十一届三中全会后,确立了科学技术是第一生产力,科技队伍逐渐壮大,科研成果得到总结推广。1978年,在河南省召开的科技大会上,新乡邮电局

---

① 张有智:《论辉县愚公移山专业队的历史贡献》,《河南科技学院学报》2018年第7期,第12页。

研制的“长途简易半自动拨号设备”获得河南省重大科技成果奖。[①] 1984 年，新乡铁路分局研制的 JX 系列蒸汽机车低摩擦系数合成闸瓦，获 1985 年国家科技进步三等奖。公路科技在更大的范围内得到应用，无论是材料的替代和换代，还是新技术、新工艺的开发使用，都达到了空前的规模和水平，新乡市公路部门与有关院校、科研单位合作，先后完成较大的课题项目 10 个，8 个通过省级鉴定，4 个获省级科技奖励。

二、中国电波传播研究所

中国电子科技集团公司第 22 研究所又称中国电波传播研究所（简称 22 所），原位于新乡市牧野区荣校路，后迁至建设东路新址，是国内唯一从事电波环境特性观测和研究的国家级专业研究所，也是国际上规模较大的国家级电波环境特性观测和研究机构之一，是独家拥有国家电波环境观测站网和电波环境数据资源的单位，是国家授权的电离层骚扰预报业务发布机构。

除了本部位于新乡，22 所还在山东青岛建有分所，在北京设有“电波环境特性及模化技术”国家重点实验室，在北京、满洲里、重庆、广州等 18 个城市以及南北极等 6 个国家和地区设有常年电波环境观测站，构成国家唯一的电波环境观测研究网。22 所积极为国防和国家信息化建设提供技术支撑和服务保障，参与和承担了“两弹一星”、南极通信与科考、载人航天工程等 200 余项国家重点工程任务。

22 所在国内外享有较高的学术地位，是国际无线电科学联盟（URSI）及世界日服务（IUWDS）的一个区域中心，是国际电联（ITU－R）第三研究组中国对口组长单位。22 所是全国首批具有硕士学位授予权的单位之一，并建有博士后科研工作站，多次主办国际性学术会议，其主办的《电波科学学报》是全国中文核心期刊。近年来，22 所先后荣获“全国五一劳动奖状”“信息产业部军工电子建设项目管理先进单位”等荣誉称号。[②]

2022 年 3 月，新乡市人民政府、22 所、河南师范大学举行三方合作协议签

---

① 新乡交通志编纂委员会：《新乡地区交通志》，《新乡交通志》，人民交通出版社 1993 年版，第 43 页。

② 中国电子科技集团公司第二十二研究所网站，《企业简介》。http://www.crirp.ac.cn/22/338987/338975/index.html。

约仪式。三方将联合共建重点实验室、大科学装置、产业技术研究院和“双一流”重点学科，实现22所人才质量提升、河南师范大学“双一流”创建加力、新乡创新驱动发展加速的“三赢”效果。

三、新乡市综合交通发展战略规划

2019年7月24日，《新乡市综合交通发展战略规划(2018年～2035年)》出炉。该规划依托中原城市群、郑州组合型大都市区、“三带三区”、“两城十镇”建设，按照“交通引领、区域融合、登顶太行、跨越黄河”的愿景格局谋划全市交通发展，将开启新乡市交通强市建设新征程。

《新乡市综合交通发展战略规划(2018年～2035年)》显示：到2035年，新乡市国铁干线网谋划新增新菏高铁、濮潢铁路，与既有铁路网共同构成“三横四纵”国家干线铁路网；城际铁路网规划新焦城际、焦林城际、新开城际、郑新城际，形成“一横三纵”城际铁路网格局；市域铁路网规划郑新市域线、郑新南市域西线，形成市域铁路“两纵”格局，实现与郑州中心城区东西两翼均衡对接；高速公路规划形成“四纵四横两联”的高速公路网络，总里程694.6公里。

郑新融合交通规划依托中原城市群城际轨道网建设，将争取城际铁路、市域铁路在新乡布局，推动形成多层次的郑新融合(含开封)衔接轨道网络，规划“2高铁、2普铁、2城际、2市域”的跨黄河轨道交通体系。依托郑新沿黄界面产业联动发展基础，强化跨黄河公路与市政化道路通道建设，推动形成间距合理、层次丰富的郑新融合(含开封)衔接道路网络。规划形成“5高速+10干线及市政”的郑新融合(含开封)跨黄河通道体系。

未来，新乡市将努力建成“五化交通强市”，即城市群交通便捷化、都市区交通同城化、市域交通通畅化、城市交通高效化、综合枢纽一体化的现代化综合交通运输体系，中原城市群铁路北枢纽和豫北现代物流中心地位进一步确立，成为立足豫北、借力郑州、逐鹿中原、畅达全国、联通世界的交通强市。建成通达全国主要城市群、国家级运输通道的高速铁路与高速公路交通网，推动新乡融入全国，联通世界。①

---

① 新乡市人民政府网站，《我市〈综合交通发展战略规划(2018年～2035年)〉出炉》。http://www.xinxiang.gov.cn/sitesources/xxsrmzf/page_pc/zwgk/jrxx/article1e83fbb3bd5742baa56b1532bb33d376.html。

四、"十四五"新乡交通规划

"十四五"期间，新乡市交通基础设施建设计划完成投资400亿元，其中，高速公路300亿元，干线公路50亿元，农村公路30亿元，客货运场站和物流园区20亿元。新乡市以"四纵四横两环"高速公路网为支撑，以"七横十三纵三环"干线公路网为主线，以进山进滩、通村入组、四通八达的四好农村路网为脉络，以多式联运和区域物流枢纽为节点的综合立体交通网络即将徐徐展开。

按照河南省高速公路网规划，实施新乡市高速公路"3366工程"。"十四五"期间，全市计划新建高速公路300公里，完成投资300亿元，高速公路通车里程达到600公里，路网密度位居全省前六名，迈入全省第一方阵。新晋高速、兰原高速封丘至原阳段、沿太行高速新乡段、濮卫高速新乡段、菏宝高速辉县站、京港澳高速新乡新区站等4条续建高速公路、2个续建高速站口，2022年年底前全部建成通车。全力推进沿黄高速兰考至封丘段、孟州至平原示范区段，安罗高速原阳至郑州段、原阳至豫冀省界段，郑州至辉县高速，安阳至新乡高速，鹤辉高速，晋新高速平原示范区西站，迁建京港澳高速原阳站等7条高速公路、2个高速站口前期工作，建设里程约187公里。

"十四五"期间，新乡市重点促进黄河两岸基础设施互联互通，推进绕城公路改建，强化节点枢纽畅通能力，推动交旅融合，通车里程将达到1920公里。进一步打通县乡界"断头路"，推进"四好农村路"和"全县通村入组工程"建设，加强黄河滩区内道路建设，全面构建贯穿平原示范区、原阳县、封丘县黄河滩区，集旅游、运输、防洪于一体的穿滩路网。"一主两副多点"客运枢纽和"四核多节点"货运枢纽布局将基本形成。[①]

按照2021年9月召开的新乡市第十二次党代会的要求，未来5年，新乡市将"建成辐射豫北、连接全国的区域性综合交通物流枢纽"[②]。

---

① 《"十四五"交通基础设施建设——我市计划投资四百亿元》，《新乡日报》2021年4月14日。

② 《中国共产党新乡市第十二次代表大会关于中共新乡市第十一届委员会工作报告的决议》，《新乡日报》2021年9月28日。

第五章　当代新乡的教育事业

巍巍太行塑脊梁，滔滔黄河涤沧桑。新乡是河南省高等教育重镇，是我国中西部地区非省会城市高校数量较多的城市之一，是国家中小学教育质量综合评价改革实验区、河南省高素质人力资源培育基地。

第一节　高等教育

新乡为河南省第二大高等教育中心，是除省会郑州外河南省拥有高校最多的城市。河南师范大学是驻新高校的龙头，教育部与河南省共建，主要培养中小学教师，是河南骨干教师的摇篮。河南科技学院以农学为主，其前身为赫赫有名的百泉农专。新乡医学院历经百年风雨，是当前河南省唯一的医学综合类大学。新乡学院是一所具有服务地方特色的应用型大学，3D 打印学院和刘震云研究中心独具特色。河南工学院被誉为"工厂中诞生的大学"，曾有"专科中小清华"的美称。新乡职业技术学院以培养高端技能型人才为主，其合并的新乡幼儿师范学校开河南师范教育之先河。新乡广播电视大学创建于 1979 年，已发展成为一所综合性现代远程开放教育高等学校。新乡医学院三全学院把申请应用型学科硕士点作为发展目标，招生分数线稳居河南省同类院校首位。新乡工程学院由河南科技学院新科学院转设，教学质量突出。长垣烹饪职业技术学院是全省唯一的烹饪高等专科院校，河南省非物质文化遗产传承基地。

一、河南师范大学

新乡高校首推百年名校河南师范大学。河南师范大学历史悠久，学校前身是始建于1923年的中州大学(原国立河南大学前身)理科和创建于1951年的平原师范学院,历经河南师范学院二院、河南第二师范学院、新乡师范学院等阶段,1985年始称河南师范大学。现已发展成为一所涵盖11大学科门类的综合性师范大学。

河南师范大学占地面积139.53万平方米,建筑面积108.42万平方米,中外文纸质图书317.87余万册,电子图书896.69余万册。学校建有全球唯一一家帕瓦罗蒂音乐艺术中心和河南省规模最大、种类最多的生物资源博物馆,办有附属中学、附属小学和幼儿园。

2015年8月13日,河南省人民政府与教育部共同签署《河南省人民政府教育部关于共建河南师范大学的意见》,决定共同支持和建设河南师范大学。国家对省部共建高校的要求是"有特色、高水平、区域示范性"。省部共建之后,"河南省将把河南师大作为省高等教育建设的重点,纳入国民经济和社会发展总体规划,在项目、经费、政策等方面予以重点安排和优先支持;加大对学校的经费投入;支持学校牵头组建'河南省教师教育协同创新联盟';将河南师大作为高校综合改革试点单位,总结推广改革经验。支持学校高层次人才队伍、重点学科、高水平科研平台建设,在博士和硕士学位点及招生计划等方面给予倾斜"[①]。河南师范大学成为全省第三所由教育部和省政府共建的高校,标志着河南师范大学改革发展步入新的快车道,平台更大、方向更清,迎来全新的发展机遇。

在2017年博士、硕士学位授权审核工作中,河南师范大学共获批8个一级博士学位授权点,1个专业博士学位授权点,从根本上改变了无文科博士点的状况。截至2020年,学校设有24个学院,83个本科专业,27个硕士学位授权一级学科、7个硕士学位授权二级学科、15个硕士专业学位类别,10个博士学位授权一级学科、1个博士专业学位类别,4个博士后科研流动站,各类学生近5万人。

大学图书馆是高校教学、科研的重要阵地,是学校文献信息的集散中心,她以丰厚、时新的文献信息,快速、准确地提供给广大读者,是专门为教学、科研服务的学术性机构。踏进河南师范大学,迎面耸立的高大典雅建筑,便是河南师范大学图书馆,图书馆随着学校的创建而诞生,随着学校的沿革而变迁,随着学

---

① 屈会超:《河南师范大学跨入省部共建高校行列》,《河南师范大学学报(哲学社会科学版)》2015年第6期。

校的发展而发展，迄今已历经数十个春秋。河南师范大学图书馆建筑面积2.7万平方米；现代化设施齐全；中、外文及电子藏书1000多万册，期刊近6000种，网络在线数据库110余个；馆藏结构合理，能满足全校20余个学院，80多个专业，以及交叉学科的文献需求。河南师范大学图书馆组建了新乡地方文献整理中心，致力于将分散的新乡地方文献进行征集、整理、归类，形成较为完整的新乡地方文献收藏体系，并面向社会开放，以期促进地方经济建设和各项社会事业又好又快地发展。该中心目前共收集到以新乡地区为主的地方文献14000余册，包括新乡市各县（市）志、区志、地方及部门年鉴，各类专业史志、厂矿学校史志，村志、家谱，文史资料、党史资料、考古资料、平原省文献、人民公社文献等，已初步形成新乡地方文献特色馆藏体系。

二、新乡医学院

新乡医学院是一所百年名校，其渊源可追溯到1896年英属加拿大人、医学博士罗维灵在古城卫辉开办的西医诊所。其后不久，教会购买土地建设医院，1903年建成并定名“博济医院”（1920年易名为“惠民医院”）。“博济医院”在行医的同时也开办有短期各科医士培训教育。1922年，加拿大传教士又在此兴办了4年制惠民医院护士学校，致力于培养现代医学护理人才。1949年6月随着解放战争的推进，成立于1947年的冀鲁豫行署卫生学校携哈利生医院从山东章丘迁至卫辉，哈利生医院与原惠民医院合并组建了平原省省立医院。1950年1月，平原省教育厅、卫生厅决定在卫生学校的基础上成立平原省医科学校，平原省省立医院为医科学校附属医院，首任校长是时任平原省卫生局局长的李奕，同年5月，学校招收第一批学生。此后，学校几经变迁，“经历华北第二医士学校、汲县医士学校、汲县卫生学校、新乡专区医学院、汲县医学专科学校等发展阶段，1962年更名为豫北医学专科学校，1982年经国务院批准学校升格为本科，定名新乡医学院，同时在新乡市建设新校区”①。1991年，学校实现了办学主体由卫辉向新乡的搬迁。

新乡医学院目前占地面积1744.58亩（含临床学院），建筑面积129.396万平方米（含临床学院），开办有全日制教育、中外合作教育及继续教育等多种教

---

① 周振勇：《砥砺奋进的新乡医学院》，《人大建设》2021年第10期。

育类型,包含研究生、本科生、留学生等较为完备的人才培养体系,学科涵盖医学、理学、工学、文学、法学、管理学、教育学等7个门类,获批为国家临床医学专业综合改革试点和国家卓越医生培养计划试点单位。新乡医学院科研成果突出,“创办有《新乡医学院学报》《眼科新进展》《中华实用儿科临床杂志》《临床心身疾病杂志》《中华脑科疾病与康复杂志(电子版)》等5种国内外公开发行的刊物,其中《眼科新进展》《中华实用儿科临床杂志》为全国中文核心期刊。建有5所直属附属医院,编制床位共9406张,其中4所为国家三级甲等医院。学校还拥有20所非直属附属医院和百余个教学实践基地,多所医院获评全国百姓放心示范医院、连续入选全国地市级医院100强”①。

进入新时代,新乡医学院正积极融入“健康中国2030”、黄河流域生态保护和高质量发展等国家战略,主动服务河南经济社会发展需要,坚定不移走内涵式发展道路,加快推进学校事业高质量发展,争创“双一流”建设高校,朝着建设特色鲜明的高水平医科大学阔步迈进。

三、河南科技学院

新乡高校中,除了省部共建的河南师范大学和具有百年校史的西医本科院校新乡医学院,还有一所大学闻名省内外,它就是河南科技学院,一所具有光荣革命历史传统的红色学校。

河南科技学院始建于1939年5月,前身为中国共产党早期创建的延安自然科学院。延安自然科学院,“系抗日战争爆发后,在日军疯狂扫荡和国民党反动派发动第一次反共高潮并实行经济封锁形势下,‘为促使边区工农业生产的进步和保证国防、经济建设的成功’,中共中央作出决定,于1939年5月成立的,这是中国共产党建立的第一所自然科学教学及研究机构。此后,该院曾与延安大学、鲁迅艺术学院等合并,后又独立分出”②。延安自然科学院之后,又历经北方大学农学院、华北大学农学院、华北大学农学院长治分院、北京农业大学长治分校、平原农学院、百泉农业专科学校、河南职业技术师范学院等阶段。2004年5月,经教育部批准,更名为河南科技学院。河南科技学院占地面积

① 周振勇:《砥砺奋进的新乡医学院》,《人大建设》2021年第10期。

② 王清连、卢宪斋:《河南科技学院校史的正源在哪里》,《河南职业技术师范学院学报》2004年第12期。

2478 亩，校舍面积 62 万平方米。目前有各类在校生 53000 余人，其中全日制在校生 34000 余人，成人教育学生 19000 余人，形成了以本科教育为主体，兼有研究生教育、高职教育、成人高等教育等多层次、多科性的办学格局。

河南科技学院学科齐全，专业涵盖农学、工学、教育学、管理学、文学、理学、经济学、法学、艺术学等 9 大学科门类，拥有国家级特色专业、国家级综合改革试点专业、国家级职教师资专业建设点专业和国家级卓越农林人才教育培养计划改革试点专业 15 个。《河南科技学院学报》是由河南科技学院主办的国内外公开发行的学术刊物。为加强特色栏目建设，进一步提升研究水平和学术影响，学报编辑部特邀河南师范大学图书馆从 2014 年到 2018 年，开设“图书馆史研究”专栏，2015 年至 2018 年，又与河南师范大学图书馆联合主办“新乡地方文化研究”专栏，对推动新乡地方文化研究与服务地方经济社会全面发展做出了积极贡献。

四、新乡学院

新乡学院是一所具有地方特色的应用型大学，办学历史可以追溯到 1949 年成立的太行公立新乡师范学校。2007 年，经教育部批准，原新乡师范高等专科学校、平原大学、新乡市教育学院合并为新乡学院并升格为本科院校，2014 年通过教育部本科教学工作合格评估。在 2021—2025 年的建设期内，新乡学院的建设目标是：培养社会责任感强、基础理论扎实、具有较强实践能力和创新精神的高层次应用型人才，不断完善“产教融合、校企合作、协同育人”的应用型人才培养模式，全面提高学校“服务地方经济社会发展”的能力和水平，建成“地方性、应用型”高水平本科高校。

新乡学院校园占地面积 2130 亩，校舍面积近 75 万平方米，教学科研仪器设备总值约 4.3 亿元，图书馆馆藏纸质图书 168 万册、电子图书 152 万余种、中外文报刊 1520 余种、各种数据库 50 种。全日制本专科在校生 2.63 万余人，成教生 1 万余人。柔性引进院士、“长江学者”等高层次人才 48 人，现有教职工 1800 人，专任教师 1300 人，具有高级职称的教师 500 余人，具有博士、硕士学位教师 1100 人，“双师双能型”教师占专任教师比例近 60%。拥有省级、校级重点学科 12 个。毕业生当年就业率保持在 95% 以上。投入 3 亿元建设一批微缩实训平台，建成煤制甲醇半实物仿真实践教学中心、新媒体传播训练中心、起重机综合实训平台等校内实训基地近50个和校外实习实训基地240余家。学校现有院士工作站，省、市级重点实验室和工程技术研究中心，协同创新创业中心等26个，省级科技创新团队2个。承担国家级、省部级重大专项等各级各类科研项目2119项，其中国家级科研项目获批数量在全省新升本院校中排名前列，获得地厅级以上科研奖励708项，被SCI、EI、CSSCI期刊等收录或转载论文1046篇，获得国家专利755件。《管理学刊》入选CSSCI来源期刊。

作为地方应用型高校，新乡学院根据地方经济社会发展需要，着力打造经济管理类、机械电子类、生物化工类、信息技术类、文化艺术类、土木建筑类、教师教育类7大专业集群，推动学科专业集群化、一体化发展，推动教育教学资源向专业集群集聚，形成一批集聚效应突出、创新驱动发展、具有较强竞争力的专业集群。打破原有实验室按专业建制、条块化管理的现状，建立专业集群"共建共享"运行管理机制，提高实验室利用率。整合专业集群内相关专业的教学资源优势，有序推进教学资源的优化配置和合理调配，提高实验设备等教学资源的利用率，提高专业集群建设的整体效益。

新乡学院办学定位和发展思路清晰。坚持"地方性、应用型"的办学定位，坚持走"开放办学、合作办学、错位办学、因地制宜办学"的办学思路，以培养满足地方经济社会发展需要的人才为核心任务，服务地方经济社会发展。新乡学院积极推进转型发展，以创新促改革，加快政、产、学、研、用的深度合作和成果转化，各项事业都取得了快速发展。近年来，"新乡学院紧跟国家、河南和新乡市发展战略部署，积极对接新乡市大东区建设需求，把建设3D打印学院作为促进学校加速发展，进一步提升服务地方经济社会发展能力的重大工程。2017年4月17日，新乡学院与快速制造国家工程研究中心就合作共建全国首个普通本科3D打印学院、新乡学院3D打印院士工作站达成意向。新乡市委、市政府亦大力支持新乡学院做好3D打印技术的推广与应用，并为建设新乡3D打印产业园提供良好的发展环境，共同打造新乡市高端技术特色产业新高地"①。

潮平两岸阔，风正一帆悬。新乡学院坚持党的教育方针，乘着国家深化教育综合改革的东风，依托"一带一路"、京津冀协同发展、长江经济带"三大国家战略规划"以及郑洛新国家自主创新示范区、郑洛新"中国制造2025"试点示范

① 侯玉印、刘杰：《河南3D打印技术研讨会在新乡隆重召开》，《河南日报》2017年4月18日。

城市群、新乡国家产业集聚集群创新发展综合改革试点、国家循环经济示范城市建设的宏伟蓝图，聚焦经济结构转型升级的需求，全面深化改革，加快转型发展和学科提升，力争早日建设成为具有鲜明特色的高水平应用型大学。

五、河南工学院

河南工学院是驻新公办高校中最年轻的本科院校，其前身是赫赫有名的河南机电高等专科学校，被誉为“工厂中诞生的大学”。

1975 年，新乡市重工系统急需生产技术人才，从南方参观、考察归来的市重工局副局长李凤楼提议，在新乡市成立一所工人大学，培养有技能、懂技术、会管理的生产一线工程技术人才。李凤楼的提议得到新乡市委、市政府的认同。当年，经批准，新乡市在电气控制设备厂开办了“新乡市重工局工人大学”，办学经费由电气控制设备厂自行解决，一所大学在工厂中诞生了。学生是来自新乡市重工局所属企业具有 8 年以上工龄的优秀员工。教师是抽调新乡市重工局所属企业工程技术人员。以校办厂，以厂养校，厂校一家，就这样，这所工人大学天然地把教学与生产紧密结合在一起。短短几年时间，这所工人大学做出了傲人的成绩，并且当时新乡市重工局所属 26 家工业企业的厂长、生产厂长和技术厂长 90% 以上来自“重工大”，“重工大”成为培养企业技术骨干人才的响亮品牌。1984 年 8 月，省政府同意在新乡市重工局职工大学基础上建立河南机电专科学校。1992 年，河南机电专科学校更名为河南机电高等专科学校。

建校 40 多年来，河南机专严守“厚德、精技、求实、创新”的校训，在一代代学人的精心铸造下，逐渐形成了“开拓进取，自强不息”的机专精神。改革开放以来，河南机专的建设步入了快速发展的时期，数十年风雨兼程，机专师生用挥洒的汗水浇灌出累累硕果。河南机专的“电气自动化实训基地”，2013 年被教育部确定为中央财政支持的职业院校国家级实训基地，同时也获得了 440 万元建设资金支持，其中中央财政支持建设资金 220 万元，省财政支持建设资金 220 万元。该基地是河南机专自 2005 年以来，成功申报的第三个国家级实训基地。2005 年“计算机应用技术实训基地”被教育部确定为“国家级实训基地”，获 360 万元资金支持；2008 年“数控技术实训基地”被教育部确定为“国家级实训基地”，获 440 万元资金支持。然而，早在 1999 年，河南机专就被教育部确定为全国示范性高等工程专科重点建设学校。2004 年又被国务院授予“全国就业工作先进单位”称号(当时受到国务院表彰的唯一一所专科院校)。2013 年 4 月,被评为“河南高等教育质量社会满意院校”。2014 年被评选为“最具就业竞争力的 10 张河南教育名片”之一。

2016 年,河南机专升格为本科院校,定名为河南工学院。河南工学院在专业上追求精进,而且不断健全立德树人的落实机制,突出人才培养的政治导向,传承忠诚担当的红色基因和厚重多彩的地域文化,将家国情怀内化于心,外化于行,探索红色思政育人模式。学校现在正在以高质量的党建推动事业高质量的发展,为把学校建设成特色鲜明、优势突出的高水平应用型大学而努力奋斗。

六、新乡医学院三全学院

新乡医学院三全学院成立于 2003 年,现有两个校区,分别位于新乡市区和平原示范区。新乡校区是新乡市的花园单位,占地面积 128 亩。平原校区建设项目被列为省重点建设项目,规划用地 1400 亩,建设预算投资 15 亿元,校园占地面积 922 亩。现有全日制本科、专科 2 个办学层次,涵盖医、管、理、工、文 5 个学科领域。

建校以来,学校秉承“全面适应社会需求,全面实施素质教育,全面培育医学英才”的办学指导思想,坚持“建设地方性、高水平、有特色、应用型的健康服务大学”的发展目标,坚定“转型发展、内涵发展、特色发展”的中期战略,紧抓国家深化教育领域综合改革的重要机遇,突出办学特色,合理专业设置,构建了以现代医疗服务为核心,以现代医疗装备与技术、生物医药、养老与康复、现代健康与医疗管理为两翼的覆盖全生命周期的 5 大健康服务专业集群,积极为地方经济社会发展提供人才保障和智力支持。

新形势下,学校把申请应用型学科硕士点作为发展目标,加大科研投入力度,获批新乡市重点实验室和新乡市工程中心。明确卫生管理与健康服务研究、男性和女性生育力保存新技术研究、生药活性成分提取鉴定新工艺研究、物理材料在疾病诊断和康复医学中的应用研究等方向,先后建成全开放科技创新中心平台、生物与基础医学实验平台、生育力保存重点实验室、干细胞研究中心。

伴随学校办学成果日益丰硕,社会影响力不断扩大,中央电视台《新闻联播》《中国教育报》等国家媒体及新浪微博、今日头条、腾讯新闻等新型主流媒体先后推出三全专题报导。2014 年年底,学校获准加入应用技术大学(学院)联盟,是全国唯一一所加入该联盟的医学类独立学院。

七、新乡工程学院

新乡工程学院(原河南科技学院新科学院),创建于 2003 年,是经教育部批准设立的全日制民办普通本科高等学校,具有学士学位授予权。2021 年,经国务院教育行政部门审批转设为独立设置的民办本科普通高校,更名为新乡工程学院。

学院现设有 15 个教学系(部),其中河南省"综合改革试点专业"2 个,已形成经济学、管理学、法学、教育学、文学、理学、工学、农学、艺术学等 9 大学科门类协调发展的学科专业格局。

作为新成立的地方高校,新乡工程学院坚持科学发展、内涵发展、特色发展的发展模式,坚持以学生为本,一切以学生为中心。近 3 年来,在全国大学生数学建模竞赛、全国大学生电子设计大赛、全国三维数字化创新设计大赛、"挑战杯"全国大学生课外学术科技作品竞赛等比赛中屡获大奖。毕业生在公务员、"特岗计划"、"三支一扶"、创业大赛、大学生志愿服务西部计划等选拔考试中表现优异,法律援助等社会实践取得良好效果,就业率连年保持在 95% 左右。

八、新乡职业技术学院

新乡职业技术学院是一所以培养高端技能型人才为主的高等职业院校。学校创办于 1975 年,前身为新乡市纺织职工大学,2009 年更名为新乡职业技术学院。2016 年 3 月,新乡幼儿师范学校并入新乡职业技术学院。

新乡幼儿师范学校(原新乡一师、汲县师范)是河南省属 9 所正规幼师之一,创建于 1883 年,是河南省办师范教育最早的学校之一,也是新乡地区唯一一所具有颁发教师资格证资格的中等师范学校。一百多年来的耕耘奋斗,新乡幼儿师范学校为牧野大地培养了数万名合格的基础教育英才,是新乡基础教育史上浓墨重彩的一笔。

新乡职业技术学院办学特色鲜明,优势突出,先后被评为"全国职业教育先进单位""河南省职业教育先进单位""河南省就业工作先进单位""河南省职教攻坚计划先进单位""河南省高技能人才培训基地"等,并获"全国技能人才培育突出贡献奖”等荣誉。

九、长垣烹饪职业技术学院

新乡高校中，长垣烹饪职业技术学院颇具特色。长垣烹饪职业技术学院有50余年的办学历史，其前身为1963年创办的长垣烹饪学校，2006年更名为河南博大烹饪中等专业学校，2010年升格为长垣烹饪职业技术学院。学校是非营利性民办高校，实行“民办公助”的办学体制，坐落在享有“中国厨师之乡”美誉的长垣，位置优越，交通便利。

长垣烹饪职业技术学院是“全省唯一的烹饪高等专科院校，中国烹饪协会大师工作站，中国烹饪（餐饮服务）大师、名师培训基地，河南省非物质文化遗产传承基地，河南省高等职业教育示范性实训基地，河南省职业教育特色院校，河南省最具就业竞争力十大典范高校”之一[①]。

作为河南省非物质文化遗产传承基地，学院在挖掘、保护、弘扬烹饪文化方面做了大量工作。编辑、整理、出版了《中餐纲目》《厨乡韵》《百菜百典》《厨诗三百首》等宣传烹饪文化的相关书籍，完成了省教育厅交付的“十二五”烹饪类教材编写任务，与中央电视台、河南电视台合作，协助拍摄了《端午访古》《阳光大道》《中国豫菜》等多部专题片、纪录片。特别是积极参与中国烹饪文化博物馆的建设，完成菜品设计、烹饪文化介绍等工作任务，受到了社会各界的一致好评。

十、新乡广播电视大学

新乡广播电视大学创建于1979年，位于新乡市金穗大道中段，与市人民公园和体育休闲广场隔路相对。2003年，经新乡市委、市政府批准，原新乡广播电视大学与新乡市工业学校合并，现已发展成为一所综合性现代远程开放教育高等学校，成为新乡市高等教育、成人继续教育、现代远程教育、网络教育、中专教育、中等职业教育的重要组成部分。

在坚持办好现有专业的同时，新乡广播电视大学还与北京航空航天大学、中南大学、西安交通大学、东北财经大学等十几所全国名牌重点高校联合办学，

---

① 刘建宽：《河南新乡长垣县烹饪职业技术学院景观设计》，湖南工业大学硕士学位论文，2019年。

为新乡市民百姓成为名校"弟子",培养高层次多学科社会急需人才积极努力。各种非学历教育培训,也为各行业专门技术人才提高工作能力提供了有益的支持。

十一、高校院所河南科技成果博览会

新乡市自2018年起连续成功举办了四届高校院所河南科技成果博览会,旨在为国内外高校、科研院所、高新技术企业、投融资机构搭建交流合作平台,打通科技成果转化"最后一公里"。

"高博会"可谓是新乡文化事业的盛举与亮点,吸引国内外一流学者共商大计。以2021年第四届"高博会"为例,新乡市共邀请了46位"两院"院士,27位"双一流"高校校长、副校长,国家级科研院所所长、副所长,以及多位"长江学者"、"国家杰青"、企业家、投融资机构负责人等出席大会。借助云端,诺贝尔物理学奖获得者乔治·斯穆特教授,白俄罗斯国家技术大学副校长、中国国家友谊奖获得者阿列克谢耶夫·尤里教授分别进行了线上致辞,祝本届"高博会"圆满成功。在开幕式主旨演讲环节,北大博雅特聘教授张维迎,北大病原生物学系主任鲁凤民教授,北大创业训练营理事长、中坤投资集团创始人黄怒波,分别以"企业家与财富创造""新冠疫情下的2021全球生物医药发展趋势与机遇""科技创新与企业家精神"为题,进行了主旨演讲。

每届"高博会"都取得了丰硕的成果,涉及与新乡城市发展密切相关的绿色纤维、电池与电动汽车、生物与新医药、新能源、机器人及智能制造、航空航天、智慧城市、节能环保、大数据、大健康等领域,与会者为新乡高质量发展、新乡国家自主创新示范区建设、高校院所科技成果的培育与发展等献计献策。

第二节　中小学教育

中小学教育牵系千家万户,关涉国家的未来,是群众最关心、最直接、最现实的利益。近年来,新乡市委、市政府始终坚持教育优先发展战略地位,把教育事业发展作为一项重要民生工程来抓,着力推进义务教育均衡,努力打造人民满意的教育,让人民共享更好更公平的教育,让每个人都有人生出彩的机会。

新乡市是教育部首批国家中小学教育质量综合评价改革实验区之一，是河南省素质教育改革重镇。在习近平新时代中国特色社会主义思想的引领下，新乡中小学教育蓬勃发展：新乡第一法《新乡市中小学校幼儿园规划建设条例》颁布实施，4 个县（市）、区顺利通过均衡县国家评估验收，高考成绩再创历史新高，教育精准扶贫"春雨行动"全面启动，"全面改薄"超额完成省定任务，特别是社会主义核心价值观大讲堂、中小学生研学旅行、教师家访等已成为全省乃至全国的亮点，新乡市教育局也获得"全国文明单位"荣誉称号，并在"全国文明城市"创建中荣立集体三等功。

一、中小学教育的新成就

政策保障方面，2017 年新乡市行使地方立法权的第一项立法，就是《新乡市中小学校幼儿园规划建设条例》；市政府还先后出台《新乡市义务教育均衡发展三年攻坚计划（2016—2018 年）》《新乡市乡村教师支持计划（2015—2020 年）》《新乡市人民政府关于支持民办教育发展的意见》《新乡市午托机构管理暂行办法》等一系列重要文件，为教育发展提供了强有力的法律支持和政策保障。

从资金投入上看，"据初步统计，2016 年全市财政对教育投入达 66.45 亿元，在严峻的经济形势下，仍较上年增长 0.99%；其中，争取省级以上资金 11.76 亿元，比上年增长 1.77 亿元，增幅为 17%。在学校建设方面，大力实施《扩充市区义务教育资源三年行动计划》，市区一批学校建成启用，2017 年新增学位 6210 个，新乡市明德小学坚持质量与速度并重，9 月 1 日如期开学，高新区道清路小学开始招生，耿黄中心校已经建成，乔榭学校、牧野社区小学正在建设，学位供求矛盾逐步缓解。同时，全市扩充城镇义务教育资源项目已经竣工 42 个，完成投资 4.9 亿元，建成校舍 25.3 万平方米，新增学位 2.8 万个，实现了'时间过半、任务过半'的目标"①。

办学条件得到全面改善。"全面改薄"超额完成省定任务，"建设类项目开工率全省排名第四、竣工率排名第五，年内实现了由落后到先进的彻底转变。师资队伍建设进一步加强，开展'立德树人，成就最美'师德主题教育活动，积极

① 任霞：《咬定目标办好教育，加快"四个新乡"》，《新乡日报》2017 年 2 月 10 日。

树立、宣传师德典型；教育信息化水平进一步提升。河南省基础教育城域网新乡中心节点建成，并接入河南师范大学和省教育科研网络；开展'一师一优课一课一名师'活动，发布课堂实录4176节，晒课3.1万节，全省排名第六；召开信息化环境下中小学教与学方式变革观摩研讨会，推进新型教学模式试点工作"①。

义务教育发展更加均衡。出台《新乡市义务教育均衡发展三年攻坚计划(2016—2018年)》，"建立月例会制度，全力推进义务教育发展基本均衡县创建，辉县市、获嘉县、新乡县、凤泉区义务教育学校办学条件达标率稳步提升；国家中小学教育质量综合评价改革实验区工作推进顺利，受到教育部好评；多元合作办学逐步深化、效果明显，各县(市)、区城区学校、乡镇中心校全部参与合作办学，市区东区新组建明德小学东校区、明德小学西校区、新区小学东校区3所合作校，取得了立竿见影的效果，新区小学东校区(公村小学)在上学期期末测评中取得了优异成绩，新区小学派去的4位教师业绩考核名列前茅，在群众当中引起强烈反响，受到家长广泛赞誉；义务教育学校招生规范有序，择校生比例得到严格控制；成功启用'新乡市小升初管理系统'，确保招生工作公平、公正、公开。普通高中质量稳步提升。高考成绩再创新高，本科上线人数达到1.47万人，较上年增长6.19%，上线率55.09%，较上年提高3.21个百分点，高出全省平均上线率4.6个百分点；职业教育特色更加明显。新增省级品牌校和特色校5所；新增专业6个，专业总数达到73个；'双师型'教师达到2227人，占专业教师的62%；中等职业学校毕业生就业率达到98%；全市中职学校共招生1.25万人，较上年增长6.28%；民办教育管理渐趋规范。出台支持民办教育发展意见，设立500万元专项资金；印发午托机构管理暂行办法，建立联席会议制度，积极推动午托机构管理规范化，走在全省前列；主动服务驻新高校发展，协调解决困难和问题18项；成功召开驻新高校座谈会，促进校市合作、校企合作，助推我市经济社会发展"②。

二、中小学民办教育概况

为了促进民办教育事业的发展，自2016年起，"市财政每年设立500万元

① 任霞：《咬定目标办好教育，加快"四个新乡"》，《新乡日报》2017年2月10日。

② 任霞：《咬定目标办好教育，加快"四个新乡"》，《新乡日报》2017年2月10日。

民办教育发展专项资金，用于表彰和奖励对促进民办教育事业发展做出贡献的单位。按照办学规模，一次性投入2000万元以上的新建幼儿园，办学规模达到18个教学班，给予20万元的奖励；一次性投入3000万元、5000万元、1亿元以上，办学规模达到36个教学班，且符合国家标准的新建民办小学、初中、高中（包括职业院校及高中以上学历教育学校），分别给予30万元、50万元和100万元的奖励；改扩建自有校舍达到上述规模和标准的，按其最后一次改扩建班数每个班分别一次性奖励1万元、2万元、3万元和5万元，最高奖励金额分别不超过20万元、30万元、50万元和100万元。设立优质创建奖。鼓励民办学校提升质量和办出特色，民办幼儿园建设成省级示范性幼儿园，市财政一次性分别奖励10万元；民办中小学建设成省级示范学校，市财政一次性奖励20万元；民办中职学校（含技工学校）创建成国家改革发展示范校、省品牌示范校和省特色校的，市财政一次性奖励20万元；民办中职学校某专业被认定为省品牌示范专业和特色专业的，市政府一次性奖励5万元"①。

目前，新乡共有市属民办学校（教育机构）19所，学历教育学校11所，分别为：新乡市一中实验学校、新乡市河南师范大学附属中学金龙学校、新乡市河南师大附中双语国际学校、新乡十中英才学校、新乡市开达学校、新乡立人文化学校、新乡冠英高级中学、新乡市新誉佳高级中学、新乡市格雷特综合高中、新乡市美术高级中学、新乡海运学校（中职）。红旗区民办学校（教育机构）共有38所，其中学历教育学校5所，分别为新乡市专家树人小学、新乡市红旗区明昌学校、新乡市红旗区新远实验小学、新乡市红旗区双馨实验小学、新乡市红旗区世青国际学校。卫滨区民办学校（教育机构）共有12所，其中学历教育学校1所，为新乡市卫滨区世青超前国际小学。牧野区民办学校（教育机构）共有32所，其中学历教育学校2所，分别为新乡冠英实验学校、新乡市牧野区中新明德学校。凤泉区民办学校（教育机构）共有14所，无学历教育学校。高新区民办学校（教育机构）共有4所，全部为学历教育学校，分别为：新乡市高新区和田育才小学、新乡市高新区盛景国际民族学校、新乡市高新区师大嘉苑小学、新乡市高新区新鼎外国语小学。平原示范区民办学校（教育机构）共有5所，全部为学历教育学校，分别为：新乡平原新区育英学校、新乡市平原城乡一体化示范区师寨

① 魏明哲：《我市设立专项资金促进民办教育发展》，《新乡日报》2016年11月2日。

镇育龙学校、新乡市平原城乡一体化示范区师寨镇育林学校、新乡市平原城乡一体化示范区宏伟学校、原阳县韩董庄乡梦达双语学校。辉县市民办学校(教育机构)共有25所,学历教育学校4所,分别为:辉县市孟庄中学、辉县市冠英学校、辉县市博文学校、辉县市新博学校。获嘉县民办学校(教育机构)共有14所,学历教育学校5所,分别为:新乡测绘中等专业学校、获嘉县开成高级中学、获嘉县清华园学校、获嘉县华园外国语学校、获嘉县太山实验小学。卫辉市民办学校(教育机构)共有12所,其中学历教育学校9所,分别为卫辉市张武店中学、新乡市相魁中等专业学校、卫辉汇智机电学校、卫辉市天骄学校、卫辉市后李庄学校、卫辉市龙海学校、卫辉市育才学校、卫辉市育才小学、卫辉市天健学校。新乡县民办学校(教育机构)共有17所,全部为学历教育学校,分别为:新乡县龙泉高级中学、新乡县冠英中学、新乡县龙泉中学、新乡县冠英初级中学、新乡县弘实学校、新乡县清华园学校、新乡县河南师大附中实验学校、新乡县京华实验小学、新乡县古固寨镇实验小学、新乡县七里营镇东方外国语实验学校、新乡县古固寨成名小学、新乡县李台实验小学、新乡县古固寨外国语学校、新乡县旭升实验小学、新乡县杨任旺才华小学、新乡县朗公庙树德外国语小学、新乡县成名学校。延津县民办学校(教育机构)共有25所,学历教育学校23所,分别为:延津县无线电技术学校(中职)、延津县实验中学、延津县城北学校、延津县育人学校、延津县双语学校、延津县小潭乡东古墙实验学校、延津县小潭乡正龙罗庄学校、延津县榆林乡成名学校、延津县蓝天实验学校、延津县诚信学校、延津县新远实验学校、延津县杨庄学校、延津县平民学校、延津县阳光学校、延津县清华园学校、延津县外国语学校、延津县农民工子弟学校、延津县榆林乡实验小学、延津县宏志学校、延津县班枣蓝天实验学校、延津县东屯镇兴达学校、延津县延北学校、延津育英外语学校。原阳县民办学校(教育机构)共有31所,其中学历教育学校26所,分别为:原阳县天润中学、原阳县阳光中学、原阳县南街中学、原阳县光华中学、原阳县路寨乡贾村实验学校、原阳县思谦学校、原阳县城关镇振华中学、原阳县蒋庄乡同心中学、原阳县南街中学附属小学、原阳县天润中学附属小学、原阳县城关镇培英小学、原阳县城关镇八里庄豫达学校、原阳县城关镇阳光一小、原阳县城关镇阳光二小、原阳县城关镇希望小学、原阳县城关镇丰华实验小学、原阳县城关镇振华小学、原阳县城关镇东方学校、原阳县城关镇西街交警路小学、原阳县蒋庄乡同心小学、原阳县蒋庄乡小郭庄学校、原阳县大宾乡育新小学、原阳县陡门乡薛庄双语小学、原阳县陡门乡东方双语学校、原阳县路寨乡许寨实验小学、原阳县路寨乡怀林学校。封丘县民办学校(教育机构)共有34所,其中学历教育学校29所,分别为:封丘县鲁岗镇新翰林学校、封丘县实新学校、封丘县新苑学校、封丘县建勋学校、封丘县潘店镇实验学校、封丘县应举镇开达学校、封丘县鲁岗镇两卷书学校、封丘县兴华学校、封丘县光亚学校、封丘县东林学校、封丘县利民学校、封丘县尹岗乡张庄小学、封丘县应举镇兴业学校、封丘县兰荣学校、封丘县博源学校、封丘县鲁岗镇育人小学、封丘县留光镇毅志学校、封丘县曹岗乡志成学校、封丘县尚文学校、封丘县潘店镇新星学校、封丘县阳光学校、封丘县长青学校、封丘县景杰学校、封丘县青竹学校、封丘县鲁岗镇智童小学、封丘县外国语学校、封丘县城东实验小学、封丘县博源国际学校、封丘县培英中学。

早在2017年年初,教育部办公厅就印发了《关于做好中小学生课后服务工作的指导意见》,要求各地教育部门将课后服务工作做成进一步增强教育服务能力、使人民群众有更多获得感和幸福感的民生工程。为破解学校放学后、家长下班前中小学生无人看管的社会性难题,第二批主题教育开展以来,新乡市顺应广大群众强烈意愿,把开展好放学后延时服务作为一项重要工程来抓。这一工程有效解决了学生家长,尤其是双职工家庭,在学校放学后、家长下班前这段时间无法接、管孩子的社会性难题。如今,"延时课堂"终结了家长的接娃焦虑。推进实施课后延时服务工作,合民情、顺民意、得民心,受到了广大家长和学生的热烈欢迎,得到了群众一致拥护和好评。截至目前,新乡全市已有370所中小学开展了课后服务。其中,开展课后服务的城镇中小学185所,占城镇中小学校总数的93%,自愿参与学生24.7万人,占城镇中小学生总数的88%。在该市发放的17.3万张调查问卷中,家长满意率达到98%。

三、名校巡礼

(一)育才小学

新乡市育才小学创建于1950年,原名"平原省立育才小学"。历经70余载历史文化的积淀和传承,育才小学与新中国共同成长,不断壮大,目前已经发展成为一所占地面积30534平方米,有62个教学班、3000余名学生的名校。学校拥有一流的人造草坪操场、校园网、学生微机教室、教师电子备课室和图书馆、科技馆、实验室等先进的教学设施,是一所现代化名校。

学校不仅硬件设施精良,还拥有一支思想过硬、业务精湛的教育教学队伍,大专以上学历的教师 126 人,其中,3 人有硕士学位。实力雄厚的师资队伍为学校取得骄人教育硕果奠定了坚实的基础。学校立足特色办学,以特色求生存,以特色求发展,以"五个一工程"为依托,以"二十五字教育观"为抓手,确立了"阳光下快乐成长"的校风,"用爱心孕育童心"的教风,"让兴趣知行共长"的学风,制定了"和谐中实现超越"的校训,提出"快乐创造精彩"的学校口号,以培养具有"四气"(大气、正气、才气、灵气)、"五特长"(善写作,敢创新,读书多,字工整,会讲演)的学生为总体育人目标,在前瞻理念的指引下,学校各方面工作都得到长足的发展。

学校先后获得"全国教育系统先进集体""河南省文明学校""河南省五好基层党组织""河南省德育工作先进单位""河南省文明单位""河南省教育变革榜样学校""河南省首批语言文字规范化学校""河南省依法治校示范校""河南省卫生先进单位"等荣誉称号。

(二)新乡市外国语小学

新乡市外国语小学建于 1950 年,位于新乡市文化街 114 号,学校环境优美,教学设备先进。外国语小学坚持以德育为核心,以特色办学为龙头,以新课程改革为载体,以深化教育教学改革和内部管理体制改革为动力,以构建高品位的校园文化、优化育人环境为依托,不断提升综合办学水平。学校先后获得"河南省文明单位""省乒乓球运动传统学校""市红领巾文明学校""新乡市示范家长学校"等荣誉称号。

(三)新区小学

新乡市新区小学成立于 2005 年,是新乡市教育局直属的学校。学校位于新乡市人民东路与新一街交叉口,东与市政府为邻,南与大学城相望,占地面积 2.3 万平方米,建筑面积 1.5 万平方米。现有 49 个教学班,在校学生 3000 多人,教职员工 128 人。其中国家、省、市级骨干教师 40 人,省级特级教师 3 人,省级教育专家 4 人,省级名师 9 人,省级学术技术带头人 11 人,研究生学历 5 人。

学校环境优美,布局合理,教学设施配备齐全。建有宽敞明亮的多媒体教室,典雅实用的美术、音乐功能教室,设施齐全的科学实验室,资源丰富的学生图书馆,标准规范的体育运动场……漫步于新区小学校园,绿树红墙,竹林幽径，亭榭楼台，文化长廊，处处体现着精致的艺术设计，充盈着浓郁的教育气息。

学校先后荣获“全国文明校园”“全国学校文化建设研究基地”“河南省文明单位”“省文明校园”“省中小学师德师风建设先进学校”“省‘五五’普法先进单位”“省少先队工作先进单位”“省卫生先进校”“省语言文字先进单位”“省社会主义核心价值观建设示范点”“新乡市未成年人思想道德建设先进单位”“市创建全国文明城市工作先进单位”“市文明学校”“市示范性学校”等百余项荣誉。

（四）新乡市第十中学

新乡市第十中学始建于 1958 年 8 月。学校现有 55 个教学班，在校学生 3100 多名，在职教职工 226 人，其中特级教师 7 人，高级教师 89 人，一级教师 72 人，研究生学历 12 名。学校有 25 人被确定为国家级骨干教师、省级教育教学专家、省级学科带头人培养对象、省市级名师、骨干教师，雄厚的师资力量为学校教育质量的提高打下了坚实的基础，被河南省教育厅“教育时报杯”评选为“河南最具榜样力量的学校”。

学校占地面积 102 亩，有一流的教学楼、办公楼、综合实验楼；有设备先进的微机室、语音室、理化生实验室、多媒体教室、电子备课室；有馆藏丰富的图书馆、阅览室；高档次的塑胶跑道和足球运动场、篮球场、排球场、网球场、瑜伽馆是师生活动健身的好场所；校园里树木成林、绿草茵茵、繁花似锦，各处的文明规章条例，名人名言、科技园地，渲染着一种浓厚的校园文化氛围。学校拥有设备先进的理化生实验室、仪器室 13 个，被省教育厅命名为“河南省实验室建设示范学校”。学校的品牌微机室、专业化美术画室和形体训练房设备先进。校图书馆藏书达 30000 册，阅览室有各种报纸杂志 120 余种。

学校先后获得“全国现代教育技术实验学校”“全国青少年读书教育读书育人特色学校”“全国群众体育先进单位”“全国示范家长学校”“国家级骨干教师培训基地学校”“河南省文明单位”“河南省为人师表，育人楷模先进单位”“河南省教育系统先进集体”“河南省‘电化教育先进单位’河南省‘德育工作先进单位’”“河南省未成年人思想道德建设先进集体”“河南省‘六好’基层工会”“全省‘五好’基层党组织”等 200 个国家、省、市级荣誉和称号。

（五）新乡市第二十二中学

新乡市第二十二中学建于 1979 年，由健康路学校、南干道学校和育新学校的中学班组成。2009年学校根据新乡市委、市政府全市教育资源整合的统一部署，由金穗大道老校区整体迁入解放大道355号。经过几代人的努力，二十二中已成为社会关注、学生向往、群众期盼的一所名校。2017年11月被中央文明委确定为“全国首批文明校园”。

学校占地面积27747平方米，建筑面积26397平方米，建有综合教学大楼、图书科技楼、办公楼、多媒体会议厅，塑胶篮球场、排球场、羽毛球馆、足球场和塑胶跑道，电子白板配备至每间教室，教育教学和管理等方面已初步实现信息化、数字化。学校还配备有高标准的理化生实验室、图书室、阅览室、音乐和美术教室、心理咨询室等功能性教室，各种功能区域分布合理，为教书育人、读书学习、生活锻炼提供了良好的校园环境。

学校先后荣获“全国教育技术实验课题先进校”“全国生态文明教育示范校”“全国素质教育理论研究与实践先进实验基地”“河南省文明单位”“河南省绿色学校”“河南省一校一品体艺特色学校”“河南省中小学德育工作先进单位”“河南省文明学校”“河南省关心下一代工作先进集体”“河南省‘教师培训年’活动先进单位”“新乡市五一劳动奖状”“新乡市师德教育活动先进集体”等200余项荣誉或称号。近年来，学校教师在各级各类优质课、教学技能比赛中，共有5人次获得国家级奖励，18人获得省级奖励，50多人获得市级奖励。学生在各级各类素质教育活动中，共有50余人次获国家级奖励，100余人次获得省级奖励。在每年中招考试中，升入省重点中学的人数在全市均名列前茅。

（六）河南师范大学附属中学

河南师范大学附属中学创建于1954年，是河南省教育厅直属的具有实验性和示范性的省重点中学。在60余年的办学实践中，河南师大附中逐步形成了“自己深厚的文化底蕴、优良的办学传统、鲜明的办学特色。特别是近年来，以‘人本立校，树人启智’为办学理念，以‘校名・人福’为办学愿景，严格规范办学行为，积极实施素质教育，着力推进、实施“一主两翼全攻略”教育教学改革，全面提高教育教学质量，取得了骄人的办学业绩”①。

学校的高考、中考成绩一直位居省、市同类学校前列，学科竞赛和科技、文化、体育等学科课外活动成绩显著。1990年以来，向北京大学、清华大学等全国

① 《河南师范大学附属中学》，《中国数学教育》2010年第8期。

著名重点高校推荐保送生 400 多人;信息学、数学、物理、生物等学科竞赛共 1000 多人次获得国家和省级以上奖励,370 多人次获省级一等奖,50 多人进入国家集训队,9 人获得全国冬令营金牌。

骄人的办学业绩也赢得了各界的肯定与褒奖,60 余年间,学校先后受到国家级、省级表彰总计百余项次。1958 年被首批列入河南省重点中学,1978 年重新被确定为省重点中学;2004 年在河南省首批省级示范性普通高中评估认定中,名列全省第一名;2010 年荣获“河南人民满意的十佳中学”称号并再次名列第一。

(七)新乡市第一中学

新乡市一中始建于 1940 年,其前身是原八路军太行豫北五联中,已有 80 多年的光荣历史。1958 年被河南省教育厅命名为河南省重点高中,是我省首批办好的重点高中之一,曾为河南省、新乡市的教育事业赢得过诸多辉煌。近年又先后荣获“全国中小学体育工作先进单位”“全国青少年群体活动先进单位”“全国三八红旗集体”“全国群众体育先进单位”“全国模范职工之家”“全国奥林匹克教育示范学校”“中国名校”等称号,并入选中国“百强中学”,2010 年获得“河南人民满意的十佳中学”光荣称号,多所知名高校将新乡市一中定为优秀生源基地。

学校现有 3 个校区,老校区在市中心,占地约 125 亩,建筑面积 5.8 万平方米;南校区在高新区,占地 362 亩,建筑面积 15 万平方米;东校区在市政府东邻,高中部 2013 年落成并开始招生,初中部由原外国语学校并入,东校区初、高中共占地 244 余亩,建筑面积 6.95 万平方米,120 个教学班的规模。

新乡市一中办学历史悠久、文化底蕴深厚,有着优良的传统和先进的办学理念,校风正、学风淳,管理严而有格,严而有爱;学校拥有一支治学严谨、爱岗敬业、无私奉献的一流教工队伍,为每一个学生的终身发展奠基,成就每一个学子的升学梦想!

(八)新乡市铁路高级中学

新乡市铁路高级中学(原新乡铁一中)位于新乡市自由街 189 号,创建于 1954 年,2005 年由郑州铁路局移交新乡市政府管辖,迄今已有 60 多年的办学历史,是一所享誉牧野大地的豫北名校。新乡市铁路高级中学是原郑州铁路局重点中学、示范中学,郑州铁路局“双文明先进集体”,郑州铁路局和新乡市“教育工作先进集体”“河南省文明单位”。学校每年向清华大学、北京大学等重点高校输送大量优秀人才，并在学科竞赛、篮球、航模、音乐、美术等方面保持着省内优势地位。

（九）辉县市第一高级中学

河南省辉县市第一高级中学是一所始建于1904年的百年老校，位于辉县市太行大道西段，其前身为创建于1904年的县立高等小学堂。校名16次更易，校址7次迁徙。1978年跻身省重点中学行列。1995年被省委、省政府评为“文明单位”。2005年被评定为河南省首批示范性普通高中，同年被济南空军招飞中心、省教育厅确定为“新乡市空军飞行学员早期培训基地”。2008年辉县市一中新校区建立“辉县市第一高级中学”，老校区建立“辉县市第一初级中学”。2012年辉县市第一高级中学被中国空军招飞局确定为“空军飞行学员优质生源基地”。

（十）卫辉市第一中学

卫辉市第一中学始建于1902年，前身为清代的淇泉书院，是河南省最早的三所百年名校之一。自1921年被命名为河南省立第十二中学起，直到1978年，一直是河南省重点中学。2005年跻身河南省首批57所“省级示范性高中”行列，2019年被评为“省文明校园”，连续三届被评为“省文明单位”，连年荣获“新乡市普通高中教育教学突出贡献奖”“新乡市普通高中成长性评价优胜单位”等称号。建校120年以来，从这里走出了以范文澜、嵇文甫、尹达、方心芳、李春昱、高为炳、崔俊芝、樊亢、马骧聪等9位院士为代表的数以万计的优秀人才，为祖国的建设和人类进步事业做出了积极贡献。①

第三节　中等职业教育

新乡市落实国务院关于大力发展现代职业教育的政策方针，紧贴本地产业发展需要，推动职业教育改革创新，全市现已初步形成布局合理、特色鲜明、中高职相衔接的职业教育体系。

① 《百年名校展新姿　不忘初心铸辉煌——卫辉市第一中学简介》，卫辉市第一中学网站，http://www.whsdyzx.cn/xxjj。

一、整体规模

全市共有中等职业学校21所,其中公办学校16所(含市教育局直属学校2所,行业学校1所),民办学校5所,向省厅备案15所。全市在校生共计3.7万人。全市(不含长垣县)共创建国家中等职业教育改革发展示范校2所、河南省职业教育品牌示范院校2所、河南省职业教育特色院校9所,为区域经济社会发展培养了大批技能型人才。中职院校总占地面积228万平方米,建筑面积78万平方米,其中实验室、实习场所13.6万平方米。固定资产总值5.3亿元,其中教学、实习仪器设备资产值1.7亿元(新增教学、实习仪器设备资产1454万元)。图书120万册(新增图书3.6万册)。全市201个专业点(新设专业点6个),有17个大类,74个专业。教职工3593人,专任教师3009人;专业课、实习指导课教师1425人,其中"双师型"人才达到2227人。在校生5.1万人,中职毕业生就业率达到98%。每年开展各类培训约1.3万人次。新乡市科学规划中等职业学校和普通高中的发展规模,着力促进中职教育与普通高中教育协调发展,中等职业教育实现招生数量与质量稳步提升。

二、发展成就

2017年,通过各级政府的财政投入,新乡市中等职业学校硬件设施配备不断完善,教学楼、公寓楼、活动场地等教学生活设施建设水平不断提升;推动实施中等职业学校信息化提升工程和实训基地项目建设,投入3305.6万元用于6个职业学校数字化校园项目建设,投入1478万元用于6个实训基地项目建设。

新乡市积极推进中职学校数字化校园建设。优化布局保证学校均光纤接入互联网,有独立域名的门户网站。逐步建成办公自动化OA系统、网络教学平台、资源库、一卡通、学分制管理平台以及图书管理系统、校务管理平台等信息管理系统,有效地帮助教师进行信息化教学,学生可以在线上自主学习网络课程,为我市全面实现教育信息化奠定了良好基础。2017年,新乡市职业教育中心、辉县市职业中等专业学校完成第二批省中等职业学校数字校园建设项目。

专业建设方面,新乡市职业学校紧密围绕河南省国家粮食生产核心区、中原经济区、郑州航空港经济综合试验区、郑洛新国家自主创新示范区战略规划,服务新乡特色支柱产业发展需要,大力发展为特色装备制造、生物与新医药、电池与电动车、制冷、起重与振动、休闲旅游等产业提供人才支撑的相关专业，积极发展高成长服务业和新兴服务业相关专业，共开设有17大类182个专业。完善专业动态调整机制，基本形成了特色引领、重点突出的产教融合发展的专业格局。新乡市职业教育中心电子商务专业和辉县市职业中等专业学校旅游服务与管理专业是第一批省品牌示范专业项目，新乡市工业学校建筑工程施工专业是第一批省特色专业项目，以上三个专业点总投入约372万元，已经建设完成。2017年，新乡市省级品牌示范专业和特色专业建设第二批建设项目共9个项目和第三批1个特色专业项目任务书和建设方案上报，品牌示范专业和特色专业建设将有力地引领和推动全市中职学校专业结构优化与调整，提升中等职业教育专业建设水平。

三、政策保障

新乡市加大对职业教育的财政投入，将职业教育经费全面纳入公共财政预算管理。确保职业教育投入"一个增长，两个30%"。2017年全市筹措资金52367万元，市本级筹措29833万元。新乡市实行中职免费教育，2017年共免除中职学费4073.78万元，惠及学生73208人次；发放中职助学金678.26万元，惠及6802人次。

为加快新乡市现代职业教育发展，新乡市印发了《关于印发省级职业教育资金管理办法的通知》等文件，政府制定《新乡市进一步优化中等职业学校布局提升办学水平实施方案》（新政文〔2016〕155号）并报请省政府同意，进一步完善了职业教育政策体系，为职业教育事业发展提供了有力支持和保障。改革财政拨款制度，积极研究出台《关于印发市属职业院校财政经费核拨方案（试行）的通知》。落实中职资助政策，做到应助尽助。

另外，新乡市还积极开展"职业教育活动周""中等职业教育成果展暨招生咨询"等活动，充分利用广播、电视、报纸、网络等媒体，广泛宣传全国和全省职业教育工作精神，宣传国家发展职业教育的利好政策，突显职业教育的重要地位和作用，大力倡导尊重人才、尊重技术、尊重劳动、尊重创造的社会风尚。

四、特色职校简介

（一）新乡市职业教育中心

新乡市职业教育中心2008年7月由全市7所职业中专合并组建而成，其中新乡市第一职业中专为国家级重点中专。市信息工程学校、市旅游学校和新乡市航空中等专业学校为国家级重点普通中专。按照市委、市政府的职业教育规划，新乡市职业教育中心将成为全市唯一的中职教育基地。占地100余亩，建筑面积近10万平方米，拥有现代化的教学、办公、体训、综合实验、学生公寓楼，大型餐厅等教育教学生活设施。学校改革电子商务课程结构，教学内容紧贴互联网和新媒体营销的商业模式。课程体系和专业理论、专业技能发生新变化，问题和困难随之而来，合适的教材无处买，老师不敢改。为破解难题，学校决定走开放办学之路，引进了上海沪江、北京博导、郑州京慧越、深圳圆梦之旅、北京华唐和深圳百马汇跨境电商，共同开办电商专业。和上海沪江合作，电商专业开启了互联网教育的新理念，和北京博导合作开发了电商专业的C实习平台，和郑州京慧越合作打造淘宝电商的整套师资和全套校本教材，和深圳圆梦之旅合作建设了产教融合电子票务实习实训基地，和北京华唐合作开发了客户信息服务专业，和深圳百马汇合作开发了亚马逊跨境电商基地。

（二）辉县市职业中等专业学校

辉县市职业中等专业学校，始建于1970年，1987年由胡桥高中改为辉县市第二职业高级中学，1993年被河南省教育委员会命名为辉县市职业中等专业学校，2004年被河南省教育厅认定为河南省首批县级职教中心，2006年1月被国家教育部认定为国家级重点职业学校。2008年由辉县市职业中等专业学校牵头，对辉县市第四职业高中、辉县市教师进修学校的幼师班、辉县市卫生学校、辉县市文化艺术学校、辉县市城关技术学校等5个学校进行了整合，成立了辉县市职业教育集团。

学校有一支结构合理、素质优良的教师队伍。人才培养与课程体系方面，形成了“专业+企业+岗位”的人才培养模式，并在日常教学管理中付诸实施，取得良好的效果。课程体系方面形成了“宽基础、活模块、强技能、准方向、重育人”的课程体系。师资队伍建设方面，聘请具有高级技术职务或技师以上技能水平的企业技术骨干20余名参与学校专业建设和教学工作，每年委派教师到高校进修、到企业顶岗实践。校企合作、工学结合运行机制建设方面，建设和巩固十多家校外顶岗实习和就业基地，并签订合作协议，如中电联北戴河培训中心、厦门天马微电子等，使学生能够及时到各企业进行顶岗实习。

（三）牧野区职业教育中心

学校创建于1974年9月，2009年9月改制为职业中专，为省级职业教育特色学校、省级职业技能鉴定中心，以培养海员起家，同时为省、市、区政府培养职业技能人才，开展职业技能鉴定工作，被评为“河南省职业教育先进单位”“新乡市职业教育教学研究先进单位”。

学校占地107亩，师资力量雄厚，拥有一支爱岗敬业、乐于奉献、综合素质高、教学和实践经验丰富的教学队伍，各专业聘请有企业高级工程师、行业专家等为学生讲授专业课，有效地保障了教学质量。学校把专业建设作为学校发展的核心以及提高教育教学质量和办学效益的关键环节。专业设置做到六个结合，即与国家产业结构调整、经济发展方向相结合，与区域经济发展的需要相结合，与中职人才培养层次（需求的人才规格层次）相结合，与学校自身实际基础条件相结合，与人才需求的前瞻性相结合，与区域职业教育专业饱和度相结合。注重专业更新，2012年以来，开设3个新专业，淘汰1个旧专业。立足果蔬花卉生产技术、建筑装饰、家具设计与制作3个专业，做精做强。专业着力做好3个方面：师资队伍培养，实训基地建设，校企深度融合。其中师资队伍是灵魂，实训条件是基础，校企合作是实现途径。

第六章　当代新乡的体育事业

我国体育虽历史悠久，但“体育”却是1902年左右从日本传来的一个外来词。后来，随着西方文化不断涌入我国，学校体育的内容也从单一的体操向多元化发展，课堂上出现了篮球、田径、足球等。1923年，在《中小学课程纲要草案》中，正式把“体操课”改为“体育课”。从此“体育”一词成了标记学校中身体教育的专门术语。体育是包含身体锻炼、游戏、竞争要素的身体运动的总称，目前体育的主要任务是：促进身心健全发展，培养终身体育能力。“体育精神是指体育运动中所蕴含着的对人的发展具有启迪和影响作用的有价值的思想作风和意识”①，体育精神是由体育运动所孕育出来的意识形态，它超出了体育运动本身，内化为人类心中的一种信念和追求。新乡历史悠久，新乡人民向来重视体育事业，新乡人民身体素质整体较好，拥有积极进取的精神面貌。

第一节　体育发展概况

新中国成立以前，新乡的体育活动仅限于春节农闲期间民众习武和中、小学生开展的游戏、跑操、篮球等。新中国成立后，新乡的体育事业得到了蓬勃发展，体育设施、竞赛项目和群众性的体育活动均有很大发展，不仅培养出一批闻名全国的体育人才，而且增强了人民体质，推动了社会主义建设不断发展。②

① 王海兵、陈文：《体育精神在企业内部控制文化构建中的作用》，《大众投资指南》2021年第4期，第79—82页。

② 新乡市地方史志编纂委员会：《新乡市志》下册，生活·读书·新知三联书店1994年版，第424页。

一、体育组织

新乡解放初期由市人民政府文教科主抓全市的体育工作。1952 年 12 月成立“平原省新乡市体育分会”。1953 年成立“新乡市体育运动委员会”。1957 年,机关、企事业单位先后成立体育协会,同年开办市业余体校,上述体育机构在 20 世纪 60 年代初的三年困难时期和“文化大革命”期间均受到严重冲击。1978 年后,各级体育组织逐步恢复正常活动,配备专、兼职干部,组织习拳练武辅导站和单项体育协会,体育活动进一步展开。1986 年区划调整后,新乡市体委下设办公室和政工、群众、训练、竞赛、财务基建 5 个科,2 个机构有体校、业余体校、体育馆、射击场、游泳池等。之后经过几次机构改革,于 2001 年更名为新乡市体育局。机关设办公室、群众体育科、青少年体育科、竞技体育科、人事教育科、体育经济管理科,主要承担全市的体育政策、规定的拟定实施,统筹规划全市的竞技体育发展和优秀运动员队伍的建设和体育后备人才的培养,组织参加和承办省级、国家级的体育比赛,推广全民健身活动,指导全市体育工作的开展。直属单位:市体育中心、市全民健身训练中心、市中心业余体校、市体育场、市重点体校。

二、群众体育

群众体育也称“社会体育”“大众体育”,是指以社会全体成员为对象,以增强体质、丰富业余生活、调节社会情感为目的,开展的形式多样的体育运动。据粗略统计,新乡市城乡每年参加体育活动的人口以及常年坚持参加体育活动的人数达百万人次,且呈逐年上升趋势。各级各类社会体育指导员活跃在全市各个全民健身活动站点,指导健身活动。

(一)职工体育

职工体育是群众体育的组成部分,形式有工前操、工间操、小型多样的锻炼或竞赛活动、简易运动会等。新乡市有众多的工厂和企事业单位,职工体育开展的时间早,样式多,内容丰富多彩,有效地调剂了职工的生活,增强了职工体质。

从 1949 年到 1953 年,全市共举行职工运动会 11 次,1 万余名职工参加比赛。

1954 年开展了“劳卫制”锻炼和工间操。

1963 到 1966 年全市举行体育竞赛 221 次。“文化大革命”中，全市的职工体育工作陷于瘫痪状态。

1978 年后又逐步得到恢复。20 世纪 80 年代，离、退休职工日渐增多。

1982 年，市政府带头组织 500 余名干部职工开展广播体操活动，被河南省评为“全省广播操先进单位”，以后又有 13 个单位被河南省评为“广播操先进单位”。1983 年市老年体育协会建立后，组织开展老年体育活动，参加省级比赛。同时，幼儿体育、少数民族体育、残疾人体育、新闻界体育也都活跃起来。1985 年，全市开展了“职工达标”活动，举行了全市“第一届职工‘达标’运动会”。1986 年，新乡市共组建基层体协和各种辅导站 834 个，每天有 1.6 万余人到站锻炼。1987 年，市区各厂矿、企事业体协不断健全，参加体育活动和竞赛人数分别达到总职工人数的 90%、75%，各单位推行职工“达标”活动，同时开展长跑、广播操等传统运动项目。1988 年，全市共有气功、田径、乒乓球等 16 个单项体育协会，200 人以上的厂矿、企事业单位大都建立基层体协，有兼职体育干部 450 名。1989 年，为庆祝新乡解放 40 周年，全市 12 个系统 141 个厂矿、机关企事业单位举办各类运动会，并把 9 月定为“体育活动月”。

1990 年，职工体育以抓好各基层体协工作和争创省“体育先进厂矿、企业”为主要内容。全市基层体协有专、兼职干部 513 人，200 人以上厂矿有 10 个体协，200 人以下厂矿有 249 个体协。1991 年，11 个厂矿企业达到市级体育先进企业标准，39 家大中型企业建立体育协会，2000 人参加省职工拳操通信赛及会操比赛。1992 年，全市 11 个厂矿、企业通过省级体育先进企业验收，20 余家单位被评为“市级体育先进企业”。90% 以上的大中型企业成立体协。出现广播操一条街、个体户举办运动会等群体活动现象。1993 年，新乡市重点开展职工广播操、太极拳、健身气功、长跑传统体育活动，扩大体育人口，开展争创体育先进企业活动，召开社区体育座谈会。1994 年，开展社区体育工作，加强行业系统基层单位体育协会的组织建设，在企业中开展争先活动。1995 年，推行《全民健身计划纲要》，开展社区体育活动。河南省社区体育工作会在新乡召开。新乡市被国家体委评为“全民健身宣传活动先进城市”，获优秀组织奖。1996 年，6 个单位被国家体委评为“全国先进集体”，5 人被评为“先进个人”，24 人被评为“省级优秀教练员”，省级“达标”集体 8 个，“先进个人”6 人，新乡市在省内群众体育评比中总分获第 1 名,被国家体委评为“群众体育工作先进城市”。1997 年 6 月,举办迎香港回归全民健身宣传活动周。开幕式当天,有近千人的健美操团体表演和近千人的第八套广播体操表演,3000 多人参加长跑。至 1998 年,全市有 14 个行业体协、21 个系统体协、297 个基层体协,市区 20 个街道办事处、367 个居委会全部建立体育协会,还建有 8 个地区体协和 3 个体育一条街,职工体育活动长年不间断。新乡市被评为“河南省群众体育工作先进市”,并连续 4 年获河南省全民健身宣传周活动优秀组织奖。1999 年,18 个办事处举办社区运动会,75% 的居委会开展趣味运动会和家庭运动会。12 万人次参加社区体育活动。新乡市荣获全民健身宣传周优秀组织奖,2 个办事处被评为“省级体育先进社区”,8 人被评为“省级群体先进工作者”。

2000 年,举办元旦长跑和“冬季大家跑”活动,新乡市分 12 个赛区,210 个单位 20 万人参加。9 月,举办新乡市第二届社区运动会,142 个单位 1500 余人参赛。2001 年 1 月 1 日,新乡市举办第 27 届元旦长跑比赛,全市共有 2000 多个单位、20 多万人参加比赛。

2001 年之后,职工体育很少单独出现,取而代之的是“群众体育”这一说法。

（二）农民体育

农民体育作为一项事业被纳入国家体育工作计划,有领导、有步骤地发展,是新中国成立以后的事。

新乡市农民体育开展较早,早在 20 世纪 50 年代初政府领导就开始重视农民体育事业了。1952 年,新乡有 5 个县先后举办了农民体育表演大会。1953 年,新乡市政府文教科主抓春节农民表演大会,除民族体育项目外,还设支援接力、拔河等项目。在市田径单项竞赛中,设农民组,分男女跑、跳、掷等 8 个项目。此外,在农村开展上、下晌田间体育活动。郊区的孟营、八里营、牧野、牛村、杨岗等村组织起篮球运动队,经常开展比赛活动。1958 年 9 月,中共中央批示一个体育工作文件时指出:“在组织了人民公社的地方,体育运动应在人民公社统一安排下,结合生产劳动,使之成为广大群众喜爱的事情。”①1958 年有上千名农民参加“劳卫制”锻炼。各县还组织各项体育的农民代表队,如田径、篮

① 周小林:《中国农村体育组织管理体系的历史变迁(1949—2010)》,《体育成人教育学刊》2012 年第 1 期,第 37—39 页。

球、武术、举重等。

进入20世纪80年代以后，新乡农民体育突破了过去单一的武术活动，市郊农民组织文化站、青年之家，开展篮球、游泳、门球等项活动。1980年，农村体育进一步发展，全市县、区举办运动会达53次，参赛人员13176人。1984年，七里营村男子篮球队获得“河南省农民丰收杯篮球赛”第4名。1985年，全市农村体育运动普遍开展，在乡、村文化站和“青年之家”组织下十分活跃。1986年，全市共举办运动会153次，其中农民单项运动会25次，参加人数5194人次。

20世纪80年代，武术挖掘整理工作进展较快。1983年以来，收集整理文献资料40本，古兵器38件，被国家体委授予“武术挖掘先进单位”称号；张兴华成绩突出，被授予“全国武术挖掘先进个人”称号。1985年，22岁的农民秦明福在省散打比赛中获65公斤级冠军，农民靳长林获省传统武术比赛九节鞭冠军。新乡市参加省级以上武术比赛者获奖31项次。全市当时有农民办的武术学校2所，习武健身的群众不下万人。

1986年、1987年，农村出现个体户、专业户资助搞比赛的现象。至1987年年底，全市举办乡以下体育比赛464次，成立各项目代表队250个，建立体育协会30个、业余体育训练点或辅导站72个、农村“青年之家”208个。新乡市在体育上投资171万元，42万人次参加活动，占全市农民总人口的15.4%。1987年，市文化局、团市委把体育列为建设文明村镇内容，充分利用农村文化站、“青年之家”开展体育活动。

1989年，新乡市争创体育先进县(市)。举办第一届新乡市农民运动会，设置田径、篮球、乒乓球、中国式摔跤、武术表演、自行车和小口径步枪射击7个项目，7县2区的300名运动员参赛。9月，55个乡镇316个村共举办373次体育比赛，56.3万人参加体育锻炼，建立体育协会40个、文化站及“青年之家”2314个。

1990年，新乡市制定《农村体育发展规划和实施方案(1990～1993)》，举办农民运动会178次，6万余人参加，农村乡镇级体协由28个发展到58个，占乡镇总数的38.6%。至1991年，22个乡镇达到先进乡镇标准，乡镇体协发展到63个，举办县级运动会100余次、乡镇级运动会350余次，13万人参加活动。

1992年，辉县市、卫辉市通过全国体育先进县验收。省级体育先进乡镇达34个，有乡镇体育协会57个。全市(含农村学校)举办运动会5310次，80余万人参加，培养骨干210多人。

1993年年初，62个乡镇建有体育协会，36个乡镇被评为“河南省体育先进乡镇”。新乡县组织小康村篮球邀请赛。1994年，以富裕乡镇体育活动为先导，组织开展节假日农村体育活动，将文艺与体育融为一体，近50万人参加活动，3个乡镇被评为“省级先进乡镇”。

1995年年初，长垣县达到省级体育先进县标准。6月20日，国务院颁布实施我国发展全民健身事业的纲领性文件《全民健身计划纲要》。10月，全国人大常委会颁发了《中华人民共和国体育法》，为积极贯彻“纲要”和“体育法”，新乡市下发了《关于新乡市实施全民健身计划纲要意见的报告》，并成立了实施全民健身计划领导小组。

有学者研究指出：“新农村建设是新世纪我国构建和谐社会和全面建设小康社会的重大战略举措。发展农村体育事业、广泛开展农村体育活动，不仅可以提高广大农民群众的健康素质，改善生活质量，更可以繁荣先进文化，引导农民移风易俗，提升农村的文明程度和农民的文明素养，形成和谐的人际关系，推动社会主义新农村建设。《关于实施农民体育健身工程的意见》明确提出，构建具有中国特色的全民健身体系，重点在农村，难点也在农村。目前，农村体育仍然是我国体育事业的薄弱环节，特别是由于基础薄弱，欠账过多，投入较少，农村公共体育场地设施建设严重滞后，发达地区与欠发达地区差距越来越大。随着我国建设和谐社会概念的提出，农村的建设尤其要受到关注，和谐农村对巩固基本政权建设，促进农民奔小康有着重要意义，农村体育的发展成为我国体育事业的有机部分。”①进入新世纪以来，新乡的农民体育事业也得到了进一步的发展。

至2000年，新乡农村广泛开展舞狮、秧歌、医疗气功、长跑、球类、棋类、健美操等比赛，举办小康村“致富杯”和庆丰收运动会。2000年春节，开展“千万农民健身活动”，举办球类、棋类、舞狮、花篮、武术、操舞、秧歌、腰鼓、旱船和背妆等活动。

2002年2月25日春节期间组织全市百万农民健身活动。2003年，封丘县李庄乡朱寨村获得“千万农民健身活动”省先进单位。2004年1月，在全市各

① 刘志敏、丁振峰、程丽华：《我国农民体育健身工程的现状与发展策略》，《体育与科学》2009年第5期，第52—55页。

县、区分12个赛区举办了“冬季大家跑”和元旦长跑比赛。2005年，市体育局积极开展“体育三下乡”和争创农村体育乡镇活动，组织精干人员深入基层乡镇对活动进行检查指导。全市152个乡镇，都建立了体协组织，各乡镇丰富多彩的健身活动接连不断。

2006年，新乡市农村体育工作以“全民健身与奥运同行”为主线，以“活动与建设并举，重在建设”为原则，以实施“农民体育健身工程”为重点，取得了新的成就。

2007年，市体育局抓住社会主义新农村建设良机，落实“农民体育健身工程”项目，成立“农民体育健身工程”领导小组，明确有关部门的责任分工，采取检查、评比、评估、建档等有效手段，发挥地方政府实施主体作用，将“农民体育健身工程”纳入新乡市建设和谐生态新农村的总体规划，会同有关部门加强农村体育组织建设，推动农村体育活动的开展，从而推动全市农村体育工作的发展。

2012年2月，省首届万村千乡农民篮球南北争霸赛在三门峡市陕县大营村群众文体馆落下帷幕。此次比赛共有来自第四届万村千乡农民篮球赛南、北赛区的前3名共6支代表队参赛，比赛采用单循环制，每队5场球赛，新乡运动员凭借出色的球技、顽强的拼搏精神，经过3天的激烈对抗，以5战5胜的成绩，夺得本届争霸赛冠军。

2013年12月20日，由省体育局、省文明办、省农业厅联合举办，市体育局承办的河南省第六届万村千乡农民篮球赛新乡赛区比赛在市中心业余体校篮球馆圆满落幕，各县(市、区)11支农民篮球队的140余名选手参加了决赛。

2014年12月12日，河南省第七届万村千乡农民篮球赛新乡赛区决赛在延津县文化体育活动中心体育馆开幕。

习近平总书记指出：乡村振兴战略不能光看农民口袋里票子有多少，更要看农民精神风貌怎么样。要建设好生态宜居的美丽乡村，让广大农民有更多获得感、幸福感。可以看出，党和国家在制定大政方针时是慎重考虑了农村发展、农民发展的问题的，而农民体育作为活跃农村生活、增强农民体质、改善农民精神风貌的重要途径，也一定会积极稳健地进一步发展。

三、学校体育

学校体育是以在校学生为参与主体的体育活动，是计划性、目的性、组织性较强的体育教育活动过程。新乡市的学校体育包括一般学校的体育课和体育学校的体育课。

1951 年,新乡市首次组织中学生男、女篮球队参加华北篮球选拔赛,力挫强手,取得较好成绩。平原师范学院(今河南师范大学)和部分中等学校重点试行“体育锻炼标准”。1952 年 12 月,全市学校普遍推行了该标准和广播体操。[①] 1954 年,全市有 10 所学校 8489 名学生开展“劳卫制”锻炼,12 所学校建立运动队 26 个。1956 年广播体操在学校普遍开展,学生身体素质明显提高,在比赛中破市纪录者 73 人,破省纪录者 31 人。1956 年至 1959 年,新乡市培养出 187 名优秀运动员、5647 名等级运动员。在全省运动会上,新乡市多次获团体总分第 1 名,代表河南省参加全国竞赛的有 347 人。

1982 年,全市有省布置的体育传统项目学校 6 所,市属传统项目学校 7 所,有 70.5% 的学生参加体育“达标”(达到《国家体育锻炼标准》)锻炼,“达标”率从 1980 年的 26.6% 上升到 1985 年的 76.78%。1983 年,市属两所学校被河南省评为“达标”先进学校,新华区(今卫滨区)、红旗区被评为省“达标”先进区。1986 年,全市(含四区八县)参加“达标”运动人数 289946 人,其中及格 134517 人(及格率 46.39%),良好 106314 人(良好率 36.67%),优秀 49115 人(优秀率 16.94%)。

1986 年,全市共有传统项目学校 80 所。其中,省布置传统项目学校 17 所(中学 7 所,小学 10 所),市属传统项目学校 27 所(中学 10 所,小学 17 所),县、区传统项目学校 36 所(中学 10 所,小学 26 所);参加活动的学生达 5652 人,分设田径、射击、篮球、排球、乒乓球、武术等项目,业余教练员 114 人。同年输送到业余体校上学、训练的学生有 130 多人。同年,新乡市要求全市所有城镇学校全部开展体育“达标”活动,农村力争 50% 的学校开展“达标”活动。建立教练员工作档案、运动员档案和传统项目多年规划、年度计划。

1987 年,全市有 1599 所学校开展“达标”活动,占学校总数的 45.1%,其中市区开展“达标”活动的学校有 118 所,占市区学校的 87%,市区适龄生 26307 人,“达标”合格人数 24844 人,占总人数的 94.4%。

1988 年,全市有省级传统项目学校 17 所,市级 31 所,县级 21 所。7 月,参

① 新乡市地方史志编纂委员会:《新乡市志》下册,生活 · 读书 · 新知三联书店 1994 年版,第 429 页。

加河南省传统项目学校田径“希望之星”杯集训和乒乓球比赛，分别获得团体第1名和第2名，6名队员被定为省苗子队员，有2所学校、5名基层教练员分别获得“先进集体”和“先进个人”。学生达标率城镇为93.84%，农村为62.5%。市人民路小学获得全国“雏鹰起飞”田径通讯赛优胜奖。

1989年，全市参加“达标”活动的学生39.02万人，占适龄生的80%；合格22.29万人，占适龄生的45.7%。市区73所学校开展“达标”活动，占总数的83%；乡镇、县城304所学校开展“达标”活动，占总数的92%；乡以下农村1674所学校开展“达标”活动，占总数的57.7%。市区、乡镇、农村学生的达标率分别为74.6%、68.4%、33.9%。

1990年，传统项目学校向上一级输送100余名运动员。全市实行学校“达标”目标管理责任制，签订目标管理责任书，开展“达标”活动的学校1927所，占全市学校总数的56.2%，学生参加“达标”活动者25.01万人，占适龄生的53.9%。《中国体育报》刊载新乡市“达标”情况并给予肯定。2个区、1个县、5所学校被评为省级先进，新乡市荣获全国“雏鹰起飞奖”三连冠。

1991年，全市“达标”活动推行面达99.9%，学生达标率为62.4%。[①]

1992年，学校“达标”活动推行面达87.2%，达标率为76.69%，3名学生在“雏鹰起飞”活动中获国家体育“小能手”称号。同年，在省七运会上，市业余体校取得7枚金牌、9枚银牌、4枚铜牌。当年还向省、市运动学校输送运动员20名，向省体工大队输送运动员5名。

1993年、1994年，3047所学校开展“达标”活动，占学校总数的97.25%，5.56万人达到优秀标准，占总人数的9.97%，30.50万人达到及格标准，占总人数的84.55%。城市“达标”活动推行面100%，优秀率为17.20%，及格率为95.68%；农村推行面97.67%，优秀率为8.99%，及格率为83.03%。

1994年，“雏鹰起飞”体育小能手活动由市区发展到各县、市。7月，举办幼儿广播操、韵律操师资培训班，近百个幼儿园的教师参加师资培训。

1995年，全市85.7%的适龄生“达标”，3个县、市、区被评为“省先进县市区”，5所学校被评为“省达标先进学校”，5人被评为“省达标先进工作者”。

1997年，全市有3037所学校开展“达标”活动，占学校总数的98.1%，其

① 新乡市地方史志编纂委员会:《新乡市志(1986—2000)》，中州古籍出版社2008年版，第1308页。

中,农村推行面 97. 98%,及格率为 85. 78%,优良率为 29. 38%,优秀率为 10. 11%;城市推行面 100%,及格率为 96. 36%,优良率为 42. 7%,优秀率为 19. 14%。

1998 年,3098 所学校开展“达标”活动,占学校总数的 98. 5%。同年,2 个单位、4 名个人获全国“达标”先进集体和个人的荣誉,4 人获得全国施行《国家体育锻炼标准》先进个人。

2000 年,3188 所学校开展“达标”活动,占学校总数的 99. 7%。新乡市创办“国家级青少年体育俱乐部”。市业余体校与市铁一中体校结合,建起体育班,每年招收篮球、乒乓球、田径等优秀苗子 30—40 名,该体育班成为新乡市体育后备人才训练基地之一。①

2001 年新乡市运动学校成立了“新乡市体育中学”和公办民助性质的“新乡市双馨小学”,建立了小学—初中—高中(中专)的一条龙训练体系,为培养更多、更好的合格体育后备人才奠定了基础。

2002 年 2 月 5 日举办新乡市小学生乒乓球苗子调赛。11 月 19 日举办市小学生传统项目排球比赛。11 月 30 日,举办市小学生传统项目学校乒乓球比赛,共有 10 个队近百名运动员参加了比赛。

2003 年,由于受非典疫情影响,新乡市中小学暨省、市级体育传统项目学校体育传统项目排球、射击、田径和乒乓球比赛安排在 10 月 25 日至 11 月 23 日的双休日,来自全市 40 所学校的 500 名运动员参加了比赛。

2004 年,根据《河南省传统项目学校评估标准》及有关评估细则,各省、市体育传统学校对照“标准”进行了自评自查,并配合省体育局、省教育厅抽查了新乡市 19 所省级体育传统项目学校,通过检查,提高了各体育传统学校的业余训练工作的积极性。

2008 年,全国中学生女子排球锦标赛在新乡市举行。来自香港、北京、上海、重庆等地的 26 支省、市代表队的近 400 人参加比赛。这次全国中学生女子排球锦标赛在新乡举办,提高了新乡市的知名度,为新乡市创建全国文明城市锦上添花。

2009 年,新乡市体育局在市第二十二中学建立排球训练点,在第七中学建

---

① 新乡市地方史志编纂委员会:《新乡市志(1986—2000)》,中州古籍出版社 2008 年版,第 1308—1309 页。

立柔道、举重、射击、足球训练基地，进一步加强对全市体育传统项目学校的宏观指导。举办市"体彩杯"中小学生乒乓球、篮球、排球锦标赛及选拔赛和传统项目学校乒乓球、篮球、排球、田径锦标赛。

2013 年，市体育局与市铁二中合作，建立射箭训练基地；加强对各级体育传统项目学校的训练基地的考核管理与扶持力度。此外，新乡市作为河南省校园足球试点城市，首批确定在 23 所中小学校开展足球训练，并举办 2013 年"校园足球节"活动暨"爱奇杯"首届校园足球联赛。

2014 年，市体育局与教育部门联合开展校园足球四级联赛和全市中小学生田径、篮球、足球、乒乓球、航空模型锦标赛等活动，促进学生在校期间每天 1 小时体育活动的开展。

2017 年市体育局与市教育局联合举办小学、初中、高中三级校园足球联赛，103 支队伍共 1600 名运动员参赛。同年，市中心业余体校与市体育运动学校 2 所学校被国家体育总局评为"国家高水平体育后备人才基地(2017—2020)"。

学校体育的主体是在校学生，他们正处于青少年时期，是身体素质发展的关键时期。目前，影响青少年健康的现象随处可见，诸如过于沉迷电子产品导致力量、耐力和速度等素质呈现下降趋势，近视率的低龄化以及各种本不该这个年龄段出现的高血压、糖尿病等疾病的出现，都表明了加强当下学校体育活动的必要性。学校体育不仅要关注体育训练和身体锻炼，更要提升青少年的身体素质意识，让他们明白身体健康的重要性以及身体不健康的危害，自觉调整不健康的生活习惯并合理规范自己的日常生活。关注并加强学校体育活动，可以有效提升青少年的身体素质、改善国民的整体素质。

四、军事体育

军事体育是我国体育的一部分，最早称为国防体育。军事体育，主要包括跳伞、滑翔、航模、射击、摩托车、无线电等体育项目。其主要任务是对广大群众进行军事知识教育和军事技术训练，以培养后备兵员，为国防建设和生产建设服务。军事体育可追溯至 1951 年年初，正是抗美援朝战争时期，又是我国人民解放军向多兵种方向发展的时期。在当时的形势下，由团中央会同解放军总政治部等军事部门，根据刘少奇同志的建议，共同进行研究，并向中央提交了一份报告，提出"现阶段开展军事教育的初步意见"，目的是在广大人民中间，培养具有一定军事知识与技能水平的国家武装力量的后备军。

新乡市积极响应国家号召,1951 年全市军事体育训练就已开展起来。训练项目有航空模型、航海模型、滑翔、跳伞、射击、摩托车、无线电等。1953 年,新乡市举行了第一届航空模型比赛,促进了全市军事体育训练工作的开展。1956 年,参加射击训练的已达 8000 余人,有 50 人达到等级射手水平,培训普通射手教练 792 人;在河南省射击比赛中,新乡市获总分第 5 名;新乡市还培训航空运动员 557 名,制作飞机模型 400 架,在参加全国航空比赛中,获总分第 4 名。1958 年,新乡市向河南省输送优秀射击手 19 名;在全省军事体育竞赛中,新乡市射击队获团体总分第 2 名;航空队员王庆祥代表省队参加全国比赛获一项第一名、一项第二名。1959 年,新乡市在全省 11 市射击竞赛中获总分第二名,在省射击比赛中,市射击队获第二名。1963 年,市区工厂建立男女青年射击队 10 个,射手达 113 人;学校建少年射击队 3 个,参加省青少年射击比赛获青少年团体冠军。从此,军体活动更为活跃,成绩不断提高。1965 年,市区有 6250 人参加射击活动,新乡市在全国步枪通讯赛中获 3×10 个人第 4 名。1973 年参加省射击比赛,6 个项目获 4 项第一,团体总分第一。1979 年在省射击队分区赛上,新乡市共获团体、个人 8 项第一名。1980 年在省射击分区赛中,新乡市男子二队获团体总分第一名,共获个人、团体 13 项第一名,并以 799 环破女子 9+30 卧射省纪录。1981 年在省射击分区赛上,新乡市获 4 项团体第一名,1 项个人第一名。其他军事体育项目也有所发展,1986 年市九中在省第六届运动会上,航海模型项目获得两块金牌。

1978 年 12 月,中共十一届三中全会决定把全党的工作重心转移到社会主义现代化建设上来,各个方面开始贯彻改革开放的方针。在体育方面,对军事体育问题,也开始进行改革。在改革中调整了方针任务:今后不再分军事体育和一般体育,统一实施国务院确定的国家体育委员会职能。体育项目也进行了调整,从过去开展的具有军事技术特点的项目中,选择了一些我们已参加了国际组织和进行国际竞赛的,并已成为我国传统的体育项目,如射击、跳伞、滑翔、航空模型、航海模型、无线电、摩托车、摩托艇、滑水、潜水等,统称为体育运动项目,继续开展下去。在开展群众活动的基础上,根据国际竞赛的需要,可建立一定规模的优秀运动队,在国际竞赛中争取创造好的成绩,为国争光。这次改革后,“军事体育”已成为历史。但是历史的精神还在延续,一些被军事体育精神影响过的新一代运动员和教练员们又在奥运赛场上频创佳绩，为国争光。

五、竞技体育

竞技体育是指在全面发展身体，最大限度地挖掘和发挥人（个人或群体）在体力、心理、智力等方面的潜力的基础上，以攀登运动技术高峰和创造优异运动成绩为主要目的的一种运动过程。1951—1985年，新乡市运动员和输送到上级体育单位的运动员在参加省级、全国、国际比赛中，共获得世界和亚洲各项冠军10次；全国冠军51次，其中田径44次，射击3次，篮球2次，乒乓球和武术各1次；省级冠军153次，其中田径97次，乒乓球14次，柔道8次，射击7次，器械操8次，航模6次，摔跤5次，武术1次，游泳2次，举重2次，定点跳伞、篮球、散打各1次。新乡市先后为国家体育队、解放军体育队和体育院校输送体育人才82人。上述成绩的取得，为新乡市体育事业进一步发展奠定了坚实的基础。下面分别从体育队伍、竞技项目、体育训练三方面来回顾当代新乡竞技体育的发展历程。

（一）体育队伍

1. 裁判员

新乡市的裁判队伍发展较全面，裁判员能够担任田径、篮球、足球、射击、体操、乒乓球等12个竞赛项目的裁判工作。

1986—2000年，全市共审批15个项目1744名等级裁判员，其中国家级裁判员7人，国家一级裁判员65人，国家二级裁判员1273人，国家三级裁判员399人。

1986年，在全市竞赛活动中共评出35名优秀裁判员，其中6人被省体委评为优秀裁判员。1988年，新乡市各种比赛聘用裁判1784人次，4人被国家或河南省评为优秀裁判员。全市组织13个项目的裁判员学习班，1500人参加学习。1989年，派出国际比赛裁判10人次、国家比赛裁判35人次、河南省比赛裁判204人次。1990年10月，贾文儒担任第十一届亚运会射击项目裁判员，是新乡历史上第一位担任洲级以上比赛的裁判员。1991年，省级运动会聘请新乡市裁判员15人次，其中全国航模比赛2项次，全国武术锦标赛3项次，河南省武术比赛2项次，河南省散手、太极拳、剑、推手赛2项次，河南省少年象棋赛、河南省少年围棋赛2项次，河南省重点武术比赛、河南省围棋段位赛2项次。4月10

日,《新乡市各项裁判员管理条例》下发。至2000年,新乡市国家级裁判有:贾文儒(射击),马保生、唐元、韩东(足球),王乐川(篮球),李培武、王明新(田径)。

2. 教练员

教练是一种新兴的、有效的管理技术,能使被教练者洞察自我,发挥个人的潜能,有效地激发团队,发挥整体的力量。教练员通过一系列有方向性、有策略性的执教过程,洞察被教练者的心智模式,向内挖掘潜能、向外发现可能性,令被教练者有效地达到目标。

1986年之前,全市教练员较少,中心业余体校有教练员11人,其中乒乓球教练员3人、田径教练员5人、篮球教练员2人、排球教练员1人。1987年10月,新乡市颁布《教练员专业技术职务试行条例》。1989年5月,市体育运动学校(以下简称市体校)对教练员实行聘任制。

1990年,全市教练员主要在市体校和市中心业余体校(以下简称市业余体校),共有26人。1994年7月,市体校有教练员23人,其中高级教练1人,中级教练14人,初级教练8人。1992年和1996年,任清发被国家体委授予"全国优秀教练员"和"全国业余训练先进工作者"称号。1996年、1997年,20名教练员获"河南省优秀教练员"称号。

2000年,市业余体校20余人有教练员职称,开展项目有田径、乒乓球、篮球、排球、足球和游泳。1994—2000年,市体校新增9名教练员,教练员达到30人。至2000年,全市获得高级教练员职称的共有8人,中级教练员22人,初级教练员15人。

3. 运动员

新乡市运动员队伍从小到大、从弱到强,到目前已形成了种类和级别较为齐全的运动员队伍,他们在新乡市各种体育活动中发挥着主力军的作用。

1986年8月,新乡市154名运动员参加省六运会,共获得9枚金牌、11枚银牌和15枚铜牌,团体总分335.5分,居全省第九名。同年10月,市体校有80名新生(运动员),加上市业余体校运动员,全市在训运动员达到300多人。市业余体校向市级运动学校及河南省体工大队、大专院校输送了130名队员。

1987年,新乡市运动员参加全国比赛,共获4枚金牌,在省级比赛中获12枚金牌、13枚银牌和8枚铜牌,在豫北5市协作区田径、乒乓球、篮球等比赛中获20个第一名、12个第二名、7个第三名,并且获得乒乓球男女团体冠军。11

名运动员代表河南省参加全国第六届运动会，获得1枚金牌、3枚银牌、2枚铜牌和3个第六名，积35分，列河南省第五位。当年，新乡市共输送优秀运动员36名，其中国家青年集训队1名，体育院校、省体校4名，省体工大队8名。10月18日，新乡市运动员吴志汉参加北京国际马拉松赛，获得第十二名，国内成绩名列第一。

1988年，新乡市参加河南省首届青少年运动会，94人次进入单项前8名，3人达到国家一级运动员标准，4项次破省纪录，13名运动员获“体育道德风尚奖”，获团体总分508.4分，名列全省第八位。当年，全市有56名运动员达到国家二级运动员标准，其中，田径16人，柔道16人，摔跤5人，篮球12人，乒乓球4人，赛艇1人，射击2人。

1989年，市业余体校在训运动员216名，向市体校输送28名队员，市体校向省体工大队输送运动员9人。在运动学校、重点体校、业余体校和各传统体育项目学校建立运动员测试卡的基础上，建立技术档案，对近200名运动员进行测试、跟踪观察，效果显著。同年，8名运动员代表河南省参加全国第二届青运会，积分72分，位于全省第四名。

1990年，市业余体校输送18名运动员，市体校向省体工大队输送7名运动员。同年，8名运动员代表河南省参加全国业余体校比赛，获金、银、铜牌各1枚；在省级比赛中，共获21枚金牌，23枚银牌，26枚铜牌。酒尚选取得洲际比赛前三名，吴志汉创出河南省马拉松历史最好成绩。

1991年，选定运动员150多人，参加省级以上比赛，获金牌28枚、银牌21枚、铜牌25枚；参加全国比赛，6项17人次进入全国前八名，产生运动健将1名、一级运动员6名。业余体校在训204人，向体校输送24名运动员，体校向省体工大队输送4名运动员。

1992年，参加河南省第七届运动会，获金牌26枚，团体总分第五名。向省体工大队输送8名运动员。1993年，新乡运动员9人参加全国七运会拳击、海模、田径等项目比赛，获总分31.9分，在河南省排第六名。1993年，新乡运动员5人被评为国家一级运动员。

1994年，参加全国性比赛，获金牌1枚、银牌2枚、铜牌4枚；参加省级比赛，获金牌42枚、银牌30枚、铜牌36枚。当年向上级运动队输送4名队员。1994年广岛亚运会上，新乡运动员闫巍获女子1500米第二名。

1995 年，赵建设夺得全国拳击精英赛第一名，王勇夺得航海模型大赛世界冠军。

1996 年，河南省八运会在新乡举行，新乡体育代表团 300 余名运动员参加 15 个项目的比赛，夺得 36.7 枚金牌，居全省第五位，取得团体总分 2311.9 分，排名全省第三，12 项破省纪录，38 项破省青少年纪录。当年，在全国女子柔道锦标赛上，赵莉敏获 72 公斤级冠军，取得参加第 26 届奥运会资格。市业余体校在训 220 人。

1997 年，向上级运动队输送 14 名运动员。参加全国比赛，获第一名 4 个，第二名 10 个，第三名 6 个；参加省级比赛，获 30 枚金牌，24 枚银牌。

1998 年，新乡市向上级运动队输送了 16 名优秀运动员。在全国比赛中获 1 枚金牌和 1 枚铜牌，省级比赛中获 42 枚金牌和 34 枚银牌。

1999 年，向上级运动队输送 5 名运动员，在全国比赛中获 2 枚金牌，在全省比赛中获 43 枚金牌、44 枚银牌、49 枚铜牌。

2000 年，参加省九运会甲组比赛，260 名男女运动员参加 15 个项目，获得金牌 22 枚、银牌 15 枚、铜牌 21 枚，总分 662 分。市运动学校和业余体校在训运动员人数 700 余人，向省体工队输送运动员 6 名。

2004 年，市少年男子排球队在 2004 年河南省少年锦标赛和河南省少年排球赛中，分别夺得两个第一名的好成绩，夺得“三连冠”。2004 年市航模俱乐部在河南省航模、海模锦标赛上，荣获了 8 枚金牌、4 枚银牌和 2 枚铜牌，其中 2 名学生已达到二级运动员水平。

2008 年，新乡市体育代表队参加河南省各项目少年锦标赛、冠军赛及苗子赛等比赛，取得了好成绩，向省专业运动队输送 11 名优秀运动员。

2012 年 4 月，新乡市田径运动员吕会会在肇庆田径大奖赛首站比赛中，以 64 米 95 的成绩夺得女子标枪桂冠并打破该项目的全国纪录和亚洲纪录。

2013 年 4 月 27 日，运动员吕会会在全国田径大赛肇庆站，掷出 65 米 62 的成绩，再破由她自己创造的亚洲女子标枪纪录。在全国第十二届运动会上，全市共有 27 名运动员参加 9 个项目的角逐。其中，田径运动员王广甫以 20 米 12 的成绩获得铅球比赛金牌，并在第六届东亚运动会上以 19 米 34 的成绩再夺冠军；跆拳道选手尹智猛获得全运会男子 80 公斤级铜牌。

2014 年 7 月，在全国青年场地自行车锦标赛上，新乡市自行车队员曹哲、崔强强、朱修辉在4公里团体赛中以4分15秒962的成绩夺得冠军，并破全国青年场地自行车锦标赛纪录。8月，在2014年全国少年举重分龄(13—16岁组)锦标赛上，新乡市运动员孔令豪在15岁组男子48公斤级挺举比赛中，以66公斤的成绩获冠军；何煜琛在16岁组男子94公斤级抓举比赛中，以120公斤的成绩获冠军，并以130公斤和250公斤的成绩获挺举和总成绩亚军。

2015年4月8日至9日，新乡市2名运动员代表河南参加世界少年(16—17岁)田径锦标赛选拔赛，在男子铅球比赛中，新乡市运动员张鑫源以18.82米的成绩夺得冠军，领先第二名1.71米。同年，张鑫源获得世界少年田径锦标赛男子铅球第七名。同年5月，吕会会在2015年国际田联钻石联赛上海站比赛中，以64米08的成绩夺得国际联赛标枪冠军，并打破上海站的纪录。

2015年10月，新乡市体操运动员刘津茹在第一届全国青年运动会体操女子跳马决赛中，以14.300分的成绩获冠军；射击运动员周莹在第一届全国青运会女子10米气枪个人决赛中，以200.1环的成绩获冠军；自行车运动员马梦露在第一届全国青年运动会场地自行车比赛及公路自行车比赛中，获女子场地全能赛冠军和女子公路个人赛冠军。

（二）竞技项目

1. 田径

新中国成立后，新乡市的田径运动发展迅速，在20世纪50年代被称为“田径之乡”，经常代表河南省参加全国大赛和分区赛并取得优秀成绩。1956年8月，市优秀运动员张秀珍在青岛举办的全国第一届少年体育运动大会上以13秒4的成绩获80米低栏第一名。1958年，霍天顺参加中南区在武汉举行的全国冬季田径分区赛和1959年春季田径分区赛，均夺得3000米、5000米等四项冠军；女运动员张金荣获上述两届田径分区赛400米两项冠军；张秀珍获100米冠军。新乡市田径运动因此声震全国。

20世纪70年代后，体育事业又有新的发展。1974年，王月华在全国少年田径分区赛上获标枪第一名。

1986年3月，新乡市举办第六届运动会田径比赛。4月，新乡田径代表队30名男女运动员参加省六运会田径预赛，男队10名队员、女队11名队员取得16个田径小项目的决赛权。同年，在河北邯郸举行的赴日本选拔赛中，新乡运动员获跳高第二名，在许昌举行的全国分区、分龄赛上，共获3个第三名。在河南省传统项目学校田径比赛中，市人民路小学获团体总分第一名。1987 年 5 月，辉县承办河南省女子田径比赛，新乡田径代表队取得金牌 7 枚、银牌 8 枚和铜牌 7 枚。同年，举办市田径运动会，共设 13 个项目，参加人员 7430 人，16 人次打破 8 项市少年男子田径纪录，2 名女子运动员被批准为田径二级运动员。1988 年，在河南省首届青运会上，新乡运动员打破两项省田径纪录，平一项田径纪录，16 名田径运动员达到国家二级运动员标准。1988 年 4 月，举办市第二届青少年田径运动会。1989 年，新乡市参加河南省田径分龄赛，获得 4 个第一名和 4 个第二名。

1990 年，8 名运动员代表河南省参加全国业余体校田径比赛，获金、铜牌各一枚。同年，在省少年田径赛上，新乡市获得 4 枚金牌、9 枚银牌和 5 枚铜牌。1993 年，闫巍参加亚洲田径锦标赛，获得 1500 米第一名，酒尚选参加全国第七届运动会，获得 10000 米第一名。1996 年，在省八运会田径项目比赛中，新乡体育代表队共取得 12 枚金牌、10 枚银牌和 12 枚铜牌，总分名列全省第一。1998 年，省少年田径投掷项目比赛在新乡举行，新乡代表队总分名列第二，并荣获体育道德风尚奖。6 月，新乡市承办全国青年田径锦标赛。1999 年 5 月，在新乡举办全国少年田径锦标赛。1998 年至 1999 年年底，新乡市代表队参加省级以上田径比赛，共取得 28 枚金牌、13 枚银牌和 16 枚铜牌。

2000 年，新乡市参加河南省第九届运动会甲组比赛，在田径项目比赛中，获得 3 枚金牌、7 枚银牌、2 枚铜牌。

2. 乒乓球

1977 年，张立在全国乒乓球锦标赛上获混合双打冠军。

1986 年，在省小学生传统项目学校乒乓球比赛中，市滨河路小学获女子团体第二名，男子团体第三名，并荣获“精神文明队”称号。1986 年省六运会乒乓球比赛中，新乡获 2 金、1 银、1 铜和 2 个第四名。其中，刘国栋、刘国梁、马卫民和程夏杰获男子团体第一，刘国栋获少年组男单第一，阎晓鹏获成年组男单第三。1988 年，新乡市参加省少年乒乓球比赛，获得团体总分第二名，男子团体第一名。

1990 年、1991 年，全市 7000 余人参加乒乓球活动，乒乓球传统项目学校获得“萌芽杯”男女单打 2 项冠军、男子团体第三名、女子团体第五名，获省“四环杯”乒乓球比赛男女团体冠军和男女双单打冠军。1990 年，在省少年乒乓球比赛中,1 人获男子乙组单打第二,2 人获男子甲组双打第三。1991 年,刘媛媛、白杰获河南少年乒乓球赛女子双打第一名。1992 年,在焦作举行的省七运会上,新乡市 4 人获男子团体第三名,1 人获男子单打第三名,1 人获男子双打第三名。1993 年,刘媛媛获省少年女子单打第一名。1994 年,新乡市参加省级乒乓球比赛,新乡市获女子团体第一名、男子甲组第三名。1995 年,省少年乒乓球赛在新乡举行,新乡乒乓球队获得女子团体第一名,曹岚获女子单打第一名,曹岚、杨博获女子双打第一名,另获男子双打第二名、混合双打第三名。1996 年省八运会上,新乡市取得女子青年组团体第一名和女子乙组团体第一名,刘媛媛获女子青年组单打第一名。1997 年,孟宪俭参加全国第八届运动会乒乓球比赛,获得混合双打第二名。同年《新乡市体育传统项目学校管理办法》颁布。1998 年,在全国乒乓球比赛中,刘媛媛参加女子团体比赛,获得第二名。11 月,举办新乡市体育传统项目学校乒乓球赛,比赛设男女团体、男女单打 4 个项目,每个项目分甲、乙、丙 3 个组别,全市共有 33 支队伍参赛。至 1998 年,新乡市有省级乒乓球传统学校 5 所,分别是回民小学、解放路二小、北街小学、工人街小学和外国语小学。1999 年 11 月,新乡市职工乒乓球赛举行,竞赛项目有男女团体、男女单打和县级干部男子单打。

2000 年,省九运会甲组比赛,郭强、张化、张洋和李伟获男子团体第一名,另获男子双打第二名、第三名。

2001 年 7 月 30 日至 8 月 5 日,河南省第 19 届“萌芽杯”少儿乒乓球比赛在市体育场球类馆举行,共有 44 支代表队参赛。

2002 年 2 月 5 日,举办新乡市小学生乒乓球苗子调赛。7 月 15 日,举办市“三七一杯”双拥乒乓球赛。

2008 年,举办了新乡市“移动杯”和“行长杯”乒乓球赛。

在 2012 年 8 月 30 日至 9 月 3 日进行的 TT10 级乒乓球女子单打比赛中,范蕾荣获铜牌。在 9 月 8 日结束的伦敦残奥会乒乓球女子团体赛 TT6—10 级比赛中,范蕾与队友获得冠军。

2013 年 3 月 30 日,新乡市“体彩杯”青少年乒乓球锦标赛在获嘉县双育乒乓球馆举行。4 月 29 日,第五届“百泉春寿酒杯”乒乓球擂台赛在辉县市体育馆举行,全国 16 个省、市、自治区的 500 余名乒乓球爱好者参加比赛。新乡市首届“宝龙杯”乒乓球大奖赛于 2013 年 5 月 25—26 日在新乡市宝龙城市广场和张衡科技乒乓球馆举行。

2014 年 11 月 7—9 日，新乡市举办了首届“体彩杯”干部职工乒乓球比赛，全市 46 支代表队共有 387 人报名参赛，这次比赛是新乡市近年来举办的参赛级别最高，参赛人数最多的一次单项赛事。

2015 年 9 月 19 日，乒动中原“体彩 · 好家庭杯”2015 年河南省首届乒乓球大众公开赛（新乡赛区）在市中心业余体校球类馆开赛。在全国青少年体育俱乐部联赛乒乓球赛中，代表我省出战的我市选手获得一项男双冠军。

2017 年 8 月 10 日，市直机关乒乓球赛第三协作区预赛在市地税局大企业分局拉开序幕，参赛队员分别来自新乡市 15 个市直机关单位，竞赛分为两个阶段进行，最终男女单打前 6 名进入市直机关总决赛。

2019 年 11 月 27—28 日，新乡市总工会在新乡首创职工活动中心成功举办了新乡市 2019 年职工乒乓球比赛。

2021 年 10 月 27 日，作为市第十二届运动会暨第二届全民健身大会比赛项目之一的乒乓球比赛圆满完成所有赛程，在市平原（建业）体育中心热身馆正式结束，来自我市的数百名乒乓球爱好者参加了比赛。比赛还分别评出了市直男子单打一、二、三等奖，优秀奖，体育道德风尚奖和女子单打一、二、三等奖，优秀奖，体育道德风尚奖。

3. 武术

中国武术有着悠久的历史，最早可以追溯到商周时期，具有极其广泛的群众基础，是中国劳动人民在长期的社会实践中不断积累和丰富起来的一项宝贵的文化遗产，是中华民族的优秀文化遗产之一。但由于中国武术门派众多、缺乏统一的评价标准，以及世界普及度不够等多方面因素，至今没有列入奥运项目。

1980 年，赵惠敏在西安举行的全国武术调赛上获单项冠军。1986 年 11 月，新乡市举办全国“中原杯”武术散打和短兵搏击邀请赛，来自 12 个省、市的 14 个代表队参赛，新乡队获得团体总分第五名。1988 年，省第一届青少年运动会武术比赛在焦作举行，新乡队获得团体总分第四名。1989 年 10 月，新乡市承办省青少年武术年度赛，王新玲获女子组太极拳冠军。

1990 年 10 月，新乡市承办省太极拳（剑）比赛。1991 年 10 月，新乡市承办省武术重点县比赛，有 14 个县代表队参加，分少年组和老年组。1991 年，新乡市业余体校武术班停办，县区民办武术辅导站和武术馆兴起，武术运动走向市场。长垣县武术学校在1998年被评为省二级馆校。2000年，长垣县方里乡周庄育人学校和余家乡老岸村育新学校被评为“全国先进武术馆校”。1999年4月，卫辉市体委举办“卫辉职专杯”青少年武术（套路）竞赛，比赛项目有拳术、短器械、长器械、对练、传统拳术、传统器械和集体基本功，运动员145人。

2000年8月，举办新乡市武术比赛，延津武协队、原阳勇胜武校、新乡市业余体校、卫辉振州文化武校和长垣育新武校等21个单位参加，参赛720人，比赛项目有拳术、刀术、枪术、剑术、棍术、传统拳、传统器械、对练、集体基本功。至2000年，全市民办武术馆（校）有30个（所），在校学生5000人。民办武校成为新乡武术发展训练和竞赛的主力。自1998年起，新乡市每年举行青少年套路散打比赛，均由武术协会采取收参赛费的办法自筹资金承办，以武养武。

2010年8月8日，新乡市组队参加2010年全民健身日武术健身活动启动仪式和全国传统武术比赛，取得18个一等奖，26个二等奖，29个三等奖，特别是岳家拳武术队独揽7个一等奖，5个二等奖，并获优秀组织奖。2015年11月1日，新乡市首届岳家拳武术比赛在市体育中心举行，全市9个岳家拳习练团体223人参加岳家拳各项目的团体比赛。张开明岳家拳培训基地、岳家拳精英武馆和卫辉市武术协会代表队获比赛一等奖；花园岳家拳枪研究会、辉县市武术协会代表队获体育道德风尚奖。岳家拳在新乡市具有悠久的历史，不仅拳谱完整、传承系统，已列入省级非物质文化遗产名录，而且习练人数逐年增多，是新乡市武术爱好者比较喜欢的拳种之一。

4. 游泳

游泳运动可分为竞技游泳和实用游泳，竞技游泳是奥运会中的第二大项目，它包括蝶泳、仰泳（也称背泳）、蛙泳和捷泳（也称爬泳、自由泳）四种泳姿的竞速项目，以及花样游泳等。

1988年，游泳选拔赛在市红卫游泳池举行，设有50米自由泳、100米自由泳、50米仰泳、50米蛙泳和50米蝶泳等项目。1993年8月，新乡市游泳队成立，李成珍担任教练，队员18名，大多是十几岁的青少年。

1994年，市游泳队参加省“雏鹰起飞”小学生游泳调赛和省少儿游泳分龄赛，获得1项第一名，2项第三名。1995年，在省第二届“萌芽杯”、省八运会预赛和全国少儿游泳分龄赛上，新乡游泳队夺得8个冠军、10个亚军和9个第三名。1996 年 7 月,省八运会游泳比赛在新乡举行,新乡游泳队获得 5 枚金牌、6 枚银牌和 10 枚铜牌以及总分 245 分的成绩,金牌数位居全省第五名,总分居全省第六名,并打破 2 项省游泳纪录。1996 年 3 月,新乡市参加全国少年儿童年龄组锦标赛,获得 1 个第五名、3 个第六名和 1 个第七名。1997 年,在全国少年儿童年龄组锦标赛上,新乡游泳队获得 1 项第八名。参加河南省少年游泳比赛,夺得 10 个第一名、13 个第二名和 4 个第三名。参加全国少年儿童游泳分区赛,获得 2 项第一名、9 项第二名和 3 项第三名。参加福建全国少儿游泳锦标赛,获得 1 个第三名和 1 个第五名。1998 年,参加省少儿游泳比赛,获 5 项冠军、7 项亚军和 2 项第三名。1999 年,参加"晴伦杯"全国少年年龄组锦标赛,获 2 项第五名和 1 项第七名;参加省少儿(女子)游泳比赛,获得 18 个冠军、5 个第二名和 8 个第三名。

2000 年 1 月,在全国少年儿童年龄组游泳分区赛上,新乡游泳队夺得 2 项第二名、1 项第四名和 4 项第五名。3 月,新乡市参加省九运会甲组游泳比赛,获得 2 个冠军、3 个亚军和 5 个第三名。9 月,新乡市参加河南省少儿游泳锦标赛,获得 39 个第一名、6 个第二名和 6 个第三名。

2001 年 5 月 30 日,省九运会(乙、丙组)游泳资格赛在市电业局游泳池举行。

2013 年 1 月 8 日,新乡第六届"凤泉杯"冬泳邀请赛在凤泉区新凤湖举行,来自省内的 11 支冬泳协会代表队的 385 名冬泳爱好者参加了本次冬泳活动。

5. 射击

1987 年,省少年射击竞赛在新乡举行,全省 10 个代表队 85 人参加比赛。6 月,新乡市举办城区小学六一射击选拔赛,6 所小学参赛。1988 年 6 月,举行新乡市中小学射击比赛,此赛事成为传统赛事。

1996 年 9 月,新乡市参加省第八届运动会射击比赛,获得金牌 6 枚、银牌 5 枚和铜牌 6 枚以及团体总分 380 分,列全省第三名。1997 年,参加全国青少年射击比赛,获得青年男子组气步枪 60 发第五名。10 月,参加省青少年射击比赛,获得 12 个第一名、10 个第二名、6 个第三名,并获体育道德风尚奖。1998 年 2 月,承办晋、冀、鲁、豫 4 省第二届"五星杯"青少年射击协作赛。1999 年,参加省青少年射击比赛,新乡夺得 12 个第一名、6 个第二名、3 个第三名。2000 年,新乡市参加省第九届运动会射击甲组比赛,取得 5 枚金牌。

2007 年，新乡市代表队参加河南省各项目少年锦标赛、冠军赛以及苗子赛等比赛，有 3 名射击运动员成绩达到国家一级运动员标准。

6. 排球

1986 年 6 月，省六运会排球预赛在新乡举行，新乡市 17 个男、女排球队 220 名运动员参加，新乡女子排球队获得前 6 名决赛资格。1987 年，新乡市举行新乡市小学生排球传统项目比赛。1988 年，在省首届青运会中，新乡男子排球队获得第六名。

1990 年 5 月，新乡市获得省青少年排球赛男子甲组第一名、女子甲组第四名。1991 年，新乡市参加省少年排球赛，获男子乙组第二名。1992 年，新乡市参加全国少年排球赛，获得第八名。1993 年，新乡市获省少年排球赛男子乙组第四名。1996 年，在省八运会排球比赛中，新乡市男队获得第四名，女队获得第二名。2000 年，参加省九运会排球甲组比赛，男队取得第三名，女队取得第二名。

1986—2000 年的 15 年间，新乡向国家男排输送了刘磊、郭亮 2 名队员，向省男排、省足球队、省田径队、省体工大队、山西沙滩女排输送了多名运动员。

2004 年，新乡市少年男子排球队在参加河南省少年锦标赛和河南省少年排球赛中发扬顽强拼搏精神，分别夺得了两个第一名的好成绩，实现“三连冠”。2007 年，新乡市代表队参加河南省各项目少年锦标赛、冠军赛以及苗子赛等比赛，少年男子女子排球队取得了前 3 名的好成绩。

2007 年，新乡市排球队在全国少年男子甲组排球锦标赛上，获得体育道德风尚奖。

2008 年全国中学生女子排球锦标赛在新乡市举行，来自北京、上海、重庆、香港等地的 26 支省、市代表队近 400 人参加了比赛。

（三）体育训练

新乡市青少年业余体育学校于 1957 年 5 月建立，在教练的培养指导下，该校学生在省、地、市举办的运动会上取得不少好名次。

1973 年，市业余体校设田径、篮球、足球、排球、乒乓球、体操、射击 7 种专业班，到 1983 年，10 年中在省级比赛中共获 17 项第一名。1984—1986 年 3 年间在省级以上比赛中，共获 57 项第一名。特别是 1985 年，业余体校学生李玉玲在全国田径分赛区中，以总分 1680 分的成绩夺得 14 岁女子长跑组冠军。同年，新乡市体校成立。新乡市将业余训练列入议事日程，充分利用市体育场和新建的体育馆等体育设施，开展体育训练。在原有的四五个训练项目基础上，逐步增设田径、球类、射击、武术、摔跤、柔道、举重等运动项目。

至2000年，新乡市设立省级传统项目学校20余所、市级传统项目学校50余所、县区级传统项目学校80余所。

新乡体育具有较好的基础，曾被誉为“田径之乡”，先后培养出乒乓球世界冠军张立、刘国梁，中长跑亚洲冠军闫巍，柔道亚洲冠军赵莉敏等一批优秀运动员。1996年成功承办了河南省第八届运动会、全国青年田径锦标赛、中国摩托罗拉羽毛球天王挑战赛、全国甲A男排联赛、全国武术太极拳锦标赛，连续多年承办全国足球甲级联赛河南建业足球队主场比赛。新乡市共开展有篮球、排球、足球、田径、乒乓球、游泳、射击、射箭、网球、垒棒球、柔道、拳击、举重、跆拳道、武术、摔跤、自行车、水上、体操项目等19个项目的业余训练，加强“体教结合”，各级各类体育传统项目学校达50所。在河南省第十一届运动会上，我市代表团获得金牌123枚，并荣获“体育道德风尚奖代表团”荣誉称号。

第二节　体育设施

一、体育设施概述

新乡在1949年以前，除部分学校有一些简易活动场地外，基本上没有公共体育场地设施。解放初期，新乡市区仅有市体育场和位于孟营的平原省体育场，供全市和周围各县大型比赛使用。1951年新乡市建成第一个体育场（当时叫体育馆），内含400米田径场、足球场、棒垒球场、网球场各1个，四周设篮球场、排球场各4个。从此，新乡市的体育设施从无到有、从小到大，逐渐增加。①

1984年，市田径场翻修为半圆式有喷水设备的标准田径场，新建一座面积为19408平方米的田径场，获嘉县建成乒乓球训练房。全市已有比较完备的体育运动场地7个，市内部分大单位和娱乐场所设有旱冰场、游泳池和灯光球场。

1985年7月，一座建筑面积为2585平方米、能容纳4000余名观众、有自动

① 新乡市地方史志编纂委员会：《新乡市志》下册，生活·读书·新知三联书店1994年版，第424页。

电子记分装置的新乡市体育馆竣工;同时建成一座面积为836平方米、市内铺设塑胶地板的训练房,为全市体育活动的进一步开展创造了良好条件。

1986年年底,全市共有标准运动场5个、体育馆1个、小运动场13个(主要分布在全市各中小学内)、足球场1个、篮球场175个(其中灯光球场12个)、旱冰场3个、露天游泳池3个。同年,辉县运动场在城北街落成,占地22753平方米,拥有周长400米8条跑道、煤渣路面的标准田径场。同年,河南师范大学网球场建成,占地640平方米;获嘉工会灯光球场建成,占地1935平方米,可容纳观众500人。

1987年,全市共有标准运动场6个、小运动场15个、足球场1个、篮球场177个,其中灯光球场14个、排球场10个、室外网球场1个。同年,河南师范大学运动场和篮球馆建成,运动场占地19500平方米,为周长400米8条跑道、煤渣路面的标准田径场,篮球馆为网架结构,占地2213平方米;北街小学乒乓球馆建成,占地175.50平方米;新乡县京华室内游泳池建成,占地1250平方米,长50米、宽25米、深2—3.5米。

1991年,市体校投资40万元建成风雨训练大棚1个,占地4500平方米,内设周长200米4条跑道、煤渣路面的田径场1个。

1993年,市体校建成综合训练楼一座,占地1948平方米,可同时进行举重、跆拳道、拳击、体操等项目的训练和比赛。

1994年,市体校建成标准网球场3个,其中塑胶场地2个、水泥场地1个,配套用房140平方米。

1996年,新乡市投资418万元在市体校建成射击馆1座,占地4800平方米,集10米、25米、50米项目场地于一体,为一流射击场地;改建体育场,总计5050平方米,总投资509万元,其中训练馆2400平方米,主席台、看台1000平方米;改造卫辉华新棉纺织厂体育馆;维修市体育馆。同年,建成体育中心大型场馆,承办省八运会。

1997年,新乡高等师范专科学校投资180万元,建成一座室内游泳馆,占地1200平方米,内有循环水、消毒等配套设施,游泳池长25米、宽16米,有4条泳道。

至2000年年底,全市共有标准运动场7个、体育馆3个、市内射击场1个、足球场2个、室内游泳池25个、网球场6个、健身房5个、体操房2个、摔柔房1

个、保龄球馆 3 个、乒乓球房 8 个、综合训练房 2 个、棋类房 1 个、有固定看台的灯光球场 13 个、室外轮滑场 9 个、运动场 22 个、小运动场 154 个、篮球场 1585 个、排球场 127 个、门球场 35 个。

2001 年,成立了“向阳小区青少年体育俱乐部”“运动学校青少年体育俱乐部”,为全市青少年提供了一个健身娱乐的体育活动场所,也使新乡市现有的场地器材、训练设施、师资队伍得到充分发挥,更有利于及时发现优秀体育人才。

2003 年在凤泉、新乡县刘庄、市体育馆、中同街办事处、东街办事处投建了室外体育器材。

2004 年市体育局对市属所有的健身场地和器材进行了全面的维护和整修,积极向上级争取在新乡市投建健身项目,先后争取到“青少年体育俱乐部”1 个,第八批“全民健身工程”4 个。

截至 2005 年年底,先后争取到“青少年体育俱乐部”7 个,第九批“全民健身工程”3 个,并在全市 20 余处社区、机关、学校建立了健身器材场地。另外,还修建了室内游泳馆 1 个,为全市新整合的 76 个社区购置市内外健身设施,扩大了使用场地,美化了健身环境,更好地满足了广大群众的健身需求。

2007 年市体育局利用体彩公益金投资 350 万元改造的市体育场向社会开放,这是当时新乡市唯一一家无偿向社会开放的封闭式塑胶跑道运动场。

2008 年新乡市加大对公益性文化体育事业投入,加强重大体育基础设施建设。着重搞好体育进社区活动,为社区建设安装配套健身器材。新建社区建成一个,投入一个,每个新建社区投入资金 2 万元。对原有场地和器材进行维护和整修,提高其完好率和使用率。全年淘汰更新前期全省安装的路径工程器材 36 件,价值 15 万元,为农村场馆建设筹措 50 万元建设经费。

2009 年,市体育局积极开展“联包带建”工作,制订切实可行的帮建方案,为新乡县古固寨镇古固寨新村筹集 30 多万元用于乡镇农民健身园。

2011 年,新乡市全年争取国家、省资金支持 718 万元。封丘县列入国家“雪炭工程”项目库,辉县市 22 个乡镇、延津县 12 个乡镇、凤泉区 3 个乡镇共计 37 个乡镇全面实施“乡镇农民体育健身工程”,在全市 220 个农村实施“农民体育健身工程”,配备一场两台器材(一副篮球架、两张乒乓球台),为第二批 13 个南水北调移民村建设健身工程,为 7 个大型南水北调移民村增加健身工程。

2012 年,新乡市全年共实施农民体育健身工程 200 个,乡镇体育健身工程

7个和健身路径工程55个，在市区公共场所及社区配备篮球架29副、乒乓球台67副和健身路径22套330件；投资100余万元采用悬浮式拼装地板改造提升市体育场室外运动场地，新建2块五人制足球场、3块三人制篮球场，并改造1块标准篮球场，群众健身环境和训练条件得到有效改善。

2013年，新乡市推进场馆设施建设。为了完善农民体育健身设施，争取并实施农民体育健身工程370套，乡镇体育健身工程17套，全民健身路径工程100套；封丘县健身馆“雪炭工程”已完工并投入使用；获嘉县体育馆列入国家“雪炭工程”项目。

2014年，新乡市进一步加强健身场地建设。打造就近就便、小型多样的便民健身环境，争取各类全民健身扶持资金，改善全市健身设施条件。全年共争取国家、省级资金及使用市本级体彩公益金922万元，建设农民体育健身工程415个，乡镇体育健身工程34个，全民健身路径工程60个。

2015年，加大体育健身场地建设投入，全年争取和利用国家、省、市体彩公益金800余万元，建设农民体育健身工程150个、乡镇体育健身工程15个、全民健身路径40条、户外全民健身中心1个、体育公园1个，修建10处老年人体育健身中心。

2019年，位于市区东部的平原体育会展中心落成，并于2020年正式投入使用。

2021年，在市体育馆旧址修建新场馆，成立了新乡市全民健身训练中心。

二、大型体育设施介绍

新乡市几个大型体育设施简介如下：

（一）新乡市体育中心

新乡市体育中心位于和平大道以东、金穗大道以北、人民东路以南、黄河大道以西的三角地段。1996年，市政府投资1.5亿元建成，占地面积12.43万平方米（土地证含外围草坪、喷泉、健身广场），主要建筑有标准足球场（草坪面积8147平方米）、标准田径场（总体建筑面积22336平方米）、露天篮球场、室内游泳馆（850平方米）、健身房及商业裙房。标准体育场有16个区域看台，可容纳观众3.2万人。

1997年，新乡市设立体育中心管理机构，充分发挥场馆功能，对外开放，承接各类体育赛事活动，广泛开展全民健身运动。同时，坚持走体育产业化之路，举办足球联赛，开办青少年体育训练班，承接大型文艺演出活动，为多项商展活动提供优质场地服务。2012年中心田径场、足球场、篮球场、游泳馆、健身房等场地全面对外开放，开办有足球、篮球、田径、跆拳道、健美操、乒乓球项目的等业余训练班。

（二）新乡市体育场

新乡市体育场是1957年经新乡市人民政府批准建立的，位于解放路中段以西、自由路以东、健康路以北、人民路以南（人民路小学南邻），属卫滨区政府健康路街道办事处管辖区域。体育场占地面积35860平方米，建筑面积6000平方米。内设400米标准田径跑道一条、标准足球场一块、灯光篮球场一个，还有乒乓球、篮球训练馆，老年人门球场。场地周围设有全民健身器材30余套，场地西侧建有可容纳2000余人的观礼台。

2012年，在体育场南侧建五人制足球场地两块、三人制篮球场地三块。体育场是举办大型集会、开展竞技体育活动和全民健身的重要场地。

（三）新乡市体育馆

新乡市体育馆建于1974年，位于和平大道（56号）与中原路交叉口东南角，属牧野区荣校路街道办事处管辖区域。总面积21488.8平方米，主体建筑室内篮球场3275平方米，可容纳3000多名观众，另设配套训练房1500平方米，是新乡市唯一的大型室内体育馆。市体育馆现已拆除，在原址建设新场馆，更名为“新乡市全民健身训练中心”，已于2021年4月13日成立。

体育馆先后承接过中美篮球对抗赛、中日少年排球友谊赛、中俄篮球友谊赛、全国第一届青少年运动会、全国公安系统篮球乙级联赛、国家女排表演赛等大型体育赛事，美国、俄罗斯冰上芭蕾、总政歌舞团、东方歌舞团等著名团体及歌唱家彭丽媛、宋祖英等曾到此演出。

（四）新乡市射击场

新乡市射击场建于1996年，位于高新区科隆大道原新乡市体育运动学校院内东北角，占地面积约2万平方米。投资近500万元，兴建射击馆两层，建筑面积4800平方米。一层为10米气步枪、气手枪、移动靶；二层为50米小口径步枪、手枪、25米小口径手枪速慢射、转动靶。射击场是河南省射击项目重点布局单位，是“国家级高水平体育后备人才基地”，并备案于国家体育总局。现归新乡市全民健身训练中心管理。

(五)新乡市游泳池

新乡市游泳池原名红卫游泳池,位于胜利街康乐巷7号。1967年由原新乡地区体委修建,是集比赛、训练、娱乐为一体的室外标准游泳池。

1986年,新乡地市合并,红卫游泳池更名为新乡市游泳池;2002年5月,市体育局对新乡市游泳池进行了改造和维修,购置了全套循环净化设备。处理后的水质达到了国家检验标准,循环周期为12小时/次,并对游泳池四周及排水管道进行了装修。现归新乡市全民健身训练中心管理。

(六)平原体育会展中心

平原体育会展中心亦称平原(建业)体育中心,位于新乡市金穗大道以南、东环路(107国道)以西、向阳路以北、东明大道以东区域,占地约349.8亩,建筑面积约104000平方米,是以休闲、体育运动为主题的开放型城市综合体。

平原体育会展中心落成于2019年,于2020年正式投入使用。该中心分为体育场馆和体育公园。体育场馆包括体育馆兼体育综合训练中心和游泳馆兼全民健身中心,是按照国家乙级建设标准建成的。体育馆兼体育综合训练中心可以容纳6000名观众,可开展区域性及全国单项比赛的体操、手球、篮球、排球、羽毛球、乒乓球、武术等项目,以及音乐、展出和庆典活动;游泳馆兼全民健身中心可以容纳2000名观众,能够满足跳水、游泳、水球、花样游泳等项目比赛和全民健身活动的需求。场馆外的体育公园内,设置了丰富多样的室外健身体育设施和休闲设施,以及健身广场、小型足球场、羽毛球场、篮球场、门球场等室外活动场地,更好地满足了市民休闲娱乐和户外运动的需求。

第三节　体育名人

随着体育健身越来越普及,加之中小学开设的体育课不断增多以及中高考体育分数的不断提升,可以看出体育越来越受到人们的重视。无疑,体育名人在各自领域都是人们在日常锻炼中的榜样。除了出色的体育成绩,努力拼搏的体育精神和优秀的体育品格也是值得大家学习借鉴的。新乡人民历来都很重视体育运动,各领域的体育名人也是层出不穷。现列举部分体育名人,供大家了解。

一、优秀体育教师娄瑞符

娄瑞符(1904—1964),又名和祥,男,河南省原阳县人。1927 年毕业于开封河南体育专科学校。1930 年任教于开封北仓女中,是一位较早接受近代体育知识的体育教师。他编写的《初学跨栏者如何三步跨》一文影响深远。1933 年,他率北仓女篮、女排,代表河南省赴南京参加全国运动会,力胜强手,威震全国。据不完全统计,到 1962 年,他培养的运动员在全国、省级运动会上共获得 31 项次第一名。他为体育事业的振兴,贡献出毕生的精力。

二、运动健将霍天顺

霍天顺,原名李树林,男,山西省沁县人,1930 年出生,是新中国成立后河南省第一批田径运动健将。1953 年代表河南省军区参加中南军区运动会,获 5000 米、10000 米两项冠军。1956 年在省运动会上获 5000 米和 10000 米田径赛第一名。1958 年在北京举行的马拉松锦标赛中,以 2 时 33 分 30 秒成绩打破全国纪录;同年,代表河南省参加全国冬季田径分区赛,获两项冠军。1959 年的全国一运会上,以 8 分 37 秒 3 的成绩打破 3000 米、以 14 分 49 秒 4 的成绩打破 5000 米和以 30 分 51 秒 6 的成绩打破 10000 米三项全国纪录。1959 年 7 月,代表河南省参加在北京举行的七省、市田径友谊测验赛,以 30 分 57 秒 4 的成绩刷新全国万米赛跑 31 分 22 秒 4 的纪录,获得冠军。同年 10 月,代表河南省参加在北京举行的中国、蒙古、朝鲜三国田径友谊赛,在万米比赛中获得第一名。同年随河南省代表团赴北京参加第二次全国青年社会主义建设积极分子大会,受到国家主席刘少奇同志的亲切接见。1985 年任河南省田径队副队长。

三、乒乓球运动员张立

张立,女,河南省新乡市人,1951 年出生,1964 年入选河南省乒乓球队,1965 年被选入国家乒乓球集训队。1975 年、1977 年、1979 年张立随中国乒乓球队参加第 33、34、35 届世界乒乓球锦标赛,是女子团体冠军队的队员之一。在第 33 届世乒赛中,张立获单打亚军,她与梁戈亮合作获混合双打第三名;第 34 届世乒赛获单打亚军,与河南籍运动员葛新爱合作获女子双打第三名;第 35

届世乒赛与张德英合作获女子双打冠军。1978 年起两次获国家体委颁发的体育运动荣誉奖章,1981 年起任国家乒乓球队助理教练、教练。

四、乒乓球运动员葛新爱

葛新爱,女,河南省长垣县人,1953 年出生,中国女子乒乓球运动员。1970 年入河南乒乓球队,1973 年被选入国家乒乓球集训队。1975 年在第三十三届世界乒乓球锦标赛上,获得女子单打第三名,并且是获得女子团体冠军的中国队的主力队员之一。1977 年在第三十四届世界乒乓球锦标赛上,获女子单打和女子双打(与张立合作)两项第三名。1979 年在第三十五届世界乒乓球锦标赛上,获女子单打和混合双打(与梁戈亮合作)两项冠军,女子双打亚军(与阎桂丽合作),并是获得女子团体冠军的中国队的主力队员之一。1978 年、1979 年两次获国家体委颁发的体育运动荣誉奖章。1980 年起任河南乒乓球队教练。1981 年获“运动健将”称号。

五、田径运动员吴志汉

吴志汉,男,1958 年 11 月生,河南省新乡县人。1987 年 11 月在广州举行的全国第六届运动会上,获马拉松赛第三名,为本届运动会河南代表团夺得第一块奖牌。多次参加全国田径比赛和国际马拉松赛,曾获得日本第一届亚洲马拉松赛前三名,两次获得美国长滩国际马拉松赛第三名,获得澳门国际马拉松赛第三名,曾获得全国分区赛 10000 米第一名,全国分项赛 5000 米第一名,在全国冠军赛、锦标赛上取得过 5000 米、10000 米第三名。1987 年北京国际马拉松赛取得中国第一名,1989 年北京国际马拉松赛夺得第七名,排中国第三名,1990 年全国“泰山杯”马拉松锦标赛获得第二名。创造了河南马拉松赛历史最好成绩 2 小时 13 分 49 秒,获得国家体委颁发的体育奖章一枚,被河南省政府记功一次,1994 年被调入河南省体育运动学校,从事青少年业余训练工作。

六、田径运动员酒尚选

酒尚选,男,1959 年 2 月出生,河南省长垣县人。1984 年获得全国冠军,之后参加了第五、六、七、八届四届全运会,获得九次全国冠军。1985 年在世界大学生运动会上取得 12 公里越野赛第二名,1990 年北京第十一届亚运会获 10000

米第五名,第一届东亚运动会获5000米第三名,1993年全国第七届运动会获得10000米第一名。1997年全国八运会后退役,1998年任主教练至今。他多次被评为"河南省体委优秀共产党员",被省政府通令嘉奖一次。

七、航海模型运动健将王勇

王勇,男,河南省新乡市人,1959年出生,著名航海模型国际级运动健将。1977年被选入河南省航海模型队,是中国历史上海模项目第一个世界冠军获得者。共获得世界锦标赛冠军8次、全运会冠军1次。1984年获国家体委颁发的体育运动荣誉奖章,多次受到河南省政府记功授奖。1984年获第2届世界帆船模型锦标赛F5-X级冠军;1992年获第6届世界帆船模型锦标赛航海模型F5-E级、F5-M级冠军;1995年获第8届世界海模帆船锦标赛F5-M级、F5-10级冠军;1997年获世界海模锦标赛F5-M级冠军;1999年获世界海模锦标赛海模F5-M级、F5-10级冠军。1987年获第六届全运会海模F5级冠军。

八、航海模型运动员梁勇

梁勇,男,1972年出生于河南省新乡市。1987年参加河南省航海模型锦标赛获得第二名,1990年入省航海模型项目集训队,成为河南省航海模型项目运动员。入队后,师从世界冠军王勇,先后5次代表中国参加世界航海模型锦标赛,共夺得2枚金牌,2枚银牌和3枚铜牌的优异成绩;10次获得全国比赛单项第一名,四届全国体育大会上为河南省代表团夺得了5枚金牌,并蝉联航海模型F5-M帆船项目四连冠。2002年和2004年先后两次被授予"国家体育运动荣誉奖章",1998年和2000年被授予"国家运动一级奖章",2000年获得河南省人民政府通令嘉奖,2002年和2006年省人民政府各"记大功"一次,2006年获省"五一劳动奖章",2006年获"省青年突击手"荣誉称号。

九、田径运动员闫巍

闫巍,女,河南省原阳县人,1972年出生。1993年参加亚洲田径锦标赛,获得1500米第一名,1994年在广岛亚运会上获1500米第二名,1998年参加曼谷亚运会取得该项目第三名。2000年在第九届全运会上获1500米第四名。1999年至2000年多次获得全国田径锦标赛冠军赛4×800米、1500米和3000米冠军,三次打破亚洲纪录,其中两次室外,一次室内。先后获得新乡市“三八红旗手”和“新长征突击手”称号,多次被河南省体育局评为“优秀运动员”和“优秀共产党员”。

十、柔道运动员赵莉敏

赵莉敏,女,1972年5月出生,河南省新乡市人。1991年参加全国女子柔道锦标赛获得66公斤级冠军,同年进国家队。1993年12月在澳门获亚洲女子柔道锦标赛72公斤级冠军,1994年获得日本第十二届福冈世界女子柔道锦标赛72公斤级第三名及全国女子柔道锦标赛66公斤级第一名,1995年获罗马世界柔道锦标赛女子柔道系列赛72公斤级冠军,1996年在全国女子柔道锦标赛上获72公斤级冠军并取得进军奥运会资格。

十一、拳击运动员赵建设

赵建设,男,1973年10月出生,河南省获嘉县人。1992年6月入河南省拳击队,1996年7月被国家体委批准为健将级运动员,1998年9月任河南省拳击队助理教练。他从事拳击项目13年,参加了全国第七届、第八届、第九届运动会以及6次全国锦标赛、5次全国冠军赛,获得七、八、九届全运会冠军,年度冠军两个,并夺得1995年全国拳击精英赛第一名。1997年、2001年被河南省政府通令嘉奖两次,两次获得河南省“五一劳动奖章”,多次被评为省体育局、省重竞技中心先进工作者。

十二、乒乓球运动员刘国梁

刘国梁,男,1976年出生于河南省封丘县,10岁入伍,13岁进入国家青年队,15岁进入国家乒乓球男一队,20岁成为奥运冠军。他是中国采取直拍横打技术第一人,共获得奥运冠军2次、世界锦标赛冠军7次、世界杯冠军2次、亚运会冠军2次、亚锦赛冠军9次、亚洲杯冠军3次、全运会冠军2次。他是中国第一位世乒赛、世界杯和奥运会“大满贯”获得者。1996年2月当选为“全国十佳乒乓球运动员”,1996年8月,被国家体委授予“体育运动荣誉奖章”。

2002年,刘国梁退役并担任中国国家乒乓球队男队教练;将两度被退回省队的陈玘招到国家队,陈玘在2004年雅典奥运会上获男双金牌。2003年6月

23 日，出任中国国家乒乓球队男队教研组组长兼男队总教练。2005 年入选国际乒联乒乓球名人堂。2013 年，出任国乒总教练兼男队主教练。2018 年 1 月 10 日，刘国梁宣布结束教练生涯。2018 年 12 月 1 日，刘国梁担任新一届的中国乒协主席。2021 年 11 月 25 日，刘国梁成功当选国际乒乓球联合会执行副主席。

十三、田径运动员侯静梅

侯静梅，女，1980 年 12 月出生，河南省新乡市人。1994 年 5 月河南省田径分龄赛中她获 100 米、200 米第一名，全能第三名；1995 年 3 月河南省田径分龄赛获得 100 米和 200 米冠军；1996 年 9 月在河南省第八届运动会上又获 100 米、200 米第 1 名，并打破该项目河南省纪录；1996 年 11 月入选河南省体工大队后，多次参加全国大赛，获得优异成绩；1998 年全国青年田径锦标赛获 400 米第二名和 200 米第四名；1999 年全国城市运动会上获得 200 米第三名；在 2000 年的全国田径冠军赛上获得 400 米第八名。

十四、标枪运动员吕会会

吕会会，女，河南省长垣县人，1989 年出生，中国女子标枪运动员，亚洲纪录保持者。2012 年全国田径大奖赛肇庆站，吕会会以 64. 95 米的成绩获得冠军，打破亚洲纪录。2015 年 8 月 30 日，在北京田径世锦赛女子标枪决赛中，吕会会以 66. 13 米的成绩摘银，刷新自己保持的亚洲纪录。2016 年 8 月 19 日，获得里约奥运会女子标枪决赛第七名。2017 年伦敦世锦赛女子标枪，吕会会以 67. 59 米的成绩排名及格赛第一。8 月 9 日，荣获 2017 伦敦田径世锦赛女子标枪决赛季军。

除以上世界冠军外，新乡市还涌现出了亚洲体操锦标赛跳马金牌获得者刘津茹，东亚运动会及十二届全运会铅球冠军王广甫，东亚运动会空手道男子组 63 公斤级冠军甘振鹏，超世界射击女子移动靶标准速纪录者、全国冠军潘清清，以及全国射箭冠军霍东晨、摔跤冠军雷军、射击飞碟冠军陈铮等一大批优秀运动员。

第四节　重大赛事

体育赛事，一般指比较有规模、有级别的正规比赛。新乡市有几个大型的体育设施，具备承办重大体育赛事的条件，近年来承担了不少省级、国家级的体育赛事。这些体育赛事不但满足了广大体育爱好者家门口观赛的愿望，也带动了新乡体育事业的发展，进一步提高了新乡民众的体育锻炼的热情。20世纪80年代以来，我市承办的大型体育赛事有：

1985年10月，由河南省承办全国第一届青少年运动会，新乡市承办柔道项目决赛。比赛在新乡市体育馆举行，共有来自全国23个省、市、自治区的代表队参加了比赛。新乡市获得了“精神文明赛区”的称号。①

1986年2月15—23日承办第十七届十一省市“协作杯”篮球赛，3月25—30日承办全国青年女子篮球分区赛，承办11月20—25日承办首届“中原杯”武术擂台搏击邀请赛（全国10家单位参加）。

1987年3月6—16日承办全国十省市（十四届）“育星杯”青年排球邀请赛，5月承办全国城市运动会举重比赛。

1990年6月8—12日承办豫北五市少年武术比赛。

1991年5月25—28日承办全国青年篮球联赛（第二阶段）。

1992年8月15—21日承办“全国娃娃杯乒乓球比赛”，8月27日承办新乡市与日本柏原市中学生男子排球友好邀请赛，9月6日承办“新锵杯国际篮球友好邀请赛”。

1993年7月20—22日承办“全国女子甲级队篮球邀请赛”，9月19—21日承办“裕华杯全国男篮邀请赛”，11月5日承办“中朝女篮邀请赛”。

1995年7月18日承办“国家男篮与美国远征男篮比赛”，8月20日承办“百泉春中国女乒邀请赛”。

1996年9月17—23日，河南省第八届运动会在市体育中心举行了盛大开幕仪式，仪式结束后，举行了大型体操“中原魂”表演，在国内外引起较大反响。

---

① 新乡市地方史志编纂委员会：《新乡市志》下册，生活·读书·新知三联书店1994年版，第435页。

本届运动会共有运动员、教练员、裁判员、竞赛工作人员、代表团团部人员约4600人参加,其中运动员约2540人、教练员670人、代表团团部人员180人,裁判员、竞赛工作人员1200人。

1997年9月8—9日承办“全国男篮精英房地产杯邀请赛”。

1998年2月20—25日承办晋、冀、鲁、豫四省五市射击协作赛,5月19日承办“美国美洲风暴男子篮球挑战赛”,6月11—14日承办全国青年田径锦标赛暨世界青年田径锦标赛选拔赛。

1998年6月,承办了全国青年田径锦标赛暨世界青年田径锦标赛选拔赛。

1999年2月22—24日承办“全国男篮精英邀请赛”。

1999年3月承办中韩军队足球公开赛(八一队—韩国尚武队),5月承办全国少年田径锦标赛,9月承办中朝女子足球邀请赛。

1999年4月30日承办“摩托罗拉全国羽毛球天王挑战赛”。

2000年3月16日承办全国友好城市篮球邀请赛。

1998、1999、2000年共承办全国足球甲级联赛河南建业足球队主场比赛22场、全国足球甲级联赛八一金穗足球队主场比赛11场、全国足球乙级联赛河南建业足球队主场比赛5场以及中国足协杯赛5场,入场观众达100万人次。

2001年4月30日—5月2日,省九运会(乙、丙组)射击资格赛在市射击馆举行;5月30日,省九运会(乙、丙组)游泳资格赛在市电业局游泳池举行。

2001年7月20日—24日河南省少年女子乙组篮球锦标赛在新乡举行。

2002年4月18日—19日承办省审计系统乒乓球比赛。

2002年7月11日—17日承办省“新基杯”少年男子篮球锦标赛。

2005年全年共举办了13场全国男子足球甲级队联赛,观众人数达30万人次。

2008年,河南省新乡市凤泉区的一名普通农民周长德赴安阳传递奥运圣火。

2008年全国中学生女子排球锦标赛在新乡市举行。来自香港、北京、上海、重庆等26支省、市代表队近400人参加比赛。这次全国中学生女子排球锦标赛在新乡举办,提高了新乡市的知名度,为新乡市创建全国文明城市锦上添花。

2010年,新乡市组织承办2010年全国青少年武术散打锦标赛暨第三届世界青少年武术锦标赛选拔赛,共有来自全国各省、自治区、直辖市,各行业体协,有关体育院校 35 个参赛单位的近 400 人参加角逐。经过角逐,河南队、山西队、陕西队、河北队、北京队、云南队、前卫西部矿业队荣获“体育道德风尚奖运动队”称号,河南队获男子团体第一名、女子团体第二名。

2010 年,新乡市组织承办 2010 年省第十四届老年人棋类比赛,共有来自各省辖市、省直机关、黄委会、郑铁局、省电力、省煤炭、中原油田、河南油田、安钢公司、长铝公司等 17 支代表队,近 100 人参加。

2011 年 11 月 10—15 日,2011 年全国武术太极拳锦标赛在新乡市第一中学体育馆举行。来自全国 26 个代表队的 120 多名选手在四十二式太极拳、太极剑,陈、杨、武、吴、孙式太极拳及自选太极拳、太极剑等多个项目中进行激烈而精彩的角逐。

2012 年 2 月河南省第八届中原武术大舞台武术展示暨 2012 年新乡市第三届元宵节武术大会在市体育中心举行,来自豫北地区的 39 支代表队 1300 多人进行了少林、形意、八卦、邪串、罗汉、太极、岳家、子路八卦、梅花、朝阳等几十个拳种的武术展示和比赛。

2014 年 2 月 10—11 日,“2014 年‘迎新春’河南省围棋段位赛(新乡赛区)”在红旗区渠东小学举行,来自全省 4 个地市的 14 支参赛单位近 400 名棋手参加,共有 89 人达到升级或升段成绩,创历年历届成绩最佳。

2015 年,河南省首届中国武术段位比赛在新乡举行。

2017 年 10 月 15 日,在河南省新乡市凤凰山景区举办了半程马拉松、迷你马拉松、情侣马拉松和体验马拉松。

2018 年 4 月 18 日至 4 月 23 日,第二十九届全国城市中老年篮球赛在新乡市举行。这次赛事,有全国 60 多个城市的 140 个代表队参与。

2018 年,新乡市举行“2018 徒步中国 · 全国徒步大会(宝泉站)”。本届徒步大会设立 52 公里极限组、32 公里挑战组和 25 公里体验组三个组别,吸引了来自北京、上海、广西、贵州、湖北等全国 20 多个省市的千余名专业运动选手和户外徒步爱好者的参加。

2018 年 4 月 27 日—11 月 2 日,新乡市体育中心承办 2018 年全国青少年足球超级联赛 U19 联赛河南建业队 17 个主场比赛和 U17 联赛主场比赛。

2019 年 7 月 17 日—7 月 28 日,河南省足球锦标赛在新乡举行。

2021 年 5 月 3 日,“直通 WTT 大满贯 · 世乒赛”暨奥运模拟赛在新乡市平原体育会展中心正式开赛。

2021 年 5 月 20 日，第十四届河南省定向锦标赛在辉县市开赛。定向运动是河南省体教融合的核心项目之一。本次赛事共有来自省内中小学、职专、高校、公司、社团、俱乐部共 47 所单位的 558 名运动员，115 名领队、教练员参赛。

综上可以看出，新乡市承办重大赛事的数量近几年呈上升趋势，这表明新乡的体育事业在近年来一直处于快速发展的阶段，也表明人们越来越重视体育事业、重视身体素质的提升。新乡的体育事业带动了全市人民的健身热情，全市人民的健身热情也会促进新乡体育事业的持续、快速发展。

第七章　当代新乡的文化事业

新乡高度重视文化事业发展，在报刊出版、广播电视、博物馆、图书馆、文化馆建设方面均取得了重要成绩。近些年来，新乡进一步提出了“文化强市”的指导思想，并且制定了一系列文化产业发展和文化体制改革相关政策文件。新媒体时代，新乡的文化广电新闻出版事业日益繁荣。

第一节　报刊出版

新中国成立之后，新乡最早的一份本地报纸为中共平原省委机关创办的《平原日报》，不过该报仅存在3年即因平原省的裁撤而停刊。当前，新乡共有主要纸媒两种，即《新乡日报》与《平原晚报》。《新乡日报》是河南省一级报纸，历经几十年胼手胝足地创业、改革与创新，由创刊初期的一张4开小报，发展到今天的“两报”、“四刊”、一网站的报业格局，成为新乡乃至豫北地区具有较强辐射能力的新闻媒体。《平原晚报》源于《新乡日报》，是《新乡日报》的子报，创刊于2004年，是一份面向市民的都市类报纸。

一、《平原日报》

《平原日报》创刊于1949年，是中共平原省委机关报，1952年因平原省撤销而停止发行。虽然仅仅刊发3年左右，但是由于发行量大，覆盖范围广，《平原日报》既是宣传我党方针、政策的喉舌，也成为平原省民众的生产、生活、文化等信息的重要来源。《平原日报》为日刊，铅印，多为对开四版，开设了《问事处》《信箱》《大众呼声》《批评与建议》等十几个小专栏，主要以刊载国内外时政要闻、宣传中共的各种路线方针政策为主,也刊登一些广告、启事和短新闻。

《平原日报》作为中共平原省委机关报,准确地把握了中共中央的各项指示,成为平原省委开展工作的有力的思想武器。《平原日报》存在时间虽短,但对于新乡文化事业的历史意义不容忽视:"首先,这份报纸对于研究建国初期党的全国新闻体系是如何在省一级地方运作的具有重要意义。其次,《平原日报》对于新乡地方史的研究具有重要意义。《平原日报》记载了当时平原省的政治、经济、文化、社会风俗习惯等方面的大量新闻报道,保存了众多有关平原省地方史的历史材料,为我们今天研究平原省时期新乡及周边地区的社会生活面貌提供了一个窗口。"①

二、《新乡日报》

《新乡日报》充分发挥了党、政府和人民群众喉舌的重要作用,为全市的改革开放和现代化建设事业做出了应有的贡献。在新乡市委、市政府的正确领导下,经过报社全体员工多年的辛勤努力,报纸由4开4版小报,逐步发展到现在的对开8版大报,每周6期48版。同时每周还出版有《法制周刊》《教育周刊》《卫生周刊》《金融周刊》等专刊。2011年,《新乡日报》荣获"中国十大影响力地市报"和"中国地市党报品牌十强"称号,同时获得"中国最具成长性地市报"荣誉称号。

近年来,《新乡日报》坚持"把更多的版面让给群众"。作为地市党报,它本身就植根于基层广大人民群众之中,"以对党对人民负责的高度政治责任和使命感,不媚权、不媚上,只为维护党的办报方针,维护本报的科学发展,大胆研究改进领导活动报道的办法,积极推动改进工作的实施。改进地市级领导活动的报道是地市党报改进领导活动报道的重点"②。

三、《平原晚报》

《平原晚报》由新乡报业传媒集团主管主办,4开32版,期均发行量8万多份,是河南省二级报纸,影响力覆盖全市及周边地区。《平原晚报》获得"中国地

① 李傲然:《〈平原日报〉研究(1949—1952)》,郑州大学硕士学位论文,2018年。

② 王振平:《把更多的版面让给群众——〈新乡日报〉积极改进领导活动报道探析》,《新闻爱好者》2009年第7期。

市晚报品牌10强”和“中国地方都市类报纸最具成长性十强”。近年来，中共河南省委宣传部《河南新闻阅评》、河南省新闻出版局《河南报刊审读》先后10次发文介绍《平原晚报》办报经验。《平原晚报》这匹“黑马”表现出极强的生命力和发展潜力，已成为当地和周边地区美誉度较高的品牌主流媒体。

四、新乡网

新乡网成立于2005年12月，是继《新乡日报》、新乡人民广播电台、新乡电视台之后成立的第四新闻媒体，新乡唯一重点综合性新闻网站，传播新乡精神文明的新渠道。

五、新乡手机报

新乡手机报由新乡日报社精心打造，集本地、国内、国际新闻资讯于一体，时尚实用。服务贴心的新闻资讯，实用的服务信息，为新乡手机用户提供“第一时间、无线阅读、图文并茂、超大容量”的贴身资讯。

第二节　广播电视电影

一、广播电视

新乡广播电视台是豫北工业名城新乡的最强势媒体，也是豫北地区最具影响力的电视媒体。新乡广播电视台1985年正式开播，全市有线电视注册用户已达40万户，新乡电视台有线网络是国家广电部在河南唯一认定的样板试点城市有线网络。自2006年6月6日起，新乡电视台实现了数字硬盘播出，从此迈入数字时代。

中共十六大以来，党中央明确了整个文化体制改革的方向和目标，新乡电视台基于此进行调整。首先，新乡电视台“转变以往封闭式发展的模式，灵活机制，引导地方电视台非时政性节目面向市场”。其次，新乡电视台“引入社会资本，参与市场竞争。新乡电视台大活动中心的成立打破了传统固定思维，积极采取各种市场化方式，广泛引入社会资本，充分发挥市场机制在资源配置中的作用”[①]。

改制后的新乡广播电视台各个频道节目各具特色，异彩纷呈，为新乡市民了解时事、休闲娱乐提供了最为便捷的平台。新乡电视台一套新闻综合频道以综合新闻为基本构架，是新乡最权威、最全面的信息发布窗口。晚间电视剧场收视表现优异且稳定，云集首轮精品剧集，打造新乡人民黄金休闲时光。重点节目有《直播新乡》《沟通》《黄金剧场》等。新乡电视台二套法制频道（有线、无线双路发送）体现频道专业化大趋势，是以普及法律知识，提供法律服务，弘扬法律精神，推进依法治市为宗旨的法制类专业电视频道。依据“打造新乡人身边的法制看台，以法律的力量、记者的眼光、警方的速度关注身边事”的频道精神设立了《法制新乡》《法制工作室》两个精品栏目。晚间《法制剧场》以故事普法、以案例警世。法制频道在地级电视台特色频道中收视表现极为突出，为新乡电视台收视亮点。新乡电视台三套影视娱乐频道是新乡电视台着力打造的新乡第一家庭频道，穿插的娱乐报道快速送上娱乐新动向。新乡电视台四套生活频道关注百姓生活，骨架栏目《新乡大民生》每天直播播出，贴心关注新乡市井百态、民生民意，关注新乡人的身边事，解答新乡人关心的事，聚焦新乡人的疑难事。影视剧场有《百姓剧场》《回味剧场》《假日剧场》，贯穿全新生活频道。现在又新增《非常人生》和《新视同期声》两个栏目。

二、电影

改革开放后，特别是近十余年来，新乡电影文化产业稳步发展。一大批著名电影如《清凉寺的钟声》《倒霉大叔的婚事》《战争角落》《举起手来》《一句顶一万句》等在新乡取景拍摄。位于新乡南太行的郭亮村由于得天独厚的条件，吸引了不少影视剧组前来取景，先后有数十部影视剧在这里拍摄外景，成为著名的影视基地，被誉为“中国第一影视村”。

2016 年，反映牧野远古文化，由河南志锐广告传媒有限公司拍摄的 10 集动漫剧《牧野传奇》被列为 2016 年河南省新增重大建设项目。《牧野传奇》是由谢宝锐编剧的一部动画片，取材于中国家喻户晓的神话传说《封神演义》，讲述了少年天子武王姬发在逆境中的成长之路，是武王姬发从无到有，历尽艰辛，终于

---

① 魏彬汀：《文化体制改革下地方电视台的发展策略——以河南省新乡市电视台为例》，《钦州学院学报》2013 年第 8 期。

登上人生之巅的故事。

2018年7月3日，中共封丘县委宣传部、封丘县文化广电旅游局、封丘县豫剧团演艺有限公司精心筹备拍摄的封丘县第一部戏剧电影《相思树》在封丘县人民公园举行开机仪式。《相思树》的拍摄，更好地弘扬了中华优秀传统文化，进一步推进了封丘相思文化的传承和发展。

三、各类演出

为了创新文化产业，新乡市豫剧团、杂技团、歌舞团、影剧演出公司四家单位合并成立新乡市演艺有限责任公司，2012年8月20日正式挂牌成立。新乡市演艺有限责任公司是一家集戏曲、歌舞、杂技、音乐等各类文化艺术于一体的国有独资企业，现有150多名演职人员，其中多人具有高级职称。

新乡市演艺有限责任公司不断深化改革，努力建立与市场经济相适应的管理体制和充满活力的运营机制，培养和引进了一大批优秀的各类艺术人才，涌现出许多优秀作品，演出市场不断壮大，已经形成了集豫剧、杂技、歌舞、民乐为一体的综合演艺集团。

新乡市演艺有限责任公司成立以来演出场次达上万场，2014年原创剧目大型现代豫剧《游子吟》荣获河南省第十三届戏剧大赛文华金奖、河南省第六届黄河戏剧节金奖，同时成功申报国家艺术基金2015年度舞台艺术创作资助项目，2016年11月应邀进京参加全国地方优秀剧目展演，得到北京市众多领导、专家的高度称赞，并受到中央电视台、《中国文化报》等20余家媒体的报道，经济效益和社会效益获得双丰收。

2016年11月2日、3日，河南省新乡市演艺有限责任公司带着精心打造的国家艺术基金资助剧目——大型现代豫剧《游子吟》，在中国评剧大剧院连演两场，场场爆满，观众凝神静气，沉浸在美妙的艺术享受中。这是新乡市演艺有限责任公司继1980年首次赴京演出豫剧《大祭桩》《抬花轿》之后，新乡豫剧再次唱响京城。新乡市艺术创作研究所书记、所长徐国平称该剧把共性和个性结合在一起，用现实主义精神和理想主义的情怀观照人物本身，且以俗感人，俗中见美。2018年8月15日，新乡市演艺公司将赴北京长安大戏院参加由中共河南省委宣传部、河南省文化厅主办，河南豫剧院承办的“庆祝改革开放四十周年——中国豫剧优秀剧目北京展演月”活动，演出剧目为《老村里的新故事》。

该剧以精准扶贫为主题，由我省著名剧作家韩枫创作、国家一级导演姚志强执导、新乡市演艺有限责任公司豫剧团团长万正红领衔主演，运用独特的视角与思路，生动地描写了“第一书记”黄玉兰带领老村群众因地制宜，绿色发展，最终使老村村民转变懒散、安逸的思想观念，通过自己的能力和劳动，走上富裕之路的故事。

新乡演艺公司杂技团是一支深受国内外观众欢迎的专业演出团体，曾在中国艺术节、全国杂技调演、中南五省杂技比赛、河南省杂技比赛中屡获殊荣，多次代表新乡市委、市政府到美国、韩国、日本、俄罗斯、法国、德国等国家进行交流演出。歌舞团自建团以来，曾应邀进京参加庆祝中国航空部建部 40 周年大型文艺晚会活动，并在京开展巡演活动，多次代表市委、市政府到全国各地友好城市慰问演出，歌舞团成员曾与众多著名演员同台表演，得到各地领导和全国观众的高度认可。民乐团是一支新生力量，组团以来多次参加新乡市组织的各项演出活动，其中举办的金环之夜、光彩之夜、电力之夜、巧抒新曲为君听等音乐会好评如潮，在新乡市颇有名气，受到社会各界极大关注。

第三节　图书馆、博物馆、群众艺术馆与文化宫

除了报刊、广播电视电影，图书馆、博物馆、群众艺术馆与文化宫也是新乡文化事业的重要组成部分。

一、图书馆

近年来，新乡的图书馆事业蓬勃发展，成绩斐然。新乡市现有公共图书馆 11 个，分别是：新乡市图书馆、辉县市图书馆、卫辉市图书馆、新乡县图书馆、获嘉县图书馆、原阳县图书馆、延津县图书馆、封丘县图书馆、长垣市图书馆、牧野区图书馆、凤泉区图书馆，总藏书达 158.9 万册。2013 年 11 月，在第五次全国公共图书馆评估定级中，新乡市图书馆、延津县图书馆被评定为国家一级图书馆。

（一）新乡市图书馆

新乡市图书馆前身为 1928 年 3 月建成的新乡县中山图书馆。1935 年 8 月

至1972年,先后易名为河朔图书馆、平原省图书馆、河南省新乡图书馆、新乡市人民图书馆等,1973年确定为现称。2001年6月,迁于平原路437号,建筑面积8572平方米。

作为全国古籍重点保护单位,新乡市图书馆收藏了大量珍贵古籍善本,其中古旧线装文献约20万册(件),善本藏量达到760余种20800余册,141种收入《中国古籍善本书目》,11种入选《国家珍贵古籍名录》。

自2011年11月始,新乡市图书馆实现"零门槛"进入全方位免费开放。秉持"读者至上、服务第一"的服务宗旨,服务窗口实行借、阅、藏一体化,提供外借、阅览、参考咨询、续借、预约借书、集体借阅、馆际互借、代检代查、代借代还、专题信息服务、网络服务、公益讲座、专题展览、教育培训、视听服务、馆外服务站、送书上门、形式多样的全民阅读推广活动等服务项目。阅读推广活动是公共图书馆服务的核心,是图书馆生存发展的需要,阅读推广也是社会阅读的需要。为了让读者有效地利用图书馆的资源,新乡市图书馆按照上级部门要求,结合本市的实际,开展了大量的阅读推广活动。近年来,新乡市图书馆开展全民阅读活动,大力推广全民阅读。在服务好到馆读者的同时,举办了多次读者活动。例如,举办"新乡之春"诗词朗诵交流活动;迎接世界读书日的到来,联合盛景国际民族学校,开展主题为"我读书　我快乐"的活动;庆祝第21个世界读书日,开展主题为"阅读　从图书馆出发"的诗文朗诵会;世界读书日,邀请市育才幼儿园小朋友开展"阅读伴随我成长"读书活动;组织老年读者举办主题为"牧野石榴花正红"的命题诗会;开展"庆祝中国共产党建党95周年诗歌朗诵会"活动。凡此种种,不一而足。

新乡市图书馆先后荣获全国重点古籍保护单位、国家一级图书馆、省级文明单位、全省先进基层党支部、河南省"巾帼文明岗"、全省优秀志愿服务组织、河南省先进公共图书馆、河南省全民阅读活动先进单位、全省青少年思想道德建设先进集体、河南省优秀青少年法制宣传教育基地、河南省全民阅读活动优秀项目、全省图书馆服务宣传周活动先进单位、河南省少儿阅读活动先进单位、全市先进基层党组织、新乡市三八红旗集体、新乡市廉洁示范单位、新乡市优秀青少年维权岗、新乡市"最美志愿者"团队提名奖、新乡市"青年文明号"等数十项荣誉称号。

(二)延津县图书馆

延津县图书馆新馆位于文化体育活动中心西南侧,占地45亩,建筑面积

3010平方米，设计藏书量15万册，现有藏书6.2万册，期刊228种、报纸178种，其中明朝崇祯年间的《钢口金丹》，装帧精美，保存完好，具有很高的学术和历史价值，也是延津县图书馆的镇馆之宝。

2013年11月，在第五次全国公共图书馆评估中，延津县图书馆被评定为"国家一级图书馆"。2018年5月，中华人民共和国文化部公布了全国第六次县级以上公共图书馆评估定级结果，延津县图书馆再次被授予"国家一级图书馆"荣誉称号，全国县级以上公共图书馆评估定级工作每四年进行一次，这是延津县图书馆连续两次荣获此项称号，也是新乡市四区七县唯一获得此殊荣的图书馆。2017年12月，延津县图书馆被团中央授予"青年之家"荣誉称号。近年来，团中央在全国开展示范性"青年之家"创建活动，采取广泛参与、逐级创建、择优认定的方式评选，延津县图书馆"青年之家"自成立以来，在团县委的关怀指导下，一直以"动员、服务、整合、提升"活动质量为着力点，提供了参与公益宣传、公益创新、公益实践等活动的机会。

（三）卫辉市图书馆

卫辉市图书馆坐落在卫辉市中心比干大道西侧行政路中段，其前身是成立于1913年的汲县经正书舍，历经多年风雨，于1988年汲县撤县建市时，从原汲县文化馆分出，正式更名为卫辉市图书馆。在2009年第四次、2013年第五次、2017年第六次公共图书馆评估定级中均被评为"国家三级图书馆"，连续多年被省文化厅评为"全民阅读先进单位"。

卫辉市图书馆全年365天免费开放，节假日、双休日从不闭馆。电子阅览室、少儿活动室、资料室、书库、地方文献室、自习室等公共空间设施场地全部实行免费开放；文献资源借阅、检索与咨询、公益性讲座和展览、基层辅导、流动服务等基本文化服务项目健全并免费提供。图书馆从时间上、空间上全方位为读者提供服务保障。2019年，该馆完成总分馆制建设，更新管理系统，目前有13个乡镇分馆，3个城市书房，全部实现实时情况在线显示、图书网上检索、通借通还。

卫辉市图书馆现有编制24人，实有在编在职干部职工14人，其中大专及以上学历13人，初级职称2人，中级职称5人，高级职称2人，整体学历和职称水平在基层图书馆名列前茅。卫辉市文化厚重，地方文献丰富，该馆一贯重视地方文献收集整理工作，形成了自己的特色馆藏，目前有地方性文献资料5000

册，尤其珍贵的是当地碑刻拓片500张，建有地方特色文化数据库。2018年刘知侠一百周年诞辰之际编辑出版当地征文集《百年知侠》，2019年、2020年编辑出版当地散文集《风雅卫辉》《风吟卫辉》，当地匾额拓片集《卫辉匾额集粹》经过三年准备即将付梓。

（四）封丘县图书馆

封丘县图书馆最早在城隍庙办公，2007年4月底搬迁至位于世纪大道中段的新馆办公，建筑面积1800平方米，藏书总量2.6万册，2015年新增图书3000余册，征订报刊40余种。图书馆节假日和周末照常对外开放，每周对外免费开放56小时。

（五）原阳县图书馆

原阳县图书馆位于原阳县城关镇北街新一路八角楼内，是原阳县唯一的公益性公共图书馆，建筑面积2900平方米，主要承担着全县文献资源借阅、公益性讲座和展览、全民阅读的推广和宣传、文化信息资源共享工程、古籍征集保护等社会职能。2013年10月31日被中华人民共和国文化部评为“国家三级图书馆”。全国文化信息资源共享工程原阳县支中心也设立在原阳县图书馆。经过几十年的建设与发展，原阳县图书馆已逐步建成了包含中文图书、报纸杂志、多媒体电子读物、影视光盘和网络虚拟资源数据库等多种载体的综合性馆藏文献资源体系，各类文献馆藏总量达5万册（件）。

（六）新乡县图书馆

新乡县图书馆成立于1950年10月，当时为新乡县人民文化馆图书组，并有阅览室对外开放。1984年8月11日由县人民政府行文成立新乡县图书馆，面积为1500平方米，2011年进行整体装修，并于2011年12月26日对社会公众免费开放。图书馆坐落于新乡县小冀镇文化路西段。图书馆现有藏书3.7万册，古籍2000余册。资源共享室有计算机35台。全馆分采编、外借、阅览、资料、少儿等部门，并分别设有借书室、成人阅览室、少儿阅览室、残疾人阅览室、古籍藏书室、会议室等，其中成人阅览室座席60个，儿童阅览室座席60个，阅览室备有报纸37类，杂志40种，实行全年免费开放，全年平均接待读者5000多人次，流通图书12800册次。

二、博物馆

(一)新乡市博物馆(平原博物院)

新乡市博物馆(平原博物院)位于新乡市人民东路697号新区科技文化广场,是集收藏、研究、教育等功能于一体的综合性地方历史博物馆。其前身系平原省博物馆,始建于1949年,1958年改用现名。1973年,郭沫若为博物馆题写馆名。2011年建成集博物馆、档案馆、史志馆、城建档案馆于一体的综合性建筑——平原博物院,总用地面积7.5公顷,总建筑面积52850平方米,地上3层,第一层为库房、技术用房及设备用房,二、三层为展览空间,设文物展厅17个、档案展厅6个。

70多年来,新乡市博物馆几经变迁,20世纪50年代位于卫河公园中的河朔图书馆,当时陈列室仅有100平方米,需要经常搭建临时棚舍进行展览。1965年在人民公园建成800平方米的文物陈列室,1980年在今体育中心位置建成三层藏品楼,保存环境得到一定改善。1996年因建体育中心用地需要,新乡市博物馆迁至和平路南段一座新建的四层楼房(现为新乡市演艺公司)。2002年博物馆又搬至平原省委旧址,旧址建筑以灰蓝色为主色调,具有浓郁的苏式风格。2011年,位于新区的平原博物院新馆建成。平原博物院建筑以"华夏之光""历史年轮""太行山势"为设计理念,整体造型简约而灵动,外观严谨又具创意,表现出庄重、大气、包容的建筑性格特征与自身独特的文化气质,是新乡市十大标志性建筑之一。

新乡市博物馆收藏着原平原省所辖华北平原南部50多个县市的出土、传世文物数万件(套),其中珍贵文物上万件,国家一级文物63件。无论是馆藏量还是馆藏价值,在全省地级博物馆中都名列前茅。藏品包括陶瓷、书画、青铜、玉石、碑帖等种类,尤以商周青铜器、明清书画、历代碑帖拓片等著称。

新乡市博物馆先后荣获"河南省社会科学普及基地""全国社会科学普及教育基地""河南省文明单位""全省文物信息宣传先进单位""河南省文明博物馆""河南省优秀爱国主义教育基地""新乡市爱国主义教育基地"等荣誉称号。[①]

① 《新博概况》,新乡市博物馆网站,https://www.xxsbwg.com/about? type=1。

（二）卫辉市博物馆

卫辉市博物馆是1988年10月撤县建市后在汲县文化馆文物组的基础上建立的，隶属卫辉市文化局，原为新红砖二层建筑，1992年迁至徐世昌家祠。该建筑是一组仿古建筑群，1913年由徐世昌筹建，分四进院落。主体建筑存照壁、山门、二门、三门、卷棚式拜殿，大殿及东西厢房四座，皆为元宝山灰瓦顶、木雕隔扇门窗，整个建筑布局严谨，肃穆幽雅，气势雄伟，设计精致，砌筑工整，雕梁画栋。1991年河南省城建厅、省文物局已向中华人民共和国建设部、国家文物局申报为近现代优秀建筑。徐世昌家祠归博物馆使用的部分占地5250平方米，建筑面积1750平方米。

馆内保存着一通明代洪武二十四年（1391）的移民碑。该馆陈列有历代文物陈列、明清瓷器陈列、文物普查成果陈列、石刻艺术陈列等，现有藏品2174件，其中二级品31件，三级品2143件，均为本市出土及征集的文物，地方特色明显。出版有《明潞简王朱常芳手书唐诗》《林氏宗祖比干》等著作。

2016年1月20日，卫辉市博物馆顺利完成了徐世昌家祠内的陈展提升工作，开始重新对外开放，以崭新的面貌迎接观众的到来。徐世昌，北洋政府第五任总统，生于卫辉城内曹营街四号寓室，两岁时随家迁往开封，后又随母迁回卫辉贡院街居住。徐世昌家祠即位于卫辉市贡院街内，由徐世昌在卫辉的堂弟出面，购买原卫辉府参将衙门旧址，改建为徐氏家祠，现为河南省重点文物保护单位。“徐世昌生平”展厅为展览重点，该展厅入口处，有五簇谷穗组成的“嘉禾”木雕圆形图案，寓汉、满、蒙、回、藏“五族共和”与“五谷丰登”之意。同时，该展厅运用大量图片、文字资料，介绍了民国时期徐世昌的重大事迹、徐世昌诗书画“三绝”、徐家祠堂。“徐世昌与民国”与“民国民俗文物”则是通过版面写真、实物陈列等方式让观众更清楚地了解徐世昌生活的时代背景。

（三）辉县市博物馆

辉县市博物馆是1983年经河南省文物局批准而建立的一座地方综合性博物馆，1988年更名为辉县市博物馆。辉县市博物馆馆址设在百泉风景名胜区卫源庙内。卫源庙因庙前泉水为卫河之源头而得名，创建于隋，现存为明清建筑，主要有山门、拜亭、清辉殿、寝殿，两旁有钟、鼓二楼。展厅设在清辉殿，殿为重檐歇山式建筑，绿色琉璃瓦覆顶，面阔7间，进深2间，减柱造，面积148平方米。该馆现有藏品3000余件，分为化石、石器、石刻、玉器、陶器、砖瓦、瓷器、铜器、金银、铁器、牙骨、钱币等12个类别。

（四）封丘县博物馆

封丘县博物馆成立于1986年12月6日，隶属于县文化局。馆址是清代建筑城隍庙，大殿为单檐硬山式建筑，与东西厢房形成一个院落，全馆占地1938平方米，建筑面积1130平方米。该馆基本陈列有封丘县历史文物陈列、文物普查成果展、党史展览、书画展览等。藏品1200余件。

三、群众艺术馆

新乡市群众艺术馆暨非物质文化遗产保护中心是政府设立的专门从事群众文化艺术工作的副处级全供事业单位。其前身是建于1928年的民众教育馆，1949年8月，改为新乡市人民文化馆。现有业务楼和行政楼各一栋，馆舍面积4500平方米。馆内设编辑调研部、文艺部、书美影部、活动部、展览部、后勤部、办公室、非物质文化遗产保护中心办公室、艺术活动中心共9个部室。现有工作人员47人，其中党员24人，研究馆员1人，副研究馆员5人，馆员15人，助理馆员10人。各艺术门类齐全，人才荟萃。文艺团队20余支，演员1200余人，常年活跃在社区、学校、军营等，为基层群众送去丰富多彩的文艺演出。

近年来，为“突出公益，树立群文形象”的办馆理念，群众艺术馆开办“群文课堂”免费公益培训班，常年组织创作优秀文艺作品，举办全市性展览、演出、比赛活动，组织参加全国、全省性各种文艺赛事，成绩显著，每年春节组织开展“卫水春色”文化庙会、“新春交响管乐音乐会”，大力开展非物质文化遗产普查和保护工作。2011年7月，群众艺术馆实现所有活动场地和延伸服务项目全部免费开放，极大地丰富了城乡群众的文化生活和内涵，为助力中原经济区强市和幸福新乡建设做出贡献。

为进一步丰富广大人民群众的精神文化生活，新乡市群众艺术馆充分发挥媒体的宣传作用，积极探索更为方便、广泛的宣传模式。该馆新开通了新乡市群众艺术馆“头条号”，作为发布该馆信息的重要平台。同时，该馆是新乡第一个加盟“大象融媒”的成员单位，真正实现了内容的“一次采集、多元生成、多端传播”。新开通的新乡市群众艺术馆“头条号”和现有的“新乡市群众艺术馆”微信公众号平台、新乡市群众艺术馆网站等平台共同搭建起与广大群众“零距离”沟通交流的桥梁，为新乡市“互联网＋文化”建设探索了一个新的模式。

2015年,新乡市群众艺术馆于8月12—14日分别在市卫河公园连续举办了3场“勿忘国耻·圆梦中华”纪念抗日战争胜利70周年文艺演出。演出以原创抗战题材情景剧为主,节目包括《抗日英雄王二小》《军民大生产》《八路军拉大栓》《地道战》《九一八》《铁道游击队》等。此次文艺会演获得社会广泛关注,并产生了深刻影响,8月22日和25日,中央电视台《新闻联播》和《焦点访谈》节目先后进行了报道。

四、新乡市工人文化宫

新乡市工人文化宫位于胜利路与宏力大道交叉口西南角,此处的毛主席像、曾经的转盘花坛都是新乡市代表建筑之一。2012年宏力大道扩宽改造。为了使交通更加顺畅,市工人文化宫前约30米宽的转盘花坛被拆除,原花坛位置的地面被硬化成道路,这里变成了一个宽敞的十字路口。新乡市规划委员会会议原则同意新建市工人文化宫,新选址位于中原东路与新七街西南角。

第八章 当代新乡的卫生事业

新中国成立后，伴随着社会主义革命和建设取得的巨大成就，新乡市建立了基本满足人民群众健康需求的医疗卫生体制，医学教育和医学研究蓬勃发展，卫生状况得到极大改善，卫生事业整体形势蒸蒸日上。此后，受到"文革"的严重干扰和破坏，新乡卫生事业发展陷入低谷。改革开放后，中国特色社会主义建设日渐深入，卫生形势发生深刻变化，新乡卫生事业也经历了变革迭起、成绩与挑战接踵而至的发展时期。中共十八大以来，中国特色社会主义进入了新时代，新乡卫生事业展现了强劲的发展势头和良好的发展态势，基本满足了人民群众在追求美好生活过程中对医疗卫生服务的要求和需求，成为建设美丽新乡、和谐新乡、文明新乡的一道亮丽风景线。

第一节 医疗卫生机构与管理机构

医院是医疗机构主体。新乡市医院来源不一，所属不同，但各有优势、各具特色，是保障全市人民健康的主力军。与之同时，疾病预防控制中心、卫生监督局等卫生机构和卫生管理机构也为我市卫生体系顺利运行、卫生状况不断改善做出应有的贡献。

一、新乡市中心医院

新乡市中心医院创建于 1949 年 11 月，位于新乡市解放大道与金穗大道交叉口东北角，西邻市二十二中学，北邻健康路，后随河南省行政区划的调整和发展规模不断扩大，几易其名：1949 年建院初始为"平原省直机关诊疗部"，1950

年改称“省直机关门诊部”,1951 年称“平原省人民医院”,1953 年为“河南省第三人民医院”,1967 年 11 月,改为“新乡地区人民医院”,1986 年地市合并,医院更名为“新乡市中心医院”,并沿用至今。2013 年 11 月,中心医院与新乡医学院建立附属关系,成为“新乡医学院附属中心医院”暨“新乡医学院第四临床学院”。2020 年 12 月,中心医院东区医院正式开始试运营,由此迎来迅速发展的新时代。纵观中心医院 70 多年的发展历程,重视科技、强化管理、塑造文化是中心医院的鲜明特征。

(一)科技兴院

医学科技发展日新月异,只有紧跟科技前沿、紧抓科技创新才能夯实医院的立身之本。中心医院坚持“以重点专科为龙头,以点带面”的发展战略,突出肿瘤、心血管、神经、儿科四个重点学科,巩固泌尿外科、妇产科、骨科、消化四个优势学科,做好呼吸科、内分泌科、耳鼻喉科、口腔科四个梯队学科,做大四个中心(病理中心、检验中心、影像中心、体检中心),做精四大技术(微创、介入、危重病人抢救、医学生物技术)。经过十几年的发展,目前中心医院肿瘤科、心血管科、神经科、儿科等专业已形成具有技术优势的学科群。肿瘤学科、心血管学科被评为河南省医学重点培育学科。这些有力地促进和带动了医院整体医疗技术向前发展,医疗水平迈上了一个新的台阶。

(二)科学管理

以有限的卫生资源服务社会卫生事业,没有有效的管理,不可能提供令人满意的卫生服务。为此,中心医院创新管理理念,探索管理新模式,提高医院管理效能。经过多年探索,目前中心医院全面推行综合目标管理责任制,每年院长同科主任签订目标管理责任书,内容包含科室管理、医疗质量、科研项目、新技术开展、各项技术指标等。具有特色的管理制度和模式包括:“三权分离”的物资设备采购管理模式,引进美国护理管理模式,实行“教育护士”制度,改革招聘、职称晋升、聘任制、岗位培训与轮换等人事管理制度,全面信息化建设。

(三)医院文化

中心医院建院 70 多年,医院文化底蕴深厚,近年来不断加强医院文化建设,逐步建立了医院文化建设的长效管理机制,做到从感性文化向理性文化延伸,从无形文化向有形资源延伸,从管理文化向文化管理延伸,使医院文化建设向科室文化建设延伸,医院精神得到职工的普遍认同,并内化为自觉行动。[①]2012年,中心医院成功举办了河南省医院文化论坛。辛勤耕耘换来丰硕的果实。21世纪以来,中心医院先后荣获数十项全国和省、市级荣誉。

二、新乡医学院第一附属医院

新乡医学院第一附属医院位于古城卫辉,东邻京港澳高速,西邻京广铁路和京广高铁。医院经过多次扩建,目前占地310亩,建筑面积40.6万平方米,是集医疗、教学、科研、预防、康复为一体的省直综合性三级甲等医院。

新乡医学院第一附属医院历史悠久,其前身可追溯至1896年加拿大医学博士罗维灵先生创建的“博济医院”,后改名为“惠民医院”;1950年与“哈利生医院”合并,成立了平原省省立医院;1951年3月改名为平原省医科学校附属医院。此后,医院名称随着学校名称的变动一变再变:1952年7月改为华北第二医士学院附属医院,1953年8月改为河南省汲县医士学校医院,1956年8月改为河南省卫生学校医院,1958年3月改为河南省新乡专区医学院医院,1959年9月改为河南省汲县医学专科学校医院,1962年改为豫北医学专科学校医院,1970年3月更名为汲县人民医院,1971年3月改名为豫北医专附属医院,1982年6月再次更名为新乡医学院第一附属医院,并沿用至今。1988年河南省结核病医院(原河南省干部疗养院)并入,现为医院第二名称。[②]

作为新乡医学院医、教、研实力最雄厚、经验最丰富的附属医院,新乡医学院第一附属医院一直承担着本、专科学生绝大部分的临床教学及见习任务,是学院最大的学生生产实习基地,多年来,一直通过不断提升教学质量,为满足区域医学卫生人才需求做出了巨大贡献。目前医院还拥有国家临床重点专科(心血管内科)建设单位1个,国家级中医重点专科1个,河南省医学重点(培育)学科17个,河南省中医重点专科1个,河南省省直医疗机构医疗服务能力提升工程建设项目3个,河南省医学重点实验室3个,河南省工程研究中心、实验室及国际联合实验室等11个。

20世纪50年代前后,第一附属医院四大名医的事迹在豫北地区广为流传。

---

① 郭潇雅:《同舟共济扬帆起》,《中国医院院长》2015年第C1期。

② 茹雪:《新乡医学院一附院开拓进取阔步前进——建院一百一十年铸就世纪新辉煌》,《新闻爱好者》2006年第11期。

四大名医为:段美卿、冯兰馨、史相虞、朱咸光。

段美卿,男,汉族,生于1900年10月,河南省卫辉市纸坊村人。1915年,就读于基督教惠民医院牧野中学,成绩优秀。1917年被送往山东齐鲁大学医科学习。1930年毕业于齐鲁大学医科并取得医学博士学位。先后在北京协和医院、安阳广生医院和六河沟煤矿等地工作,1937年回到惠民医院。1939年,惠民医院由中国人接管,段美卿被院内7人管理委员会公推为院长。1945年从惠民医院离职,在汲县开私人医院。1950年3月经李奕介绍到平原省医科学校工作,先后任学校临床学课委员会主任、教授,附属医院首任外科主任等职。1985年4月6日病逝于新乡市,享年85岁。

冯兰馨,男,汉族,生于1903年,山东省临朐县人。1928年毕业于山东齐鲁大学,1930年被加拿大多伦多大学授予医学博士学位。1928—1938年历任山东周村复育医院、山东潍县乐道医院、河北大名宣圣会医院外科医师、主任等职,外科医术精湛。1945年春参加革命工作,任冀鲁豫行署卫生顾问,为部队培养了大批医疗骨干,为华北军区部队建设做出了重要贡献。1947年春,冀鲁豫行署哈利生医院成立,冯兰馨负责该院外科工作。解放后历任平原省卫生厅顾问、河南省政治协商会议委员、中国科学院中医研究院附属医院外科主任、中华医学会河南省分会理事等职。1987年离休。2000年2月病逝于新乡市,享年97岁。

史相虞,男,汉族,生于1898年2月,河南省濮阳市人,早年毕业于河北省医学院,精通内科。1943年冬至1947年秋在冀鲁豫行署第八军分区医院工作。1947年春,冀鲁豫行署哈利生医院成立,他负责该院内科工作。1949年随哈利生医院迁移来校,任附属医院首任内科主任。1956年获"全国先进生产者"称号。1965年病逝于学校一附院,享年67岁。

朱咸光,男,汉族,生于1919年6月,浙江省奉化县人。1944年毕业于满洲医科大学。1949年1月参加革命。他先后在天津第六分院、华北军区第三机动医院工作。1949年10月随第三机动医院迁移来校,任学校附属医院首任妇产科主任、外科主任等职。2002年病逝于学校一附院,享年83岁。

四大名医医术精湛、德高望重,有很高的社会知名度。这些著名专家或在抗日战争和解放战争中建功立业,或在民间行医多年口碑甚佳,或在平原省医科学校成立后主持学校和附属医院某一学科的工作,为新乡医学院的建设和发展发挥了重要作用。当然,历史上第一附属医院还有众多术精德高的知名医生,如王国保、王德群、裴效先、史寿之、夏一图、钱惠茵等。这是新时代的新医人尤其需要继承和发扬的宝贵精神和可贵品质。

三、新乡医学院第二附属医院(河南省精神病医院)

新乡医学院第二附属医院(河南省精神病医院)是一所大型公立精神卫生专科医院,是集医疗、教学、科研、预防、康复、保健、司法精神医学鉴定为一体的省级精神、神经疾病专科三级甲等医院。医院精神科是河南省临床重点专科。

第二附属医院成立于 1951 年 6 月,其前身是中国人民解放军平原军区后方医院三分院,其发展历程可以简述如下:1951 年,为平原军区后方医院三分院;1957 年,为河南省精神病医院;1985 年,为新乡医学院附属精神病医院;1994 年,为新乡医学院第二附属医院、河南省精神病医院;2010 年迄今,为新乡医学院第二附属医院、河南省精神卫生中心、河南省精神病医院。

第二附属医院建院 70 多年来,综合实力稳步提高。目前,医院设有河南省精神卫生医疗质量控制中心、河南省心理咨询中心、河南省精神卫生研究所、河南省精神疾病诊疗网络中心、河南省精神疾病防治中心、河南省精神疾病康复技术指导中心、河南省精神病医学鉴定医院、河南省医疗戒毒(酒)中心、河南省心理卫生协会、住院医师规范化培训基地、河南省重性精神疾病管理项目办公室。同时,医院也是河南省医学会精神科专业委员会、河南省药理学会精神药理专业委员会、河南省心理卫生协会儿童心理专业委员会、河南省精神卫生护理专业委员会等学术团体主任委员单位。

2005 年,第二附属医院又被命名为新乡医学院第二临床学院,拥有 2 个省级重点学科(精神病与精神卫生学、应用心理学),3 个省级医学重点学科(医学心理学、生物精神病学、儿童精神病与心理卫生),1 个省医学重点培育学科(神经病学),2 门省级精品课程(精神病学、医学心理学),1 门校级精品课程(神经病学),1 个省级教学团队(精神病学教学团队)。同时设有临床精神病学、神经病学、医学心理学、精神药理学、基础精神医学、内科学、外科学、影像诊断学 8 个教研室。医院为精神病学与精神卫生、神经病学、老年医学、应用心理学 4 个硕士学位授予单位,形成了 7 个稳定的科研方向和科研团队:精神分裂症分子病理与临床团队、社会适应不良行为团队、临床心理学团队、儿童心理与精神卫生团队、老年精神疾病研究团队、器质性精神疾病团队、社区精神病学团队。

目前,医院临床科室设有精神科一至七科、早期干预精神科、儿童少年精神科、中西医结合精神科、老年精神科、成瘾医学科、心身医学科、临床心理科、心理咨询中心、司法鉴定科、防治科、康复科等二级分科。各科根据精神病患者不同年龄特征、不同疾病病种,医疗护理技术也随之细化,并针对不同年龄、不同病种进行相应的护理。[①]

四、陆军第八十三集团军医院(原解放军三七一中心医院)

陆军第八十三集团军医院(原解放军三七一中心医院)历史悠久,于1946年诞生于革命圣地延安,目前位于河南省新乡市,担负新乡、安阳、濮阳、鹤壁驻军官兵、老干部、家属的医疗及各项卫勤保障任务。

目前第八十三集团军医院拥有1个国家级腔镜培训基地,1个全军专病中心和3个军区专科中心,同时是新乡医学院的教学医院,现有全军医学专业委员会委员4名,全国委员2名,军区第九届医学科技委员会委员3名,各专业委员会副主任委员13名、委员71名。

作为军队医院,陆军第八十三集团军医院全力以赴保障部队医疗卫生建设,时刻不忘自身部队医院的身份和责任。和平建设时期,先后出色完成驻马店抗洪救灾、唐山大地震伤员救治、对越自卫还击战伤员救治、抗击非典、汶川和玉树抗震救灾等医疗救治任务。近年来,圆满完成了国际维和、伴随铁军进藏训练、总部后勤保障能力评估考核、全军"卫勤使命－2013K"高原支援保障演练等重大任务,被评为"全国百姓放心示范医院"、军区"优质服务先进单位"、"打仗型"后勤建设先进单位,连续6年被上级表彰为"战备训练工作先进单位",多次被表彰为"先进团党委"和"全面建设先进团单位"。2008年参加汶川抗震救灾,野战医疗队荣立集体二等功。

五、新乡市第一人民医院

新乡市第一人民医院最初为新乡县公立医院,创建于1936年2月,此后名称历经多次变更:1945年年末,为新乡县卫生院;1946年9月,为河南省第四行

---

① 《医院简介》,新乡医学院第二附属医院·河南省精神卫生中心·河南省精神病医院网站,https://www.hnjsby.cn/surveys/1.html。

政区公立医院;1948 年下半年,为河南省新乡县公立医院;1950 年 2 月,更名为新乡市人民医院;1953 年 4 月,由政府公教医院变更而来的新乡市第二人民医院并入新乡市人民医院;1958 年,新乡市人民医院更名为新乡市第一人民医院;2014 年 8 月,再增名新乡医学院第五临床学院附属人民医院。

经过 80 多年的发展,新乡市第一人民医院从最初 8 张病床、12 名工作人员,发展成为今日拥有近 2000 张床位的大型综合性三级甲等医院。作为新乡医学院第五临床学院,医院是国家住院医师规范化培训基地、河南省全科医师培训基地。肾病风湿免疫科是河南省医学临床特色专科、河南省医学重点培育学科,风湿免疫科被原省卫计委推荐为国家重点专科参评。新乡市呼吸重症治疗中心、新乡市腔镜诊治中心、新乡市高血压病防治中心、新乡市急救中心、新乡市血液净化中心、新乡市急性中毒救治中心、新乡牧野法医临床司法鉴定所、新乡市残疾人鉴定中心均设在第一人民医院。医院重点专科有心血管内科、消化内科、乳腺外科、耳鼻喉科、脑外科、血液病科、妇产科、泌尿外科、骨科、风湿科。

第一人民医院历史悠久,为新乡市人民健康事业做出了突出贡献,曾先后荣获新乡市综合治理先进单位、新乡市院务公开先进单位、新乡市文明单位、河南省卫生系统先进集体、"河南省巾帼文明岗"、全国"巾帼文明岗"、河南省"帮扶困难职工活动先进单位"、河南省文明单位、全国医院感染监控管理先进单位、中国医院协会"全国百姓放心示范医院"等荣誉称号。

六、新乡医学院第三附属医院

新乡医学院第三附属医院始建于 1983 年,位于华兰大道东段,毗邻京港澳高速公路和高铁新乡东站,北临新乡市政府、新乡市军分区,是一所省直属三级综合性大学附属医院。

医院学科设置齐全,开设有内科(心血管、神经、呼吸、消化、肾病、血液、内分泌、风湿免疫、肿瘤)、外科(颅脑、骨科、脊柱、肝胆、胃肠、心胸、泌尿、小儿、手足、微创)、妇产科(妇科、产科、生殖医学)、儿科(呼吸、消化、血液、肾病、新生儿病)、急诊科、感染性疾病科、耳鼻喉科、眼科、皮肤性病科、口腔科、中医科、针灸理疗康复科、医疗美容科,以及麻醉科、手术室、放射科、病理科、功能检查科、检验科、超声医学科、输血科等 50 余个临床、医技科室和近 30 个临床教研室及实验室，为诊疗各种疾病和抢救急危重症患者提供了可靠的技术保证。同时，医院还开设有健康体检管理中心、司法鉴定中心和法医门诊。

医院专业特色突出，其中眼科学为河南省重点学科，肿瘤病理学为河南省医学重点学科，妇科学、眼科学、内分泌学、口腔解剖生理学为河南省医学重点培育学科，泌尿外科、妇科为卫生部内镜与微创医学培训基地，麻醉科为卫生部舒适化医疗研究基地，肿瘤内科为卫生部第一批癌痛规范化治疗示范病房培育单位，肿瘤内科为河南省癌痛规范化治疗示范病房，生殖医学科为豫北地区唯一一家获批开展辅助生殖技术（试管婴儿）的单位，人工授精实验室、肿瘤转化医学实验室为新乡市重点实验室，艾滋病筛查实验室为新乡市优秀实验室，口腔医学科为新乡市唯一一家获批开展口腔种植技术的单位，病理学为新乡市国际远程病理会诊基地。

医院为全国宁养医疗服务计划成员单位，由香港李嘉诚先生倡导和资助的宁养院是河南省唯一一家临终关怀机构，为晚期贫困癌症患者提供镇痛治疗、心理疏导、护理指导和生命伦理照顾。此外，医院在新乡市健康路 2 号（人民公园西门）设立了眼科医院，方便了市区患者就诊与咨询。

多年来，医院积极承担社会责任，不断强化医院公益性质，打造惠民工程，关注、改善民生，如与电视台合作，常年播出《新乡健康大讲堂》栏目，向社会传播健康理念、普及防病知识、倡导卫生习惯、弘扬文明新风。

七、新乡市第二人民医院

新乡市第二人民医院始建于 1952 年，原为新乡市工人医院。1958 年，新乡市工人医院和新乡市公费医疗门诊部合并，正式成立新乡市第二人民医院。经过几代二院人的不懈努力，现已发展成为一所集医疗预防、科研、教学、康复、保健、急救为一体的现代化综合性三级医院。

第二人民医院是经河南省卫生厅批准的新乡市烧伤诊疗中心、新乡市骨科治疗中心、新乡市神经外科疾病微创诊疗中心、新乡市口腔医疗中心，其中，烧伤科是河南省重点（培育）学科。医院坚持发展有特色的医疗团队，迄今成立有烧伤医疗中心、骨科治疗中心、神经外科疾病微创诊疗中心、口腔治疗中心、整形美容科等五个医疗团队。其中，二院骨科成立于 1976 年，是河南省卫计委批准的新乡市骨科治疗中心；神经外科是河南省卫计委批准的“新乡市神经外科疾病微创诊疗中心”;整形美容科成立于1987年,是中华医学会河南分会整形美容治疗中心。

第二人民医院是中日友好医院新乡市脑瘫治疗中心、北京大学第一临床医院新乡协作医院、北京大学人民医院骨关节病诊疗中心新乡分中心、首都医科大学附属安贞医院心血管疾病新乡诊疗协作中心、首都医科大学附属宣武医院神经内科疾病新乡诊疗协作中心及“视觉第一中国行动”白内障复明定点医院、郑州大学医学院教学医院、郑州大学第一附属医院烧伤研究基地、新乡医学院教学医院。

第二人民医院在长期的发展过程中,注重培育和发扬医院文化,打造具有鲜明医院特色的文化象征。目前,医院文化建设以“仁心仁术,厚德载医”为院训,以“广济天下,惠及百姓”为办院宗旨,以“拯救生命,守护健康”为医院使命,以“国内一流的河南省区域性医疗中心”为发展愿景,强化“质量强院,诚信立院,文化建院,科技兴院”的办院理念,“以人为本,情理交融,严谨规范,求实创新”的管理理念,“诚信、和谐、奉献、创新”的医院精神,“以病人为中心”的服务理念,“精益求精”的工作理念。通过上述文化建设,增强医院核心竞争力:一种理念——以人为本　缔造和谐,一种精神——尊重生命　严谨创新,一种形象——仁爱敬业　崇尚健康。

八、新乡市第四人民医院(原郑州铁路局新乡医院)

新乡市第四人民医院创建于1938年,是一所集医疗、教学、科研、康复、预防、保健于一体的国家二级甲等综合性医院。医院于2005年4月由郑州铁路局移交新乡市人民政府。

医院院部业务部门设有住院部10个病区:内科5个病区、外科2个病区、妇产科、儿科和疼痛科各1个病区。此外,设有手术室、门诊部、急诊科、检验科、功检科、放射科、磁共振、CT检查科、体检科、消毒供应中心等。社区医疗科为院部外科室,设有自由社区卫生服务中心、中南社区卫生服务站、幸福社区卫生服务站、长垣铁路车站卫生所、卫辉铁路车站卫生所、铁中院卫生所、新铁南站卫生所、铁路机务段保健站、新乡铁路车站保健站。疼痛科是河南省卫生厅命名的“疼痛诊疗中心”,与全国各地专家建立了长期的技术合作关系。泌尿外科是河南省卫生厅批准的“新乡市泌尿外科微创诊疗中心”。

2014 年 7 月,新乡市第四人民医院与新乡市居家养老服务中心(“12349”)联合筹建的“医养病房”投入使用,成为“新乡市敬老安康幸福工程协作服务单位”。2015 年新乡市第四人民医院及医养病房被授予新乡市“敬老文明号”“模范科室”“敬老模范先进单位”“新乡市直机关老龄工作先进集体”等荣誉称号。在此基础上,医院于 2015 年 11 月开通了“以养为主”的病房,“医”与“养”并存,共同发展,不仅提升了医院“医养”的整体水平,也为新乡市养老事业做出了尝试性的一步。

九、新乡市传染病医院

新乡市传染病医院始建于 1964 年,是一所集医疗、预防、教学、科研为一体,以治疗各种肝病为特色的市属传染病专科医院,是中华人民共和国传染病协作网成员单位之一,是新乡市人民政府指定的唯一一所法定传染病诊疗机构。[①] 医院内设有传染病一、二、三、四区,呼吸道传染病区,艾滋病区等 18 个科室,同时医院下设新乡市肝病研究所,专门从事各型病毒性肝炎的临床研究工作。建院 50 多年来,一直担负着新乡市四区八县及周边地区的各种肝病及其他传染病的救治任务。

建院 50 余年来,市传染病医院总结出治疗慢性病毒性肝炎、肝炎肝硬化系列方案,疗效确切,其中多项科研项目获得市级科技成果奖。近年来,在大量新设备的支持下,人工肝血浆置换治疗重型肝炎、彩超引导下肝组织活检、X 光引导下介入治疗肝癌和脾亢、PCR 设备支持下病毒检测等,这些新技术的开展使医院的诊疗水平上了一个新台阶。市传染病医院将要开展骨髓干细胞移植治疗终末期肝病和肝癌微创治疗,将进一步提高医院在医疗市场中的竞争力,给广大肝病患者带来更大的实惠和希望。

经过几代人的努力,承载数十年的积淀,历经抗非典的洗礼,以及手足口病和甲型 H1N1 的考验,目前新乡市传染病医院已建设成为一座现代化、花园式医院。

---

① 《新乡市传染病医院》,新乡市卫生健康委员会网站,http://wjw.xinxiang.gov.cn/zdlygk/yljg/2021-06-09/86.html。

十、新乡市市直机关医院

新乡市市直机关医院成立于1953年，前身是新乡地直机关门诊部和新乡市直公疗门诊部，于1986年合并后成立为新乡市公费医疗门诊部，1993年更名为新乡市公费医疗医院，2001年更名为新乡市直机关医院。2012年名称规范化为新乡市市直机关医院。它是河南省中医院和河南中医学院第二附属医院教学协作医院，新乡医学院实践教学基地。

市直机关医院属于财政全供的非营利性医疗机构，是新乡市职工医疗保险和城镇居民医疗保险定点医疗机构，主要为机关干部职工、离退休干部和社区居民提供医疗保健服务。医院领办有两个社区卫生服务中心，即卫滨区健康和红旗区新区社区卫生服务中心，辖区居民共4万余人，其中健康社区服务范围为健南社区、健北社区、自由南社区、健民社区，新区社区服务范围为阳光社区、兴隆社区、诚诚社区等。另外，在市政府办公楼（13层）和卫滨区政府设有门诊。

专业科室设置有：全科、内科、外科、妇科、儿科、中医科、口腔科、眼科、耳鼻喉科、康复科、检验科、放射科、彩超室、电子胃镜室、心电图室、彩色经颅多普勒室等科室。在新区和健康路两处分别设有综合病房，基本能满足机关干部职工和社区居民常见病、多发病的就诊需求。

医院特色科室有：

中医科，聘请省、市知名老中医专家坐诊，开展中药、针灸、拔火罐、刮痧、推拿、熏蒸和中医特色养生保健（治未病）等中医药和中医适宜技术为就诊病人提供“简、便、廉、验”的中医中药特色服务。

康复科，配备多种康复训练器材，为残疾病人和慢性病人提供良好的功能锻炼场地，利用专业技术人员技术服务能使病人早日康复和痊愈。

新增设妇幼保健中心已正常开展工作，2015年全面推开妇幼健康保健工作，开设服务项目：预防接种、儿童保健、孕产妇保健及围产期保健、计划生育指导、早教、婴幼儿健康评估（智商、听觉、视觉、营养、形体发育等）、婴儿水育、小儿推拿等妇儿保健项目。

市直机关医院的服务宗旨：以病人为中心，以质量为核心，以医疗保健服务为根本。

十一、新乡市中医院

新乡市中医院位于向阳路511号,毗邻市高新技术开发区,始建于1978年,1981年6月正式开诊,是新乡市一所集中医医疗、教学、科研、预防和保健为一体的二级甲等中医院。现为河南中医学院、焦作中医药学校教学医院。

医院设有急诊科、内科、外科、骨伤科(颈肩腰腿痛科)、妇科、儿科、针灸科、眼科、皮肤科、肛肠科、男科、五官科等临床科室和脑血管病、心血管病、糖尿病、肾病、胃肠病、老年病、周围血管病、青少年近视、内病外治、理疗等专科专病诊室20余个。医技科室设有CT室、放射科、检验科、B超室、心电图室、脑电图室、血流图室等科室。拥有全身螺旋CT、500MA西门子数字X光机、全自动生化分析仪、全血分析仪、彩超、心电工作站等一批诊疗设备。医院设有标准手术室,开展骨外(如椎间盘摘除、股骨头置换)、普外等多种手术,并结合中医外科特色,在许多病症的治疗上(如骨伤、糖尿病足等)都取得效果。

医院注重发挥中医药在防病治病方面的独特优势,也注重将现代医学知识和诊疗手段运用于临床,满足了不同患者的需求。在全市开展"四季膏方"治疗和预防各种慢性病、亚健康状态等活动,同时开展具有中医特色的体检项目,服务于亚健康人群。

医院开设了"放心药房",引进了国内煎药机和免煎颗粒,开发研制了中药制剂20余种,同时开展了给患者加工中药"膏、丹、丸、散"等剂型的业务,体现祖国医学"廉、便、验"的特点。

中西合璧、优势互补,医院将始终坚持"以病人为中心",弘扬"厚德、济世、博学、创新"的精神,为群众提供良好的中医服务。

十二、新乡市妇幼保健院

新乡市妇幼保健院前身是平原省妇幼保健院,于1950年3月建立,主要负责全市所辖妇幼保健院业务技术指导工作。在新乡市首家创建经世界卫生组织批准的"爱婴医院",被国务院残疾人协调委员会、卫生部等八大部委评为全国"先进集体",2008年被河南省妇联授予为河南省"巾帼文明岗"等殊荣[①],为

---

① 《新乡市妇幼保健院》,新乡市卫生健康委员会网站,http://wjw.xinxiang.gov.cn/zdlygk/yljg/2021-06-09/91.html。

全国妇联、《妇女》杂志在全国8个地市开展的“健康宝贝课堂·热线”项目点之一。

医院设产科、妇科、儿科、新生重症监护科、脑瘫康复治疗中心、不孕不育科、儿童保健科、围产期保健科、妇科综合治疗科、女子健康体检科等独具特色的业务科室39个。经过多年发展,医院现拥有产前筛查、妇科腔镜、宫颈疾病筛查、不孕不育实验室、儿童疾病筛查等检验设备,为准确诊断提供保证。

十三、新乡市新华医院

新乡市新华医院成立于1953年,是一所非营利性公立医院。建筑面积2.2万平方米,现有职工267名,医生97名,护士116名,其中拥有高级职称职工24名,中级职称职工84名,开放床位240张,是以中西医儿科、椎间盘科、肛肠科为特色的二级综合医院。

医院开设有内科(心血管、呼吸、消化、内分泌、重症监护病房)、外科(手显微外科、普外、骨外)、妇产科、肛肠科(痔瘘、肛肠外科)、中医儿科、西医儿科(普通儿科、重症儿科、康复儿科)、椎间盘科、口腔科、眼科、耳鼻喉科、中医内科、皮肤科、急诊科等32个临床医技科室。

新华医院2017年荣获“全国综合医院中医药工作示范单位”称号,2019年增名“新乡市中西医结合医院”,2020年托管于新乡医学院第一附属医院,并增名“新乡医学院第一附属医院新华医院”。托管后,新乡医学院第一附属医院定期外派各学科专家到院坐诊,让广大患者以县级医院的消费享受省级三甲医院的医疗服务。

十四、其他卫生机构和管理机构

(一)新乡市疾病预防控制中心

新乡市疾病预防控制中心成立于1950年,2005年由原新乡市卫生防疫站更名为新乡市疾病预防控制中心,现位于鸿源路中段。机构规格为副处级,内设15个科室。内设科室有:办公室、人事科(离退休人员工作科)、财务科、药械与后勤管理科、科教科、信息中心、传染病预防控制与应急办公室、免疫预防与规划科、地方病与寄生虫病预防控制科、公共卫生科、慢性非传染性疾病防治科、性病艾滋病防治科、消毒与媒介生物控制科、卫生检测检验中心(质量控制管理科）、预防医学门诊部（从业人员健康检查管理科）。

主要承担以下工作任务：贯彻落实《传染病防治法》等有关法律、法规和规定，完成国家和省市下达的重大疾病预防控制指令性任务，组织实施疾病预防控制规划、方案，负责开展传染病、地方病、寄生虫病、慢性非传染性疾病等重大疾病的流行病学监测，制定并实施预防控制对策；组织实施辖区内国家免疫预防规划和预防性生物制品的使用与管理；参与调查处理重大传染病疫情、不明原因疾病及其他突发公共卫生事件等重大公共卫生问题；开展食源性疾病、学生常见病、环境危害因素和消毒质量等健康危害因素监测与控制，管理辖区疫情及相关公共卫生信息；开展疾病预防控制科学研究和交流；指导辖区内医疗卫生机构传染病防治工作；承担卫生行政主管部门委托的与卫生监督执法相关的检验检测任务；按照相关规定承担相关食品安全与卫生检测、检验和卫生学评价；参与推进落实国家基本公共卫生服务均等化和健康教育与促进相关工作；负责对下级疾病预防控制机构的业务指导、业务考核和人员培训；承担上级交办的其他事项。

（二）新乡市职业病防治研究所

新乡市职业病防治研究所是新乡市专门从事职业卫生与职业病预防、诊疗、科研、教学的综合性防治机构，率先在全省通过了职业卫生技术服务机构资质认证和实验室计量认证，是全省唯一一家具有军工涉密业务咨询服务职业卫生检测评价资质的公共卫生机构。

新乡职防所主要工作和职责是：全市职业病防治工作的技术指导，并为监督执法提供技术支持，突发职业病危害事件应急处置，职业健康教育与促进，职业病防治工作科研、培训，职业卫生及职业健康信息管理，建设项目职业病危害预评价和职业病危害控制效果评价，职业病危害因素监测与评价①，职业健康监护，职业病诊断、治疗和劳动能力鉴定，职业病危害控制技术服务，微量元素检测与室内环境检测服务，各级政府交办的其他疾病预防控制工作。

新乡职防所曾起草国家化学检验方面的标准 7 项，参与修订职业病诊断标准 3 项，参加研制和验证车间空气和生物材料检验方法 26 项。

（三）新乡市卫生监督局

新乡市卫生监督局前身是成立于 1990 年 8 月的新乡市卫生监督检验所，

① 滕红霞、李明刚：《一起砷化氢中毒事故调查》，《医学信息（上旬刊）》2011 年第 1 期。

副县(处)级事业单位。在市卫生计生委领导下,主要负责市本级所辖单位的卫生监督执法和对县区卫生监督机构的业务指导。依据《中华人民共和国执业医师法》《中华人民共和国传染病防治法》《中华人民共和国献血法》《中华人民共和国母婴保健法》《职业病防治法》《学校卫生工作条例》《医疗机构管理条例》《公共场所卫生管理条例》等6部法律和39部行政法规,200多个部门规章规定的职责范围,承担卫生监督执法任务,是市卫生计生委卫生监督执法职能的执行机构。依法监督管理消毒产品、生活饮用水和涉及饮用水卫生安全产品,依法监督管理公共场所、职业、放射、学校卫生等工作,依法监督传染病防治工作,依法监督医疗机构和采供血机构及其执业人员的执业活动,整顿和规范医疗服务市场,打击非法行医和非法采供血行为。[①]

卫生监督局共设置13个科室,分别是办公室、法制稽查科、食品安全科、环境卫生科、学校卫生科、放射性职业病卫生监督科、医疗市场监督科、传染病监督科、饮用水卫生监督科、投诉举报受理科、信息宣传科、人事科、总务科。

(四)新乡市结核病防治所

新乡市结核病防治所始建于1980年3月,为副处级规格全供事业单位,内设办公室、项目科、督导科、门诊住院部、检验科、放射科、药械科、财务科、宣教科等9个职能科室,是市医疗保险局和新型农村合作医疗定点单位,是新乡市唯一的结核病控制、预防和治疗机构,承担着全市四区八县(市)结核病诊断治疗、监督管理、宣传教育、科研培训、流行病学调查及对县区的业务指导等专项工作。

结核病防治所与其他综合医院的根本区别在于,对肺结核患者整个治疗过程实施督导管理,直至痊愈。采用国际国内最新结核病标准化疗方案,结合患者具体病情予以规范治疗。结核病防治所是多个国际、国内结核病控制项目的实施单位,目前实施的结核病控制项目及免费诊治肺结核优惠政策有:“中国结核病控制项目”“全球基金结核病控制项目”“中央转移支付项目”和“河南省三免项目”。对符合条件就诊的肺结核病人减免痰、血、尿常规、肝功能、胸片等检查费用和住院床位费,对肺结核项目病人提供全疗程板式抗结核药品免费治疗。对新乡市城区患结核病(门诊慢病)的参合农民在市结核病防治所门诊就

---

① 吕筠、李立明:《我国疾控和监督体系职能与现代公共卫生体系职能内涵的比较》,《中国公共卫生管理》2006年第5期。

医的，医疗费实行定额补助（免费项目除外）。住院肺结核患者补偿比例按《新型农村合作医疗统筹补偿方案》执行。防治所在各型肺结核、肺外结核，尤其是淋巴结核以及多耐药难治性结核病治疗方面积累了较丰富的经验。在全市独家开展的诊断项目有：人体细胞结核抗体免疫试验——结核菌纯蛋白衍生物（PPD）试验，人体体液结核抗体免疫试验——结核明白（结明）试验，结核分枝杆菌噬菌体试验。

（五）新乡市爱国卫生运动委员会办公室

新乡市爱国卫生运动委员会办公室（简称市爱卫办）是新乡市爱国卫生运动委员会的常设机构，承担着委员会的具体工作。市委、市政府于2006年4月调整爱卫办机构设置，为副处级全供事业单位，隶属于卫生局；2007年10月升为正处级规格，核定事业编制18人，内设综合科、督查科、农村卫生科、宣传教育科四个科室。

市爱卫办承担各级卫生城市、县、乡（镇）、单位创建和管理，农村改水改厕、健康教育、病媒生物防治等重大公共卫生服务项目的具体工作。

（六）新乡市中心血站

新乡市中心血站是1996年6月正式成立的公益性卫生单位，集血液采集、制备、供应、科研于一体，是新乡市唯一的采供血机构，设有体采科、检验科、成分科、供血科、血型参比室、质控科等17个职能科室，能开展机采成分血、血浆病毒灭活、血浆置换、新生儿溶血病血清学诊断、重组血配制、疑难血型鉴定及配血、输血反应鉴定等输血相关服务项目。2003年8月，国债资金支持建设的新乡市中心血站科研业务楼正式投入使用。

经过多年努力，因在无偿献血工作方面取得显著成效，新乡市从1997年以来连续六届被卫生部、红十字总会授予“全国无偿献血先进城市奖”。

血站以“安全供血、造福社会”为最高宗旨，多举措保障血液质量。一是在制度上引进ISO9000质量管理体系，按国标建立完善采供血各环节标准操作规程、各项规章制度和综合目标月度考核标准；二是在硬件上采购大量现代化采供血设备，提高采供血试验结果的准确性和信息传递的速度；三是培养人才，实施科技兴站和人才培养战略，一方面不断提高职工科研素质、技术水平，一方面加大输血科研投入，取得诸多科研成果，如科研课题“新乡地区ABO以外抗体筛选研究”获得河南省科学技术进步奖三等奖，“自身免疫溶血性贫血患者的安全有效配血的研究”获得市级科技进步二等奖；四是从管理上实施供血一体化管理。[①] 上述举措为全市人民用血提供了有力保障。

（七）新乡市120急救指挥中心

新乡市120急救指挥中心是于2002年10月经市编委批准成立的财政差额补贴事业单位，正科级规格，于2003年10月19日正式开通运行，于2008年7月16日经市编委会议研究决定变更为财政全额补贴事业单位，是承担院前急救任务的权威性指挥调度机构。主要职责是：负责全市“120”呼救的受理工作；建立有线和无线相结合的急救通信网络，加速急救反应、急救指挥，科学处理和贮存院前急救信息。目前，新乡市120急救指挥中心共有9家入网医院：新乡市中心医院、新乡市第一人民医院、新乡市第二人民医院、新乡市第四人民医院、新乡医学院第三附属医院、解放军第三七一中心医院、新乡公立医院、新乡新华医院、新乡凤泉区医院。

新乡市120急救指挥中心的成立彻底改变了新乡市独家医院受理120、单一救护、抢救速度缓慢、急救资源不能共享的落后面貌，更好地发挥了各个医疗机构的急救能力和资源优势。

（八）新乡市健康教育所

新乡市健康教育所为全供事业单位，原设在新乡市卫生监督检验所，对内是一个科室，对外为新乡市健康教育所。根据国家卫生城市标准和人们对健康需求的日益增长，该所于2007年11月成立新乡市健康教育所，隶属市卫生局，正科级规格，经费纳入财政预算管理。

该所主要职责是：①依据人群需求评估，确定主要健康问题，制定实施策略，组织干预活动，进行效果评价程序，制定健康教育和健康促进工作规划，开展健康教育和健康促进工作。②开展辖区内健康教育人员培训。③对县（区）健康教育与健康促进工作进行督导考核。④配合各种卫生中心工作，宣传卫生法律法规及有关知识。⑤组织、指导全市城乡各行业、各部门开展多种形式的健康教育活动。⑥配合各媒体广泛开展健康知识宣传普及工作。⑦制作、下发健康教育传播材料。⑧开展突发公共卫生事件的健康教育工作。

（九）新乡市医学会

新乡市医学会成立于1963年，是全市医学科学技术工作者志愿组成的依

---

① 刘晓华：《无偿献血写春秋　安全供血促和谐》，《新乡日报》2009年5月7日。

法登记成立的学术性、公益性、非营利性法人社团，是中华医学会河南分会分支机构，是党和政府联系医学科学技术工作者的桥梁和纽带，是市科学技术协会的组成部分，是发展新乡市医学科学技术事业的重要社会力量。

市医学会属全供事业单位，内设鉴定办公室、继续教育学术部、组织建设部三个部室。职能主要有三项：一是根据学科发展需要，筹组、成立相应专业委员会；二是继续医学教育项目实施与管理，开展医学科技学术交流，开展医学卫生科普宣传、健康教育活动；三是依法开展医疗事故技术鉴定。同时，承办政府及有关部门委托的工作任务。

目前，新乡市已成立专业委员会 29 个，每年举办大型学术交流会、研讨会、培训班，各级医疗机构举办学习班、研讨会 50 余次，有 15000 余人次的医务人员接受继续医学教育。从 2002 年开始，依法开展医疗事故技术鉴定工作，每年实施鉴定 40—60 起，连续两次荣获"全国医疗事故技术鉴定先进单位"称号，荣获"全市学会工作先进单位"称号。

（十）新乡市卫生监察大队

新乡市卫生监察大队属全供事业单位，内设科室 3 个，编制人员 13 人，职责任务是：负责执行卫生行政部门的各项处罚决定；配合有关执法科室开展卫生监督工作；按照卫生行政部门部署，组织各单位各类卫生监督员实施集中统一的卫生监督检查行动；等等。

第二节　医学研究

新中国成立后，特别是改革开放以来，我国医学研究发展迅猛，取得了巨大成就。作为新乡市内主要的医学研究机构，新乡医学院在改革开放初期成功升本后，医学研究逐渐走上发展快车道，时至今日，已在研究成果、研究平台、研究团队、科研管理等各方面取得丰硕成果。近年来，新乡市中心医院、新乡市职业病防治研究所等医疗机构也结合自身实际，开展了一定的医学研究。

一、新乡医学院的相关研究

作为西医高等院校，新乡医学院肩负医学卫生人才培养和医学科学研究的双重重任，特别是在改革开放初期升本后，科研工作逐渐引起学校重视，科研意识不断增强、科研管理日益完善、科研成果不断涌现、科研队伍也日渐壮大。进入新世纪，特别是在党的十八大以后，科研工作发展迅速，取得了令人瞩目的成就，为新乡医学院建成特色鲜明的现代化医科大学做出了重要贡献。

(一)建校初期科研工作

因条件限制及建校任务繁重，建校初期学校对科研工作未提出具体要求。1958年，学校由中专升格为大专后，初步提出了科研要求，制定了“为教学、医疗、生产服务，从实际出发”的科研工作方针；同时，对教职员工进行了“破除迷信、解放思想、大胆实践、敢于创新”的教育。首先，学校成立了科学研究委员会。其次，各单位分别成立了研究小组。党委具体负责科研工作的督促、检查。但是，由于条件所限，学校当时只是组织一些专家进行学术报告、学术讲座，写一些学术论文和专题报告、文摘，翻译一些有关科研方面的资料，搞一些教具、教材、医疗器材的技术革新，研究一些疑难病例，探索一些疾病医治方法等，没有进行专题研究。

(二)1972年至今的医学研究工作

学校有计划、有组织的科研工作始于1972年，迄今，其发展大体可分为四个阶段。

第一阶段：探索阶段(1972—1982年)。1972年，药理学教研室李庆华进行“冰凌草抗癌研究”“小蓟抗癌研究”等课题研究。自此，学校科研工作在教务处科研组的组织下，开始从无序、零乱状态发展到有序、正规管理状态。“文革”结束后，特别是中共十一届三中全会和全国科学大会的召开，为科研工作注入了新的活力，医学研究工作像其他各项事业一样步入了发展的轨道。研究领域从基础学科拓宽到临床学科，项目主管部门发展为河南省科委、卫生厅、教育厅、计生委，经费种类有课题经费、切块经费等。

第二阶段：起步阶段(1983—1994年)。学校升本后，广大教师科研热情高涨，科研工作发展较快，特别是中青年骨干教师迅速成长，不断壮大科研队伍，成为科研工作生力军。1991年，刘巨源承担卫生部青年科学基金课题，实现部级课题零的突破。各基础学科有了相对固定的研究方向，研究条件得到进一步改善，为科研工作进入良性循环打下坚实的基础。

第三阶段：发展阶段(1995—1999年)。“九五”期间，学校重点引导科研人员跨学科、跨专业选题，实行联合攻关，突出学校特色研究，在继续开展“短、平、快”研究的基础上，鼓励和支持申报“高、精、尖”课题，全面实施各类科研基金计划的申报。这时期，学校上下充分认识到科研课题的级别和数量能反映一所高校科研水平高低，因此着重在国家级、省部级课题申报上增加力度。从 1995 年开始，学校组织申报国家自然科学基金，争取在国家级课题立项上有所突破。同时，学校开始重视人文社科研究，不断加强人文社会科学研究队伍建设，组织申报国家社科基金项目、河南省哲学社会科学规划项目，把社会科学与自然科学放在同等重要的位置。

第四阶段：新世纪新乡医学院科研发展。新世纪以来，新乡医学院抓住时机，通过完善科研制度、加强管理、人才交流、产学研融合等各项举措大力推动科研工作发展。

1. 科研管理。新乡医学院以国家级科研项目为抓手，精心谋划，积极组织申报，重大项目申报工作继续坚持做好科室（课题组）、院（系、部）和学校三级论证，全面提高学校科技创新能力。

2. 科研人才培养、科研团队建设。新乡医学院在各类人才项目的培育与推荐过程中，注重本土学术骨干培养，坚持“科学引导，合理组织，统筹协调”，以学科发展需求凝聚团队，以项目建设需求稳固团队，科学引导，合理组织，稳定队伍，组建年龄、学历、学缘结构合理，科研方向互补，强强联合，能够承担重大项目、产出重大成果的学术团队。

3. 科研成果管理。凝心聚力促成果产出。随着新乡医学院科研工作的快速发展，各级各类科研项目的申请和获批数量大幅增加，成果产出进程日益加快，面对种类繁多的申报项目、繁纷复杂的申报程序、要求严格的申报时间，科技处坚持“精准把握政策、及时有效组织”的方针，细化管理、多措并举，利用网站、微信群、QQ 群等多种线上平台及时进行政策传达和业务指导，确保各项科技成果相关工作切实落到实处，从而提高了科研管理的质量和效率，有效保证了科技成果产出的质量和数量。

4. 推动产学研融合，加快推进科技成果转化。第一，设置专门机构、配专职人员，着力推进科技成果转化工作。第二，积极开展校地（企）合作、整合资源，促进协同创新。第三，积极主动融入郑洛新国家自主创新示范区建设。第四，积极参与“新乡市大学科技园发展有限公司”组建，推进学校科技成果转化，助力产学研合作。第五,以举办大型科技成果技术转移活动为契机,进一步扩大学校影响力。第六,组建“新乡市生物医药与医学先进技术科技协同创新创业中心”。

5. 努力打造良好的学术环境,提升广大师生的科学素养。新乡医学院坚持以学科多样化、学术前沿化为宗旨,以强化专职教师的科研意识、培养我校广大师生的科研兴趣为目标,如举办主题“学术活动月”系列学术活动,邀请校外专家进行学术报告,校内研究汇报交流,高端论坛会议、学术会议等。这些活动能够拓展师生学术视野,促进不同学科间的广泛交流,帮助师生熟悉和了解相关领域科技前沿,进而提高学院整体科研素质,增强广大师生科研意识。

6. 加强学术不端行为的预防与监控、提升学术治理水平。为有效预防和严肃查处学术不端行为,维护学术诚信,促进学术创新和发展,修订了《新乡医学院预防与处理学术不端行为办法》。根据学校英文论文发表数量日益增多的实际情况,开展了英文论文投稿前查重检测工作,并将检测结果及时反馈给科研人员,加强对学术不端行为的监管,维护了学校的学术声誉。

(三)新乡医学院主要科研平台建设

1. 河南省分子诊断与医学检验技术协同创新中心。2012 年开始,由新乡医学院牵头,美国路易斯安那州立大学、中科院生物物理所、郑州大学、河南省疾病控制中心作为核心参与单位,在新乡市政府主导下,与国内著名企业郑州安图生物工程股份有限公司、北京雅士杰集团密切合作,共同成立“分子诊断和医学检验技术协同创新中心”。2013 年 8 月成为河南省协同创新中心。该中心紧紧围绕“河南急需、国内一流”的战略目标,在分子诊断方面进行广泛的合作研究,产出了一批具有临床应用价值的科研成果。

2. 河南省医用组织再生重点实验室。河南省医用组织再生重点实验室最早依托新乡医学院河南省重点学科——人体解剖与组织胚胎学学科,始建于 2002 年。2007 年被河南省教育厅批准为河南省高等学校重点学科开放实验室。2012 年 3 月经河南省科技厅批准进入省级重点实验室建设期,正式命名为河南省医用组织再生重点实验室(以下简称重点实验室)。2015 年经河南省科技厅组织专家验收,正式授牌。目前,该实验室是河南省唯一一个专门从事研究医学组织再生的科研机构与人才培养平台。重点实验室总占地面积 3100 平方米,大型仪器设备总值 2082 万元,拥有流式分选细胞仪、活细胞工作站、激光共聚焦扫描显微镜、投射电子显微镜、小动物超声仪、一代二代基因测序仪、非损伤细胞电位记录仪、小动物活体成像等大型仪器设备100余台(件)。目前,重点实验室有心肌再生与心肌修复、心脏发育、脑和脊髓发育、神经再生与修复、骨和软骨再生、干细胞治疗与组织再生等6个固定的研究方向。

3.河南省生物精神病学重点实验室。河南省生物精神病学重点实验室是以河南省科学技术厅为主管单位,以新乡医学院为依托单位,于2007年4月由河南省科学技术厅批准组建的省级重点实验室,主要从事精神病学生物学研究和精神病学人才培养,是进行科学研究和研究生教育的研究教学实体和学术活动中心。实验室的前身为组建于1989年的遗传研究室,于1999年更名为中心实验室,2002年被新乡医学院确定为校级重点实验室,2005年被河南省卫生厅确定为"河南省精神医学重点实验室",2010年7月通过了由河南省科学技术厅组织的专家验收。实验室研究方向为"精神分裂症分子病理与临床""社会适应不良行为""精神药理"和"脑器质性精神障碍"。通过自身努力攻关和横向联合研究,其中精神分裂症分子病理、成瘾行为、急性一氧化碳中毒后迟发性脑病等方面的研究处于国内领先水平,部分研究达国际先进水平。实验室采取"开放、流动、联合"的运行机制,实行学术委员会指导下的主任负责制。

4.新乡医学院科技成果转化中心暨新乡市生物医药与医学先进技术科技协同创新创业中心。为更好地推进科技成果的转化转移工作,切实推动产学研合作,提高工作效率,学校依托科技处专门设立科技成果转化中心副处级单位,设科技成果转化科。主要做好服务、调研、协调、监督、评价等和科技成果转移转化有关的系列管理工作,重点推进学校科技成果的转化及创新创业工作。学校2017年成立"科技成果转化中心"。

5.新乡医学院其他科研平台。

第二临床学院,"河南省精神心理疾病临床医学研究中心",河南省科技厅。

生物医学工程学院,"河南省生物医学大数据工程实验室",河南省发改委。

生命科学技术学院,"合成生物学河南省工程实验室",河南省发改委。

生命科学技术学院,"河南省干细胞与生物治疗工程技术研究中心",河南省科技厅。

第一临床学院,"河南省神经修复工程技术研究中心",河南省科技厅。

管理学院,"健康中原研究院软科学研究基地",河南省科技厅。

二、新乡市中心医院远程医学中心

新乡市中心医院作为河南省远程医学中心新乡市分中心的依托医院，该院远程医学中心于2015年12月正式建成并投入使用。中心基地主体设在9号教学楼10层（数据机房单独设立在内科二楼），依托河南省远程医学中心优势医疗资源，采用业界领先的端到端1080P60帧的智真系统并同时采取光纤、3G等现代化信息通信技术，是集通信、应急指挥、远程会诊、影像数据传输、视频会议、双向转诊、健康管理、远程教育培训、数字资源共享等多功能为一体的区域协同医疗综合服务平台。平台以数据交换技术为支撑，形成了以院间数据交换平台为主、视讯系统为辅的新型远程医疗服务模式。

三、新乡市职防所

职防所治疗疾病范围：尘肺病、职业性哮喘、过敏性肺炎、刺激性化学物所致慢性阻塞性肺疾病、肺间质纤维化及其他职业性呼吸系统疾病；急慢性化学物，如铅、汞、砷、镉等金属类金属中毒；氯气、氨气、氮氧化物、二氧化硫、一氧化碳、硫化氢等有害气体中毒；各种有机化合物中毒，如溶剂汽油中毒、苯中毒、慢性正己烷中毒、二氯乙烷中毒、四氯化碳中毒、氯乙烯中毒、三氯乙烯中毒、苯的氨基硝基化合物中毒、甲醇和甲醛中毒、硫酸二甲酯中毒、二硫化碳中毒等；中毒性肝病、肾病、神经系统疾病、血液系统疾病、职业性皮肤病、噪声聋，振动、高温等物理因素所致疾病等及其他职业相关疾病。

第三节　农村医疗卫生状况

农村医疗卫生事业一直是我国医疗卫生事业发展的重要内容。从赤脚医生、农村三级医疗卫生体制到“厕所革命”，农村医疗卫生状况的改善始终受到党中央的高度重视和关心。为贯彻落实党中央对农村医疗卫生事业发展的指示精神，新乡市出台各项举措，开展多种形式活动，不断提升农村医疗卫生服务质量，改善农村医疗卫生状况。

一、加快推进农村环境卫生建设

农村环境卫生一直是公共卫生服务的短板。为此,新乡市多年来不断加大资金投入,完善农村排污设施,积极推进农村“厕所革命”,改善农村卫生状况。为加快推进农村“厕所革命”,新乡市建立了多元投入机制,把改厕资金纳入年度财政预算,市级财政按照每户200元的标准进行补助,县(市、区)结合实际,安排财政专项奖补资金。同时,积极引导社会资本参与,鼓励农户以自备砖、砂石、水泥等建筑材料或以出工等形式参与厕所改造。另外,积极争取上级各类资金,支持改厕工作。新乡市还建立了市、县、乡三级改厕突出问题投诉举报机制和县、乡全面排查与市级同步抽查、集中复查机制,累计排查改厕标准低、厕具维修及粪污清掏处理服务体系不完善等突出问题9893项。目前,90%的排查问题已整改到位,其他问题已纳入工作台账。在推进户厕改造的同时,新乡积极探索政府引导与市场运作相结合的后续运营管护机制,鼓励基层通过市场化运作,与苗木基地、大棚蔬菜种植、林果采摘园等大型种植企业(户)合作,实现粪污的统一抽取和资源化利用,大力推行粪便无害化处理,为农民提供环境整洁、饮水卫生、厕所无害、生态优良的生活环境。

截至2019年年底,新乡新改造农村户用无害化卫生厕所16.6万座,近800个村庄正在推进或已经完成农村“厕所革命”整村推进,卫生厕所覆盖率达到86.9%[①],群众卫生健康意识明显提升,获得感和幸福感不断增强。

二、“三下乡”为农民送去健康知识

文化、科技、卫生“三下乡”活动已经开展20多年,在新乡市各部门的共同努力下,社会影响不断扩大,为农村、农民办了大量实事、好事,在促进农村两个文明建设方面发挥了积极作用,受到了广大农民群众的欢迎。[②] 卫生下乡是“三下乡”的重要内容,下乡的卫生工作人员宣传党和国家人口卫生政策,宣传健康生活方式,引导公众注重合理膳食、适量运动、戒烟限酒。同时,各医疗卫生单位开展义诊活动。目前,卫生下乡每年组织一批有特色的医疗小分队,到农村

---

① 宗斌:《厕所革命　新建改建公厕100座以上》,《新乡日报》2020年1月15日。

② 《关于深入开展文化科技卫生“三下乡”活动的通知》,2000年11月24日,中国政府网,http://www.gov.cn/ztzl/content_142790.htm。

进行巡回义诊,为农民送医送药送知识,防病治病,而且形成了卫生"常下乡"机制,把卫生服务源源不断地送到农村,送给农民。如市中心医院参加下乡支援的41名医务人员共分为8个小组,分别奔赴长垣县医院、封丘县医院、封丘县中医院、封丘县尹岗乡卫生院、封丘县陈桥镇卫生院、封丘县荆隆宫乡卫生院、封丘县黄陵镇中心医院及凤泉区人民医院开展卫生支农工作。活动结束后,参加支援的医师们纷纷表示,要为农村居民提供质优、价廉、便捷的医疗卫生服务,缓解农民"看病难"问题,同时为农村培养卫生人才,建立一支为农民服务的、永远带不走的医疗卫生队伍。

三、切实加强农村医疗卫生人才培养

乡村医生(包括在村卫生室执业的执业医师、执业助理医师、乡村全科执业助理医师)是医疗卫生服务队伍的重要组成部分,是农村居民的健康守护人,是发展农村医疗卫生事业、保障农村居民健康的重要力量。[①] 新乡市为切实加强乡村医生队伍建设,筑牢农村医疗卫生服务"网底",结合发展实际,制定了详细的农村医疗卫生人才发展方案。经过多年发展,素质较高、适应需求的乡村医生队伍基本建立起来,每千户籍人口配备乡村医生1—1.2名;基层首诊、分级诊疗制度基本建立,更好地保障农村居民享有均等化的基本公共卫生服务和安全、有效、方便、价廉的基本医疗服务[②];规范开展乡村医生岗位培训,定期对在岗乡村医生进行培训,基本保证乡村医生每年接受免费培训不少于2次,累计培训时间不少于2周;建立定期进修学习机制,保证乡村医生每3—5年免费到县级医疗机构或有条件的中心乡镇卫生院脱产进修,进修时间原则上不少于1个月。

四、加强对农村一级医疗卫生的宣传教育

为加强农村卫生知识普及工作,新乡市在村里增设卫生宣传专栏,普及卫生保健常识;引导农民树立科学的卫生健康消费观念和健康的生活方式。另

---

① 《河南省人民政府办公厅关于切实加强乡村医生队伍建设的实施意见》,2015年11月20日,河南省人民政府网站,http://www.henan.gov.cn/2015/12-01/247448.html。

② 《国务院办公厅关于进一步加强乡村医生队伍建设的实施意见》(国办发〔2015〕13号),2015年3月23日,中国政府门户网站,http://www.gov.cn/zhengce/content/2015-03/23/content_9546.htm。

外,通过农村合作医疗主管部门和社会媒体加大宣传力度,利用广播、电视、报刊、定点宣传等形式,大力宣传建立农村合作医疗保障制度的意义,宣传合作医疗的方针政策,深入了解群众意见,使建立和完善农村合作医疗保障制度成为广大干部群众的自觉行动,营造建立新型农村合作医疗保障制度的良好社会氛围。[1]

---

① 丁晓丹:《河南省农村医疗卫生现状调查分析》,《新乡医学院学报》2005 年第 6 期。

后　　记

近代以来，牧野大地涌现出的惠民医院、河朔图书馆等，在全省乃至全国都产生了较大的影响。如今，新乡拥有河南师范大学等多所高校，是我国中西部地区高校数量较多的非省会城市之一；新乡拥有中国电波传播研究所等多家国家级科研院所，以及众多的各类企业研发中心。可以说，科教文卫是当今新乡经济社会发展的比较优势。新乡能够成为一座常新之城、创新之城，与她的科教文卫资源密不可分。但是，关于新乡的科教文卫事业，以往尚缺乏系统的研究。

本书的编写起始于 2017 年，当时新乡市计划组织编写一套多卷本的新乡历史与文化丛书，河南师范大学作为驻新高校的代表，负责协调写作其中的科教文卫部分。待书稿完成后，出版计划却因种种原因而搁浅。为了推进新乡的文化事业发展，经协调，本书单独出版。此次出版，我们进行了多方面的调整，努力更进一步严谨求实，凸显学术性，并将书名定为《近代以来新乡科教文卫发展史略》。

本书由苏全有、王仁磊共同担任主编，负责拟定提纲、组织撰写和统稿等工作。各章具体分工如下：第一章由曹风雷（商丘师范学院马克思主义学院）撰写，第二章由崔海港（河南师范大学历史文化学院研究生）撰写，第三章由张英（河南师范大学图书馆）撰写，第四章由王仁磊（河南师范大学历史文化学院）撰写，第五章和第七章由常城（郑州轻工业大学马克思主义学院）撰写，第六章由李莹莹（河南师范大学图书馆）撰写，第八章由史伟（新乡医学院马克思主义学院）撰写。

本书在编写过程中参考了近年来的网络新闻报道和统计数据，得到了郝永飞、郑广武等多位领导和专家学者的支持，新乡市有关单位和部门提供了一些相关资料，在此一并表示感谢！由于各位作者对新乡科教文卫事业相关内容的把握和理解有所差异，书稿难免会存在或多或少的不足之处，敬请各位读者批评指正！

苏全有　王仁磊

2022 年 3 月 6 日